French AS | pour **AQA**

élan **1**

OXFORD
UNIVERSITY PRESS

Great Clarendon Street, Oxford OX2 6DP

Oxford University Press is a department of the University of Oxford.

It furthers the University's objective of excellence in research, scholarship, and education by publishing worldwide in

Oxford New York Auckland Cape Town Dar es Salaam
Hong Kong Karachi Kuala Lumpur Madrid Melbourne
Mexico City Nairobi New Delhi Shanghai Taipei Toronto

With offices in

Argentina Austria Brazil Chile Czech Republic France
Greece Guatemala Hungary Italy Japan South Korea
Poland Portugal Singapore Switzerland Thailand
Turkey Ukraine Vietnam

Oxford is a registered trade mark of Oxford University Press
in the UK and in certain other countries

© Danièle Bourdais, Marian Jones, Tony Lonsdale,
Gill Maynard and Martine Pillette 2011

The moral rights of the authors have been asserted

Database right Oxford University Press (maker)

First published 2011

British Library Cataloguing in Publication Data

Data available

ISBN 978 019 912924 9

10 9 8 7 6 5 4

Printed in Malaysia by Vivar Printing Sdn. Bhd.

Paper used in the production of this book is a natural, recyclable product made from wood grown in sustainable forests. The manufacturing process conforms to the environmental regulations of the country of origin.

Acknowledgements

The publisher would like to thank the following for permission to reproduce photographs:

p10: Martine Mouchy/Getty Images; Bruno de Hogues/Sygma/Corbis; Pitchal Frederic/Corbis Sygma; Time & Life Pictures/Getty Images; Vario Images GmbH & Co.KG/Alamy; Capital Pictures; David Hughes/Getty Images; Robert Fried/ Alamy; Mary Evans Picture Library/Alamy; **p14**: AFP/Getty Images; **p16**: Olivier Ribardiere/Getty Images; **p23**: dinkat/Shutterstock; **p24**: Popa Sorin/Dreamstime.com; Comstock Images/Getty Images; **p26**: Album/akg-images; **p28**: Bon Appetit/Alamy; Scott Barbour/Getty Images; Tim Gainey/ Alamy; UK Press World Rights/Press Association Images; **p33**: AngeloNZ/ Shutterstock; Olga Popova/Shutterstock; Anatoly Vartanov/Alamy; Consignum/

Alamy; Alexander Kalina/Shutterstock; **p34**: Blasius Erlinger/Stone/Getty Images; **p36**: Associated Press; **p38**: © 2011 Eurostar International Ltd. Tous droits réservés; Google; **p43**: Directphoto.org/Alamy; **p44**: Gregory Primo Gottman; **p48**: EastWestImaging; Marcel Mooij; Vgstdio; Keeweeboy/Jason Stitt; Elke Dennis; Photoeuphoria/Jaimie Duplass; Antonia/Anita Nowack; **p49**: Kasso Inc/Ronald Grant Archive; **p53**: Fred Tanneau/AFP/Getty Images; **p54**: eddie linssen/Alamy; **p56**: Jupiterimages/Getty Images; Monkey Business Images/Shutterstock; Robert Daly/Alamy; Geoff du Feu/Alamy; Johner Images/ Oxford University Press; **p58**: Ralph A. Ledergerber; **p59**: Associated Press/Press Association Images; Pierre Vauthey/Sygma/Corbis UK Ltd; Franck Danielson/ WireImage/Getty Images; Sipa Press/Rex Features; Flora Blot/Rex Features; **p63**: Podgorsek; **p64**: PHOTOMAX/Alamy; Patrick Bloomfield/Alamy; Quavondo; Sergio Gaudenti/Kipa/Corbis; Yuri Arcus; Studio/Dreamstime; Showface; **p66**: Mark Large/Daily Mail/Rex Features; **p73**: Christian Liewig/Corbis UK Ltd; Associated Press/Press Association Images; **p76**: Robert Fried/Alamy; Rubberball; Robert Fried/Alamy; **p77**: Nigek Hicks/Alamy; **p80**: Bob Thomas/Getty Images; **p82**: basecamptrek.com; **p85**: Bubbles Photolibrary/Alamy; **p91**: Grove Pashley/ Getty Images; MBI/Alamy; Austin Adams/Shutterstock; **p94**: Pathe Renn Productions/Ronald Grant Archive; **p95**: Sebastien Baussais/Alamy; **p96**: Hemis/Photolibrary; **p98**: Index Stock Imagery/Photolibrary; Ian McDonnell; livetalent/David Ciemny; Chris Sanders/Getty Images; **p99**: Mediacolor's/Alamy; HGW/imagerover.com/Alamy; Reuters/Gene Blevins; AAD Worldwide Travel Images/Alamy; Nicolas Dufresne; **p103**: Ariadne Van Zandbergen/Alamy; **p104**: Japan Travel Bureau/Photolibrary; **p106**: Tim Ayers Photography/Alamy; Reinhard Dirscherl/Alamy; Kim Karpeles/ Alamy; **p116**: Le Livre de Poche; **p117**: Myrleen Pearson/Alamy; Picture Partners/Alamy; Ghislain & Marie David de Lossy/Getty Images; **p119**: Photodisc/Oxford University Press; Blend Images/David Buffington/ Oxford University Press; Photodisc/Oxford University Press; **p122**: David Crausby/Alamy; Andresr; **p123**: Stephen Ramsey/Getty Images; **p126**: Jerome Prebois/Sygma/CorbisUK Ltd; **p127**: Sally and Richard Greenhill/ Alamy; Fancy/Alamy; Juice Images/Alamy; Nardus Engelbrecht/Gallo Images/ Getty Images; Picture Partners/Alamy; **p129**: S.E.A. Photo/Alamy; Oxford University Press; Mark Weiss/Corbis UK Ltd; Oxford University Press; **p130**: Lawrence D Norton; **p132**: Royalty-Free/Oxford University Press; Cultura/ Alamy; Image Source/Corbis UK Ltd; Golden Pixels LLC/Alamy; **p136**: Ulf Andersen/Getty Images; **p138**: Britt Erlanson/Cultura/Corbis UK Ltd; Rachel Frank/Corbis UK Ltd; **p139**: Oxford University Press; **p143**: Jason Stang/Corbis UK Ltd; **p147**: Kevin Foy/Alamy; **p148**: Bongrats/Getty Images; **p149**: Jeremy Pardoe/Alamy; GlowImages/Alamy; **p150**: Ada Summer/Corbis UK Ltd; Russell Blake/Alamy; Oxford University Press; **p153**: Marnie Burkhart/Corbis UK Ltd; Inti St Clair/Blend Images/Corbis UK Ltd.

Artwork by: Stefan Chabluk, Mark Draisey, Niall Harding, Tim Kahane, Theresa Tibbetts, Mark Turner & Thomson Digital.

Cover: I.M. Pei/ Musée du Louvre.

The authors and publisher are grateful to the following for permission to reprint extracts from copyright material:
Extracts from *La Gloire de mon père* and *Le Château de ma mère*, copyright © Marcel Pagnol, www.marcel.pagnol.com, used by permission.
Extract from 'Que regardent vos ados', copyright © 2011 Media Awareness Network, www.mediasmarts.ca, used by permission.
Extract from 'Football pour les enfants des rues', copyright © 2012, www.basecamptrek.com, used by permission of BaseCamp Trek.

The authors and publishers would like to thank the following for their help and advice:

Jackie Coe (series publisher); Marian Jones (author); Sara McKenna (editor of the élan Student Book) and Geneviève Talon (language consultant).

The authors and publishers would also like to thank everyone involved in the recordings for the Élan 1 recordings:

Audio recordings produced by Colette Thomson for Footstep Productions.

French AS | pour **AQA**
élan **1**

Marian Jones
Gill Maynard
Danièle Bourdais
Tony Lonsdale
Martine Pillette

Welcome to élan!

The following symbols will help you to get the most out of this book:

🎧 listen to the audio CD with this activity

👥 work with a partner

👥👥 work in a group

Grammaire an explanation and practice of an important aspect of French grammar

➡ 000 refer to this page in the grammar section at the back of the book

➡ W000 there are additional grammar practice activities on this page in the Elan Grammar Workbook

en plus additional activities, to extend what you have learned

 useful expressions

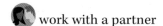 practical ideas to help you learn more effectively

We hope you enjoy learning with Élan.
Bonne chance!

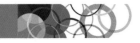

Table des matières

Passerelle

Aux quatre coins de France

AGNÈS GAUTHROT, 17 ans

J'habite à Nantes, en Loire-Atlantique. C'est une ville de 500 000 habitants, à la fois historique et moderne: il y a de vieux quartiers mais aussi des industries et une université.

C'est une ville jeune et vivante: il y a beaucoup de choses à faire et à voir. J'habite au centre-ville, c'est pratique pour sortir. Je vais souvent au théâtre, au cinéma et à des concerts.

La région est très agréable: on est entre la mer et les plages de Bretagne et la campagne et les châteaux du Pays de Loire! C'est une région calme mais intéressante.

L'année prochaine, je vais à l'université ici et plus tard, j'espère travailler à Nantes. Moi, je suis bien ici!

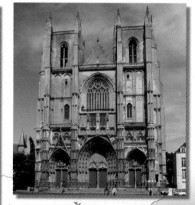

Nantes, en Pays de la Loire

Lille
NORD-PAS-DE-CALAIS

■ PARIS

PAYS DE LA LOIRE
• Nantes

FRANCE

LIMOUSIN
Meymac •

PROVENCE
• Mimet

N   0   100
km

YOUSRA BENBERA, 17 ans

Mimet, village de Provence

Jean-Louis Murel, 16 ans

J'habite une ferme à côté de Meymac, une petite ville de Corrèze. C'est une région très rurale, avec des forêts, des lacs et plus de vaches que d'habitants! Il n'y a pas d'industrie ici alors les gens partent. Il reste quelques agriculteurs, des artisans et des touristes l'été!

J'aime la campagne, me promener avec mes chiens, pêcher, travailler dans les champs avec mon père.

Vivre ici n'est pas toujours facile: les hivers sont froids et on ne sort pas beaucoup. Il n'y a pas d'activités pour les jeunes. Mais j'aime ma région et je veux y rester.

Je vais partir faire des études agricoles à Limoges et après, je voudrais reprendre la ferme de mes parents. Quitter la Corrèze? Jamais!

Meymac, en Corrèze, dans le Limousin

Hervé Langlais, 17 ans

Lille, dans le Nord-Pas-de-Calais

---

1 **Lisez et écoutez Agnès et Jean-Louis. Répondez aux questions pour chacun d'eux.**

  a Où habites-tu?

  b C'est comment, là où tu habites?

  c Penses-tu rester dans ta région?

2 **Ecoutez Yousra et Hervé. Notez leurs réponses aux trois questions de l'activité 1.**

  Exemple: Yousra habite à Mimet, au nord de Marseille, en Provence. C'est ...

3 **Posez les trois questions de l'activité 1 à un(e) partenaire. Notez ses réponses.**

4 **Ecrivez une courte description (200 mots environ) de votre région. Utilisez les textes comme modèles.**

Grammaire   ➡ 163 ➡ W32

The infinitive

● The infinitive is the basic form of the verb, like the English "to..." The typical endings of French infinitives are:

-er	*-ir*	*-re*
travailler	*finir, sortir, voir*	*faire, prendre*

A Find examples of each type of infinitive in the texts.

● The infinitive can be found:

  a after another verb

    j'espère travailler... I'm hoping to work...

  b after a preposition

    c'est pratique pour sortir it's handy for going out

  c sometimes on its own

    Vivre ici n'est pas facile. Living here isn't easy.

B Find other examples for a–c in the texts.

C Write three sentences about your feelings for your region using styles a–c.

Ici aussi, on parle français

▸ *On parle français un peu partout dans le monde. Découvrons
un petit bout de France de l'autre côté da la Terre!*

La Polynésie française

1 La Polynésie française se trouve dans le Pacifique, à **[1]** kilomètres de la France métropolitaine et à **[2]** kilomètres de la Nouvelle-Zélande. C'est un T.O.M. (Territoire d'Outre-Mer), constitué de cinq archipels.

2 Ces archipels de **[3]** îles ont environ **[4]** habitants; la grande majorité habite à Tahiti, l'île principale. La capitale est Papeete. 70% de la population est d'origine polynésienne, 11,55% européenne, 4,3% asiatique et 14,2% métisse. A Tahiti, on parle français et tahitien, qu'on étudie à l'école.

3 Au 18ème siècle, deux marins anglais, Wallis et Cook, font connaître ces îles à l'Europe. En **[5]**, la France annexe l'archipel et en **[6]**, il devient un T.O.M.: tous les habitants deviennent français. Depuis **[7]**, le mouvement indépendantiste se développe.

4 Pour les touristes, Tahiti a l'image d'un paradis: climat agréable, lagons, fleurs et fruits exotiques. Pour les Tahitiens, par contre, vivre ici n'est pas facile: 20% des jeunes sont au chômage, l'économie est pauvre et ne se développe pas. Depuis quelques années, des programmes d'aide européens et français encouragent l'exploitation des ressources locales (par exemple, les huîtres).

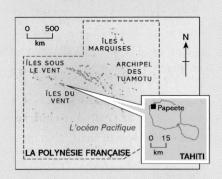

1a 🎧 Ecoutez et lisez l'article sur la Polynésie française. Notez les chiffres pour compléter le texte. (*track 4*)

1880	210 000	1987	130
4000	1946	18 000	

1b Retrouvez le titre de chaque partie de l'article:

a Un bref historique

b La vie de la région

c La situation géographique

d La population

1c Ecrivez une phrase sur chaque point, a–d.

Exemple: La Polynésie française est un T.O.M. à
18 000 kilomètres de la France.

Les nombres après 70

71 = soixante-et-onze	100 = cent
80 = quatre-vingts	200 = deux-cents
81 = quatre-vingt-un	201 = deux-cent-un
90 = quatre-vingt-dix	1000 = mille
91 = quatre-vingt-onze	1001 = mille-un

1999 = mille-neuf-cent quatre-vingt-dix-neuf

5 637 = cinq-mille-six-cent trente-sept

1 000 000 = un million

La ora na! C'est "bonjour" en tahitien! <u>Je m'appelle</u> Sammy Rotua, <u>j'ai</u> 17 ans et <u>j'habite à</u> Tiarei, à 25 kilomètres de Papeete, la capitale de Tahiti. Je suis français, d'origine polynésienne. <u>Je parle</u> français, tahitien et <u>j'apprends</u> l'anglais. <u>Je vis avec</u> ma mère, mon frère Eddy et mes petites sœurs, Laetitia et Sabrina. Mon père est mort. Toute ma famille vit à Tiarei et on se voit tous les jours.

<u>Je suis</u> lycéen à Papeete. Je me lève très tôt le matin: je prends le truck[1] pour aller au lycée à 6 heures. <u>Je suis</u> en première et <u>je passe</u> le bac l'année prochaine. <u>Je me passionne pour</u> le sport, surtout le boogie[2]. Je m'entraine presque tous les jours depuis huit ans! <u>Je voudrais devenir</u> prof de sport.

La vie est dure à Tahiti. Ma mère travaille dans un restaurant mais mon frère est au chômage. Alors, moi, dans deux ans, je pars à Hawaii. <u>J'aimerais</u> rester ici parce que j'adore mon île mais il n'y a pas assez de travail. Et à Hawaii, il y a des vagues super pour le boogie.

[1]truck: camion pour le transport scolaire
[2]boogie: style de surf pratiqué à Tahiti

2a **Lisez la carte postale de Sammy. Prenez des notes pour compléter sa fiche.**

nom _____ âge _____ occupation _____
domicile _____
nationalité _____ passe-temps _____
langues parlées _____ _____
_____ projets _____
famille _____ _____

2b **Ecoutez l'interview de Sammy et vérifiez vos notes.**

2c **Ecrivez une description de Sammy à partir de vos notes.**

Exemple: Il s'appelle Sammy. Il a 17 ans.

3 **Connaissez-vous bien votre partenaire? Complétez une fiche. Posez des questions pour vérifier.**

Exemple: A: Tu t'appelles X?
B: Oui, c'est ça. Et toi, tu t'appelles Y?
A: Oui. Tu as 16 ans?

4 **Ecrivez une carte postale. Utilisez les expressions soulignées dans le texte de Sammy.**

5 **A votre avis, pourquoi la vie est-elle "dure" à Tahiti? Discutez en classe.**

Grammaire ➤165 ➤W32

The present tense

● To conjugate verbs in the present tense, see page 165.

A **Look at the two texts and find at least one verb conjugated in the present tense for each type of infinitive: -er, -ir and -re.**
Example: -er = se trouve

● When is the present tense used?

B **Match the sentences (1–6) to the definitions (a–f).**

1 Les Français colonisent Tahiti au 18ème siècle.
2 Tahiti est très loin de la France.
3 Sammy parle de sa vie à Tahiti.
4 Il va au lycée à Papeete.
5 Sammy passe le bac dans un an.
6 Il fait du boogie depuis longtemps.

a to refer to the present moment
b to refer to something recurrent
c to refer to something started in the past that is still being done
d to refer to historical events
e to speak about the future
f to refer to something "universal" (*e.g. un et un font deux*)

C **Find more examples of uses a–f in the two texts.**

C'est français!

▶ *Que savez-vous de l'influence de la France et des Français dans le monde?*

"Made in France" ou pas?

l'accordéon	la carte à puce	la machine à coudre	le restaurant
le bikini	le croissant	le parachute	le sac à dos
la boite de conserve	la douche	le parc d'attractions	le stéthoscope
la calculatrice	l'hélicoptère	la poubelle	le téléphone portable

1a Lisez la liste d'inventions françaises. Notez les trois intrus!

1b Ecoutez et vérifiez. Notez les dates.
Exemple: calculatrice – 1664   (ᴛ6)

2 Regardez les images (1–9). Ecoutez et lisez les textes (A–I) à la page 11. Reliez.
Exemple: 1 – E   (ᴛ7)

3 Jouez au morpion sur la grille des photos. Pour gagner, donnez au moins deux détails sur les inventions.
Exemple: 1 – *Le premier parc d'attractions ouvre à Paris en 1771.*

Fig. 2. – L'hélicoptère Paul Cornu.

4 Lisez *Grammaire*. Les noms soulignés dans les textes A–I sont-ils a) masculins, b) féminins ou c) on ne peut pas savoir?

Exemple: ingénieur = a) masculin (finit en -eur)

5 Faites des recherches sur une autre invention française ou une invention de votre pays. Ecrivez une description.

Grammaire ➡154 ➡W4

Genders – masculine/feminine

Knowing whether a noun is masculine or feminine helps you to:

● choose the correct determiner: *un/une, le/la, du/de la, mon/ma, ce/cette*, etc.

● choose the correct pronoun: *il/elle*, etc.

● make appropriate agreements with adjectives and past participles: *nouveau/nouvelle; allé/allée*.

Learn each new noun with its gender. You will get a feel for masculine/feminine words. To help you, here are some typical endings (though there are exceptions):

● feminine
-ade, -aison, -ce, -tion/sion, -tié/ité/té, -ie/rie, -ise, -itude, -esse, -ette, -ienne, -ère, -ée, -ure

● masculine
-age, -at, -eau, -éen, -ème, -eur, -ien, -ier, -ment, -ing, -isme

 Work out the gender of the nouns in the following sentences in order to fill in the determiners and make the appropriate agreements.

Le Minitel existait en France avant le Web:

1 ...... lancement par France Télécom du Minitel s'est fait en 1982.

2 Le Minitel permettait ...... consultation de serveurs et ...... messagerie instantané...... .

3 ...... distribution des terminaux au public était gratuit ...... et ...... sécurité était garanti...... .

4 L'avantage principal...... du Web sur le Minitel: c'est ...... réseau international...... .

A Louis Réard, <u>ingénieur</u> suisse devenu dessinateur de mode, invente le maillot de bain deux-pièces. C'est très choquant à l'<u>époque</u>! Il faut attendre les années soixante pour voir ce maillot à la plage.

B Trois frères, Victor, Alfred et Gabriel Lafuma, inventent un <u>accessoire</u> essentiel pour tous les écoliers, | les ados et les vacanciers: un sac solide, en toile, à porter sur le dos.

C Le premier geste écologique vient du préfet de Paris à la fin du 19ème siècle. Il impose aux Parisiens de mettre leurs <u>déchets</u> ménagers dans une grande boîte qui prend son nom: il s'appelle Eugène Poubelle.

D L'inventeur Roland Moreno adore les gadgets et met au point une carte avec un microcircuit | électronique. Sans lui, pas de carte de crédit, pas de carte téléphonique ni de carte SIM dans les portables!

E Un homme d'affaires, M. Boutin, décide l'<u>ouverture</u> d'un jardin de loisirs à Paris, le Tivoli, avec des | <u>manèges</u> (réservés aux adultes). C'est l'arrière-grand-père des parcs à thème comme Disneyland!

F C'est l'accessoire préféré des <u>personnages</u> des séries comme *Dr House* ou *Urgences*! Avec cet <u>appareil</u> inventé par le docteur Laënnec, on peut écouter les bruits du <u>cœur</u> et des poumons.

G Aujourd'hui, un Français mange plus de 50 kilos <u>d'aliments</u> en boite par an, ceci grâce à Nicolas Appert qui stérilise pour la première fois des aliments dans des pots en verre, pour nourrir les <u>armées</u> napoléoniennes.

H Paul Cornu est le premier à décoller dans un appareil à hélices (avec une selle et quatre roues de <u>bicyclette</u>!) à 1,50m du sol, pendant quelques secondes. C'est assez pour entrer dans l'histoire de l'aviation!

I Jusqu'au milieu du 18ème siècle, un restaurant est un bouillon vendu dans la rue, une sorte de soupe qui redonne des forces. Boulanger, un vendeur de bouillon, a l'idée de servir ses clients sur des tables dans une boutique. On connaît la suite!

Grammaire active

The present tense

Je parle français

Teacher: Can you translate this into English?

Student: Well... Is it "I'm speaking French (now)" or "I speak French (regularly)" or "I've been speaking French (for 4 years)" or "I'll be speaking French (from now on)" or...

Teacher: OK, OK! Point taken! Grrr... these *élan* students, they're so good!

Rappel

When going from one language to another, context is everything. This also applies when choosing tenses. French uses the present tense in a variety of situations – see page 165. Remember, tenses are not necessarily used in the same way in French as they are in English, so be careful when going from one language to the other!

Entrainez-vous!

1   Préparez un paragraphe pour vous décrire. Ecrivez quelques phrases pour chaque section (A–D).

Ⓐ Parlez de vous, de vos goûts et centres d'intérêt.

   Je m'appelle...; J'ai... ans; Je suis britannique,... ; J'habite à...; Je suis étudiant...; J'aime/Je me passionne pour...

Ⓑ Dites ce que vous faites en ce moment.

   En ce moment/Actuellement, je prépare des examens de...

You can also use *être en train de* followed by an infinitive if you want to stress you are in the process of doing something:

   Je suis en train de réviser mes cours de...

Ⓒ Dites ce que vous faites régulièrement.

   Toutes les semaines/Une fois par mois/Souvent/Régulièrement, je fais/je vais...

Ⓓ Parlez de ce qui a commencé dans le passé, qui continue et continuera sans doute encore.

   J'habite ici depuis 10 ans; Il y a cinq ans que j'apprends le français; Ça fait un an que je fais du théâtre...

2   Lisez cet extrait d'un email envoyé par une jeune musicienne française à une ancienne correspondante à Londres. Traduisez en anglais.

Salut Amy, c'est Claire!
C'est le premier email que je t'écris depuis longtemps! Tu sais que je joue du violon depuis l'âge de cinq ans? Eh bien maintenant, j'habite à Paris et je fais des études au Conservatoire de musique depuis deux ans! Je joue régulièrement dans un quatuor à cordes. Nous répétons en ce moment pour un nouveau récital que nous donnons dans un mois. Et devine où? A Londres! J'arrive le 5 octobre. C'est la première fois que je joue à l'étranger. C'est super! J'attends ce moment depuis longtemps! On se retrouve à Londres pour un café?

Rappel

In the present tense, most verbs follow a regular pattern (see page 165). The regular verb endings are:

je	+ e/s/ds/x	nous	+ ons
tu	+ es/s/ds/x	vous	+ ez
il/elle/on	+ e/d/t	ils/elles	+ ent

Learn irregular verbs by heart (see page 176).

Entrainez-vous!

3   Trouvez des exemples de verbes avec les terminaisons du tableau.

Exemple: Je joue/je finis/je prends/je veux, etc.

4   Traduisez en français.

   a   I go to the cinema once a week.

   b   I'm seeing my friend Katya tomorrow.

   c   Our homework's done. What shall we do now?

   d   I've known Marie since January.

   e   They have been waiting a long time for their exam results.

1 La télévision

1a Lisez la liste des émissions, puis discutez avec un(e) partenaire.

1 ● Lesquelles reconnaissez-vous?
2 ● Il s'agit de quel type d'émission en chaque cas? Pouvez-vous deviner?
3 ● Lesquelles voudriez-vous voir? Pourquoi?
4 ● Quelle sorte d'émission préférez-vous?
5 ● Trouvez-vous qu'il y a trop de (ou pas assez de) certains types d'émission à la télévision?
6 ● Donnez des exemples.

Regardez la page 21 pour plus d'information sur les différents types d'émission.

Questions pour un champion

Télé-matin

C'est pas sorcier

100% Foot

Les Simpson

Présumé innocent

Journal France 2

Échappées belles

File-moi ta recette

1b Cinq ados décrivent des émissions de la liste. De quelle émission parle chacun d'entre eux?

1 C'est mon dessin animé préféré. Il s'agit d'une famille et de sa/sur vie quotidienne, mais tout est présenté dans un ton un peu ironique.

2 On voit des gens qui cuisinent, qui préparent quelque chose d'un peu différent et on peut noter les ingrédients et voir comment ça se fait.

3 C'est une émission pour les vrais fanas, où on ne voit pas seulement les matchs, mais aussi des interviews avec des joueurs et d'autres experts.

4 Ce sont les informations qu'on présente chaque soir. Cela informe et explique ce qui se passe dans le monde.

5 Il s'agit des voyages. On choisit un coin du monde et on explique ce qu'il y a à faire là-bas. C'est intéressant si on pense partir en vacances.

1c Chacun écrit une courte description d'une émission de télé, puis la lit à haute voix. Les autres devinent ce que c'est.

Les émissions de télévision

▸ *Quelles sont les émissions préférées des jeunes Français?*
▸ *Quelles émissions aimez-vous?*

Elodie: Moi, personnellement, j'adore les feuilletons, parce que je trouve qu'ils représentent bien la vie quotidienne et parce que je m'identifie aux personnages et à leurs problèmes. Je n'aime pas du tout les documentaires; quand j'allume le poste le soir, c'est parce que j'ai envie de me détendre.

Marion: Comme tous mes amis, j'adore les programmes de télé-réalité, qui sont, à mon avis, passionnants. On ne sait jamais ce qui va arriver! Je préfère les émissions où l'on met plusieurs candidats en compétition et on voit comment ils réagissent sous pression. J'avoue que je ne regarde jamais ni les émissions politiques ni les émissions sportives; je considère la psychologie des gens beaucoup plus intéressante!

Thomas: Je trouve les jeux et les quiz très amusants. J'aime bien essayer de répondre aux questions moi-même, car il me semble qu'on apprend beaucoup tout en s'amusant. Je ne regarde ni les téléfilms ni les feuilletons; je trouve que les personnages sont irréalistes et trop exagérés.

Antony: Je me passionne pour le sport, donc ce sont les émissions de sport en direct qui m'intéressent le plus. J'apprécie le fait que la télévision nous donne la possibilité de voir de nouveaux sports, comme par exemple, le surf ou le poker. Ce que je n'aime pas? Je déteste les jeux!

Nicolas: Moi, je ne regarde que les films à la télévision. J'aime surtout les polars et les films d'action – on n'a plus besoin d'aller au cinéma! Ma petite sœur adore les dessins animés, mais moi, je ne les regarde plus. S'il n'y a pas un bon film le soir, je ne regarde rien d'autre.

Julie: Je regarde toujours le journal télévisé, car je pense qu'il est important de savoir ce qui se passe dans le monde. A part ça, j'aime les documentaires et quelquefois les films aussi. Mais j'ai horreur de la télé-réalité, qui ne représente pas du tout la réalité, à mon avis, et qui exploite les gens.

1 **Combien de sortes d'émissions pouvez-vous nommer en français? Travaillez avec un(e) partenaire, puis avec la classe.**

allumer le poste *to switch on the TV*
avouer *to admit*

2a **Ecoutez sans regarder les textes ci-dessus. Notez les émissions qu'aime ou n'aime pas chaque personne.**

2b **Réécoutez et lisez le texte pour vérifier vos réponses.**

3a **Relisez les opinions des jeunes. Notez qui apprécierait les émissions suivantes:**

   a la finale de la Coupe d'Europe de football en direct

   b le jeu "Qui veut gagner des millions?"

   c un reportage sur la mondialisation

   d une série qui raconte la vie d'une famille dans un petit village plein de gens excentriques

   e la dernière émission de "Star Academy"

3b **Suggérez une émission qui plairait à la sixième personne.**

3c **Dites qui n'aimerait pas les émissions de l'activité 3a.**

   Exemple: a Marion n'aimerait pas la finale de la Coupe d'Europe de football.

3d **Avec qui êtes-vous d'accord? Choisissez trois phrases du texte pour exprimer votre opinion concernant les émissions que vous aimez et que vous n'aimez pas.**

Grammaire ➡ 154 ➡ W6

Definite and indefinite articles

Definite and indefinite articles (which are often omitted in English) are important in French.

masculine	feminine	plural	English
le/l'	la/l'	les	the
un	une	des	a/some

Example: *J'aime **les** films.* I like films.
               ***Les** jeux sont amusants.* Game shows are fun
               *J'ai regardé **des** dessins animés.* I watched (some) cartoons.

A **Look back at the texts you have studied so far in this unit and in the *Passerelle* unit. Find three examples of when definite and indefinite articles are used in French where they would not be used in English.**

4a Retrouvez dans les témoignages un maximum d'expressions pour exprimer une opinion.

Exemple: *j'adore... je trouve que...*

4b Faites correspondre les moitiés de phrases.

1 Elodie pense que...

2 Nicolas est d'avis que...

3 Julie trouve que...

4 Antony considère que...

5 Marion croit que...

a les dessins animés sont pour les enfants.

b le sport est passionnant.

c les documentaires sont trop sérieux.

d les réactions des gens normaux sont intéressantes.

e le journal télévisé est toujours intéressant.

5 Posez des questions à un(e) partenaire sur les émissions de télévision. Utilisez les expressions du texte et celles de l'activité 4.

6 Quelles sont vos émissions de télévision préférées? Que pensez-vous des différentes émissions diffusées? Ecrivez un court paragraphe pour exprimer vos opinions.

Grammaire

➡ 173 ➡ W68

Negatives

● To make a sentence negative, put *ne ... pas* (not) around the verb, e.g. *je ne regarde pas*. Use *n'... pas* if the verb begins with a vowel, e.g. *je n'aime pas*.

● There are several other negatives in French: *ne ... jamais* (never), *ne ... rien* (nothing), *ne ... plus* (no longer), *ne ... que* (only), *ne ... ni ... ni* (neither ... nor).

A Study the texts on page 14 again. List all the negative phrases and write the meanings in English.

Example: *Je n'aime pas du tout les documentaires.*
– I don't like documentaries at all.

B Translate these sentences into French:

1 I don't like cartoons any more.

2 I only watch documentaries.

3 I don't understand anything.

4 I watch neither game shows nor soaps.

Expressions-clés

Aimez-vous... ?
Préférez-vous... ?
Trouvez-vous que... ?
A votre avis, est-ce que...

Compétences

Expressing opinions

The phrases you collected in activity 4 will be useful in many different contexts.

● Likes and dislikes: avoid overuse of *j'aime* and *je n'aime pas*. You can make these more interesting by adding qualifiers, e.g. *j'aime bien, j'aime surtout, j'aime beaucoup, je m'intéresse à, je n'aime pas du tout, j'ai horreur de*.

● Opinions: whatever topic you are discussing or writing about, try to use as many different verbs as you can from your list. Remember that you can make your French more varied by referring to other people's opinions as well as your own, e.g. *Beaucoup de téléspectateurs pensent que... Tous mes amis croient que... Mon frère trouve que... mais moi je pense que...*

A Rewrite the following sentences starting with an opinion phrase from your list.

1 Les feuilletons racontent des histoires incroyables.

2 Les animateurs de jeux télévisés sont trop enthousiastes.

3 Les documentaires abordent souvent des sujets importants.

4 Il y a trop de sport à la télévision.

L'influence de la télévision

▶ *Quels sont les effets de la télévision sur les jeunes?*
▶ *L'influence de la télévision est-elle bonne ou mauvaise?*

1a Regardez les graffitis et trouvez les cinq mots qui indiquent des aspects positifs de la télévision.

1b Lisez les phrases 1 à 10 sur l'influence de la télévision. Notez si chaque affirmation est positive ou négative.

1c Reliez chaque affirmation aux graffitis correspondants.

Exemple: *1 isolement, asociabilité*

1d Quelle qualité n'est pas mentionnée dans les affirmations?

1e Avec quelles affirmations êtes-vous d'accord? Travaillez avec un(e) partenaire. Une personne lit la phrase, l'autre dit "Je suis d'accord. Moi aussi, je pense que…" ou "Je ne suis pas d'accord. Je trouve que…"

1f En vous référant aux graffitis et aux opinions, faites une liste des noms et des adjectifs mentionnés.

Exemple: *la violence – violent*

1 Un jeune qui passe beaucoup de temps devant un écran devient isolé et asocial.

2 Dans les émissions de télé-réalité, on entend trop d'insultes vulgaires.

3 Une émission culturelle peut encourager les téléspectateurs à aller au théâtre ou à un concert.

4 Les jeunes enfants qui regardent trop la télévision risquent de devenir inactifs et obèses.

5 La publicité à la télévision crée de jeunes consommateurs matérialistes.

6 On apprend beaucoup en regardant les programmes éducatifs diffusés l'après-midi et le soir.

7 Exposée aux nouvelles animatrices qui sont très belles et très minces, une adolescente peut devenir dépressive.

8 Les dessins animés violents peuvent rendre un enfant violent et agressif.

9 Après avoir regardé un bon divertissement ou une bonne comédie, on se sent toujours plus détendu et plus heureux.

10 Les gens qui regardent le journal du soir sont toujours bien informés.

2a CD1 Track 10 **A votre avis, est-ce que la télévision exerce une bonne ou une mauvaise influence sur les jeunes? Ecoutez l'opinion de cinq personnes: est-elle positive ou négative?**

1 Antoine, professeur
2 Louise, mère de famille
3 Suzanne, mère de famille
4 Elisabeth, ado
5 Martin, ado

2b Réécoutez. Recopiez et complétez les expressions utilisées.

a derrière une façade... ; faire passer des...
b déplorer la pauvreté de... ; des actes de violence...
c le vocabulaire se limite à... ; les relations démontrent...
d des émissions qui reflètent...
e la possibilité d'apprécier...

3a Lisez *Compétences* et préparez cinq arguments pour exprimer votre point de vue, en vous référant aux activités 1 et 2.

3b Discutez avec un(e) partenaire. Une personne exprime des opinions positives, l'autre des opinions négatives.

4 L'influence de la télévision est-elle bonne ou mauvaise? Ecrivez un paragraphe pour résumer les arguments que vous trouvez les plus importants.

Compétences

Expressing agreement and disagreement

The following key phrases can be used to express agreement and disagreement:

Je suis d'accord (que)...
Je suis tout à fait d'accord avec vous.
Je ne suis pas d'accord.
Je ne suis pas du tout d'accord.
Je suis totalement pour...
Je suis totalement/absolument contre...

Grammaire ➡ 156 ➡ W8

Adjectives

• **Agreement**

In French, adjectives always agree with the noun they describe:

un enfant violent   *des enfants violent**s***
*une émission violent**e***   *des émissions violent**es***

A Find examples of the following adjective forms in sentences 1–10 (page 16). Write down the adjective and the noun it agrees with.

1 three masculine singular adjectives
2 three feminine singular adjectives
3 three masculine plural adjectives
4 three feminine plural adjectives

B Add the correct ending to the following adjectives:

1 des reportages intéressant...
2 les séries américain...
3 une animatrice intelligent...
4 les publicités amusant...

• **Position**

In French, most adjectives follow the noun they describe, e.g. *une émission **violente***. However, some common adjectives go before the noun: *un **beau** film, une **grande** influence*.

C Find five examples of adjectives used before the noun in sentences 1–10 (page 16).

L'avenir de la télévision

▶ *Comment changent les habitudes des téléspectateurs?*
▶ *Comment sera la télévision à l'avenir?*

1 👥 **Discutez en groupes.**

● Où et quand regardez-vous les émissions de télévision?

● Est-ce que vous regardez souvent la télévision en famille? Pourquoi/Pourquoi pas?

● Est-ce que vos habitudes en ce qui concerne la télévision sont différentes de celles de vos parents/vos grands-parents? Donnez des exemples.

2a **Survolez le texte (à droite). Lesquelles des phrases suivantes en résument le contenu?**

a La télévision reste l'activité numéro un pour la plupart des familles.

b Les jeunes d'aujourd'hui regardent beaucoup moins d'émissions télévisées que ceux d'autrefois.

c Internet offre plus de possibilités aux téléspectateurs.

d Aujourd'hui, on est moins obligé de considérer les gouts des autres quand on choisit une émission.

e Il parait que la télévision se démode de plus en plus.

2b **Trouvez dans le texte les expressions qui correspondent aux termes suivants.**

2c **Lisez le texte et répondez aux questions.**

a digital
b on demand
c to miss
d to catch (a programme)
e the Internet and TV viewer

f a TV soap
g any, no matter which
h to do without
i to take … into consideration

Les expressions de 2b vous seront très utiles!

a Comment la façon dont on regarde la télévision a-t-elle changé par rapport au passé?

b Quels sont les avantages des nouvelles possibilités?

c Dans quel sens peut-on parler d'un changement d'attitude chez le téléspectateur?

d A l'avenir, croyez-vous qu'on regardera plus ou moins de télévision par rapport à nos habitudes actuelles? Expliquez votre réponse.

La télévision, c'est quoi aujourd'hui?

Tout change à une telle vitesse dans ce domaine que c'est difficile à dire. Mais on peut certainement constater que la télévision n'est plus pour les jeunes d'aujourd'hui ce qu'elle était pour leurs parents.

Internet sert de nouveau canal de distribution pour les chaines de télévision. Il ne s'agit plus d'expériences de multicast, c'est-à-dire on n'est plus obligé de tous voir la même émission au même moment. Grâce aux possibilités numériques, il devient de plus en plus possible de voir ses émissions préférées à la demande. Vous sortez le mardi soir, mais vous n'aimez pas manquer votre feuilleton préféré? Rien de plus simple que de le capturer plus tard.

L'internaute-téléspectateur choisit son épisode de feuilleton télévisé dans une liste de contenus mis à disposition sur le site web de la chaine. Il décide aussi l'heure à laquelle il souhaite le visionner en streaming. Il est possible de voir n'importe quelle émission à n'importe quel moment: on devient son propre programmateur. Vous voulez voir ce film à telle heure, ou vous préférez regarder tel reportage du journal de 20 heures trois heures plus tard? Pas de problème! Vous détestez rater le match quand vous faites des heures supplémentaires? Ce n'est plus nécessaire.

De nos jours, c'est l'individualisme qui compte. Chaque spectateur choisit pour soi-même et donc le pouvoir de rassemblement de la télévision s'affaiblit. Les soirées en famille devant le poste de télévision vont-elles disparaitre? Chacun choisit pour soi et on ne tient plus compte des préférences des autres. Les 15–25 ans en particulier ne consomment pas le petit écran comme leurs ainés et s'informent de manière très différente.

Grammaire → 163 → W70

Verb + infinitive

- Certain verbs in French are followed by an infinitive.
These include: *aimer*, *préférer*, *détester*, *sembler*,
vouloir, *pouvoir*, *devoir*, *savoir*, *souhaiter* and the
verbal expression *il faut*.

A Which five of the above verbs are to be found
in the text on page 18?

B Choose three sentences from the text
containing these verbs, copy them out and
translate them into English. Underline the
initial verb in one colour and the verb which
follows in the infinitive in another.

C Copy these sentences, choosing a suitable

> un secteur – un domaine
> une voie – un canal
> en même tps – au m̂ moment
> regarder – voir
> rater – manquer
> facile – simple
> disponible – mis à disposit
> désire – souhaite

...ions

...tres.

D

immediate future. aller + ...

E Translate this sentence from the text:

> Pas de soucis – pas de pb
> obligataire – nécessaire
> qui est important – qui compte
> la capacité – le pouvoir
> surtout – en particulier
> la télévision : le pt écran
> s'instruire : s'informe
> de façon – manière

...on

F ...3.

---

3 Choisissez un mot de l'encadré pour compléter
chaque blanc dans le texte.

> La télévision n'a jamais [**a**] de progresser. La première
> [**b**] officielle de la télévision française en noir et [**c**]
> date de 1935. En 1967, le petit écran passe à la [**d**] et
> il faut attendre 40 ans pour qu'en 2007 la [**e**] définition
> apparaisse. De plus en plus [**f**] grâce à la technologie
> LED, les écrans sont aussi de plus en plus grands et
> prétendent ainsi concurrencer les salles de [**g**]. Alors,
> qu'est-ce qui nous [**h**] dans l'avenir?

> émission ∗ couleur ∗ plats ∗ cessé ∗ cinéma ∗ blanc ∗
> attend ∗ haute

4a Ecoutez trois jeunes qui parlent de l'avenir
de la télévision. Choisissez un titre de la liste
pour chaque extrait.

  a spectateurs, mais aussi créateurs

  b des dizaines de nouvelles chaines

  c téléchargement presque instantané

  d plus de câble, ni de satellite

  e une nouvelle dimension

4b Réécoutez, puis complétez les phrases avec
vos propres mots.

  1 a On fabrique déjà au Japon des téléviseurs à...

  b On va bientôt proposer une nouvelle sorte de
  télévision – la...

  c Heureusement, il ne faudra pas porter...

  2 a Avec la télévision interactive, le contenu est généré...

  b Sur le site web de la BBC, on trouvera bientôt...

  c Ceci changera...

  3 a Disney vient d'introduire une nouvelle...

  b On peut télécharger des séries populaires le
  lendemain...

  c Et on peut les voir sur son...

5 Un magazine pour les retraités offre un prix
pour un article intitulé "La télévision de l'avenir:
j'explique tout à mes grands-parents." Ecrivez
cet article (200 mots environ). Vous pouvez faire
mention des aspects suivants:

- vos habitudes personnelles concernant la télévision.
- ce qu'il y a de nouveau dans ce domaine.
- les avantages des nouvelles techniques, surtout pour
les personnes âgées.
- comment vous imaginez la télé dans 10 ans/dans
25 ans.

Grammaire active

Negatives

When you express your own or someone else's point of view, you need to be able to use negatives correctly. Different negatives can add variety and force to your language.

Rappel

Ne ... pas is not the only negative form in French. Other negatives include *ne ... jamais*, *ne ... rien*, *ne ... personne*, *ne ... que* and *ne ... ni ... ni.*
The two parts of the negative go around the verb e.g. *je ne crois pas, il n'achète rien.*

Entrainez-vous!

1a Recopiez la lettre adressée par un téléspectateur mécontent à *Télé Z* en complétant les négations. Utilisez toutes les négations de l'encadré ci-dessus.

Je ne connais ...... qui regarde les émissions sportives, mais chaque weekend il n'y a ...... d'autre à la télévision! On ne diffuse ...... films, ... divertissements – il n'y a ...... d'interminables matchs de foot, de rugby etc. Cela ne me plaît ...... du tout, et depuis six mois maintenant, je ne regarde ...... la télévision le weekend!

1b Ecrivez votre propre lettre, en vous plaignant de la quantité d'émissions de télé-réalité à la télé.

Verbs followed by an infinitive

Make your language more interesting by including the following verbs followed by an infinitive as much as you can.

Rappel

The following verbs are followed by an infinitive:
*aimer * adorer * préférer * détester * sembler devoir * pouvoir * vouloir * savoir * falloir (il faut)*

Entrainez-vous!

2 **Translate these sentences into French.**

   a   I like to watch the news every night. (*J'aime...*)

   b   My parents prefer to watch soaps. (*Mes parents...*)

   c   You have to go to the cinema to see a good film. (*Il faut...*)

   d   He loves to spend the evening in front of the TV. (*Il adore...*)

Adjectives

Rappel

A lot of errors arise from forgetting that adjectives must agree with the noun they describe:
un documentaire intéressant/une émission intéressante
des documentaires intéressants/des émissions intéressantes

Remember that a few adjectives come before the noun (*une mauvaise influence*) and some follow a different pattern or are irregular: *agressif/agressive, culturel/culturelle, nouveau/nouvelle.*

Entrainez-vous!

3 **Rewrite these sentences using the correct form of the adjective in each case.**

   a   Je trouve les feuilletons [*stupide*].

   b   Cela ne ressemble pas à la vie [*quotidien*].

   c   Je préfère un [*bon*] polar ou une émission [*sportif*].

   d   Tu as vu la [*nouveau*] série?

Vocabulaire

Les émissions de télévision pages 14–15

un documentaire	*a documentary*
un dessin animé	*a cartoon*
une émission politique/ sportive	*a political/sports programme*
un feuilleton	*a soap*
les jeux (m)	*games*
un journal (télévisé)	*a news programme*
un polar	*a detective film*
un quiz	*a quiz*
la météo	*the weather forecast*
en direct	*live*

L'influence de la télévision pages 16–17

aborder un sujet	*to tackle a subject*
allumer la télé	*to switch the set on*
créer des consommateurs matérialistes	*to create materialistic consumers*
devenir isolé/obèse/ dépressif	*to become isolated/obese/ depressed*
diffuser	*to broadcast*
être bien informé	*to be well informed*
informer/exploiter (les spectateurs)	*to inform/exploit (viewers)*
passer du temps devant l'écran	*to spend time in front of the screen*
rendre (un enfant) agressif	*to make (a child) aggressive*
s'amuser	*to enjoy oneself*
se détendre	*to relax*
se passionner pour	*to be passionate about*
se sentir détendu	*to feel relaxed*
j'ai horreur de	*I have a horror of*
j'aime bien	*I really like*
je considère que	*I consider that*
je m'intéresse à	*I'm interested in*
je pense que/crois que/ trouve que	*I think that*
je suis d'accord que	*I agree that*
je suis d'avis que	*I'm of the opinion that*
je suis pour/contre	*I am for/against*

L'avenir de la télévision pages 18–19

une chaine	*a (TV) channel*
le contenu généré par les utilisateurs	*user-generated content*
(l'ère de) l'interactivité	*(the age of) interactivity*
les nouveaux médias	*the new media*
les médias participatifs	*participatory media*
le petit écran	*the small screen*
un site web	*a website*
la TV (super) haute définition	*(super) high definition TV*
la TV en trois dimensions/3D	*3D TV*
un vidéoblog	*a videoblog*
démodé	*old-fashioned*
numérique	*digital*
capturer	*to catch*
s'informer	*to find out/get information on*
manquer	*to miss*
télécharger	*to download*
tenir compte des gouts des autres	*to consider the tastes of others*
visionner	*to see/watch*
en couleur/en noir et blanc	*in colour/black and white*
à la demande	*on demand*

En plus…

une antenne parabolique	*a satellite dish*
une chaine à péage	*a subscription channel*
un décodeur	*a decoder*
les indices d'écoute	*ratings*
le journal, les informations	*news programme*
un présentateur/une présentatrice	*a presenter*
un réseau câblé	*a cable network*
un speaker/une speakerine	*an announcer*
un réalisateur/une réalisatrice	*a producer*
une reprise	*a repeat*
encourager la passivité	*to encourage passivity*
zapper	*to channel-hop*

Les techniques de la publicité

▶ *Comment la publicité cherche-t-elle à nous manipuler?*

Elle supermarche bien

1a **Regardez bien les deux publicités. Pour chacune, discutez des questions suivantes avec un(e) partenaire.**

a C'est pour quel produit?

> une boisson ∗ une lessive liquide ∗ une voiture ∗ un supermarché ∗ des vêtements ...

b La pub vise qui exactement? Expliquez votre réponse.

> les femmes ∗ les hommes ∗ les jeunes ∗ les enfants ∗ les personnes âgées ∗ les filles ∗ les garçons ...

c Qu'est-ce qui attire l'attention du lecteur?

> le slogan ∗ l'image ∗ les couleurs ...

d Est-ce qu'il y a un message caché?

> Si vous achetez ce produit, vous serez ...

e Comment est-ce que la pub essaie de nous persuader d'acheter le produit?

> elle nous flatte ∗ amuse ∗ informe ∗ surprend ∗ choque ...

1b Comparez vos réponses avec celles de vos camarades de classe.

1c Regardez dans un magazine français et choisissez une autre publicité qui vous plait. Présentez-la à la classe, en vous référant aux *Expressions-clés*.

1d Ecrivez une courte analyse (150–200 mots) d'une publicité française. En conclusion, donnez votre opinion personnelle, en utilisant les expressions clés.

Expressions-clés

Cette pub est pour...
Elle vise surtout...
Pour cette raison, on utilise l'image de...
C'est surtout... qui attire l'attention du lecteur.
La pub nous flatte/nous amuse/nous informe/nous surprend/nous choque, car...
Le message caché, c'est que...
Je trouve cette pub réussie, parce que...

2a Ecoutez les trois spots publicitaires. Pour chaque spot, choisissez de quel produit il s'agit.

> un ordinateur * du dentifrice * un portable * du shampooing * une agence de vacances * un magazine * des yaourts * une voiture * une crème solaire * un hypermarché

2b Réécoutez la première publicité et complétez les phrases avec le bon adjectif.

a plus *sophistiqué*

b plus é......

c une plus g...... mémoire

d aussi p......

e moins c......

2c Réécoutez la deuxième publicité et complétez les phrases avec le bon superlatif.

Exemple: a les plus beaux pays du monde

b les ...... villes

c les monuments ......

d les paysages ......

e les ...... vacances

2d Réécoutez la troisième publicité et traduisez les phrases en français.

a a much older woman

b the most recent photos

c thinner than ever

d the most beautiful hair

e the most intimate secrets

3 Crééz un spot publicitaire! Travaillez en équipe.

a Choisissez votre produit.

b Décidez qui vous visez.

c Précisez l'angle d'attaque. Voulez-vous informer/flatter/faire rire/choquer les auditeurs?

d Résumez le message caché de votre spot.

e Créez un slogan.

f Préparez et enregistrez un spot de vingt secondes environ. Utilisez au moins un comparatif, un superlatif et une question.

Grammaire   ➡ 157 ➡ W10

The comparative

- To compare things in French, you use:

plus ... que	more ... than
moins ... que	less ... than
aussi ... que	as ... as

A Look back at the comparatives in your answers to activity 2b. Use the same adjectives to complete these sentences.

1 Ce nouveau parfum est plus ...... que l'ancien.

2 Mon ancien lecteur MP3 est moins ...... que ce dernier modèle.

3 Ce jean est aussi ...... que ceux que portent les top models.

- Some common adjectives are irregular:

bon(ne)	good	→	*meilleur(e)*	better
mauvais(e)	bad	→	*pire*	worse

The adverbs are also irregular:

bien	well	→	*mieux*	better
mal	badly	→	*pire*	worse

B Write three sentences comparing products.

1 ce shampooing – le nouveau shampooing

2 la nouvelle Renault – la nouvelle Citroën

3 ces chaussures – ces baskets (NB plural endings!)

The superlative

- To say "the most" or "the least" in French, use *le/la/les* in front of *plus/moins*.

- The position of the superlative (before or after the noun) is the same as the adjective.

C Look back at the superlative in your answers to activity 2c. Note which superlatives go before the noun and which go after the noun.

D Complete these phrases with an appropriate superlative. Check that it is in the correct position and that it agrees with the noun.

1 le dentifrice

2 les yaourts

3 la crème solaire

4 les ordinateurs

5 le chocolat

Les limites de la publicité

▸ *Faut-il nous protéger des publicités pour certains produits?*
▸ *La publicité, est-elle responsable des problèmes de santé?*

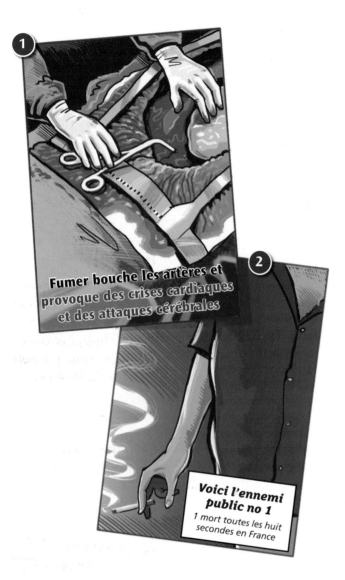

1

Fumer bouche les artères et provoque des crises cardiaques et des attaques cérébrales

2

Voici l'ennemi public no 1
1 mort toutes les huit secondes en France

Alain Delon – Dior lui retire sa cigarette

Pour la promotion de son parfum « Eau Sauvage », la maison Dior a ressorti une photo d'Alain Delon qui date de 1966. Sur la photo originale, l'acteur tient une cigarette à la main. Seulement voilà, par respect de la loi, qui interdit « toute publicité pour le tabac, même indirecte », Dior a préféré gommer la cigarette.

1a Regardez bien les deux affiches, qui font partie d'une campagne anti-tabac. Pour chacune des affirmations suivantes, décidez de quelle affiche il s'agit.

a On utilise un slogan qui est court et direct.

b La représentation des conséquences médicales du tabagisme nous choque.

c Le langage qu'on utilise est sobre et scientifique.

d C'est l'humour qui rend le message plus frappant.

1b A votre avis, quelle affiche est la plus réussie? Pourquoi?

2a Lisez l'article et reliez les deux moitiés des phrases.

1 Il s'agit ici d'une publicité...	a qu'on a modifiée.
2 La publicité utilise une photo...	b qui n'a rien à voir avec le tabac.
3 La maison Dior ne voulait pas montrer une photo...	c qui ne respectait pas la loi.

2b Pensez-vous que l'action de la maison Dior était justifiée?

2c A votre avis, faut-il interdire les images des gens qui fument ou qui boivent de l'alcool dans les pubs? Pourquoi/Pourquoi pas?

Grammaire → 162 → W27

Relative pronouns: *qui* (who, which) and *que/qu'* (that)

- These pronouns are used to link short sentences and avoid repetition of a noun.

*On utilise un slogan **qui** est court et direct.*

*Le langage **qu'**on utilise est sobre et scientifique.*

- If *que* is used in the perfect tense, the preceding direct object rule applies and the past participle has to agree with the noun to which *que* refers, e.g.

*J'ai vu une publicité **que** j'ai beaucoup aimée.*

A Look back at activity 2a. Explain why *qui* or *que* is used in each sentence.

B Link the following pairs of sentences using *qui* or *que*.

1 La publicité en ligne pose des problèmes.
La publicité est un nouveau phénomène.

2 Le sponsoring est une publicité indirecte.
Elle exerce une grande influence.

3 Les spots publicitaires sont souvent amusants.
On voit les spots à la télévision.

3a Ecoutez les quatre parents qui parlent de la publicité pour les aliments trop gras, trop sucrés et trop salés. Pour chaque personne, décidez si elle pense que la publicité est responsable ou pas de l'obésité des enfants.

3b Réécoutez et complétez les phrases.

a Marianne a horreur de la publicité pour…

b Christiane fait des efforts pour…, mais ses enfants veulent qu'elle achète…

c Yves pense que les enfants sont influencés par… et par…

d Yves déplore le fait que le fast-food est devenu obligatoire aux…

e Martin dit que si les enfants sont obèses, c'est la faute de…

3c Lisez *Compétences* (à droite) et faites les activités.

Compétences

Convincing someone of your point of view

- The imperative can be useful for convincing someone of your point of view and can be combined with the conditional.

Allez chez MacDo, ça vous étonnerait!

Allez en ville, ça vous aiderait à…/ça vous permettrait de…/ça pourrait vous…/comme ça, vous seriez…/comme ça, vous pourriez…

- The phrases below can also help convince someone:

Ecoute-moi/Ecoutez-moi…

Je t'assure que/Je vous assure que…

Mais je t'assure!/Mais je vous assure!

Quand tu y réfléchis, tu vois bien que…/Quand vous y réfléchissez, vous voyez bien que…

Mais enfin, tu dois/vous devez bien comprendre que…

Tu ne vois pas que…?/Vous ne voyez pas que…?

A Listen again to the parents talking about

B

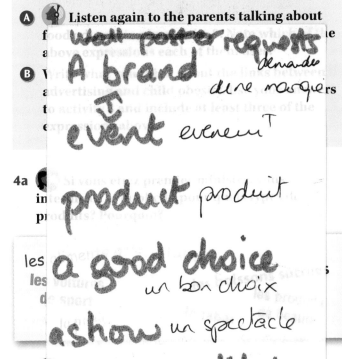

4a

4b

L'alcoolisme est un problème grave dans notre société.

Ces pubs peuvent mener à des problèmes de santé, comme l'anorexie ou la boulimie.

On a l'impression qu'il faut acheter cela pour être heureux.

L'influence de la publicité est-elle bonne ou mauvaise?

▸ *Quels sont les avantages de la publicité?*
▸ *Quels en sont les inconvénients?*

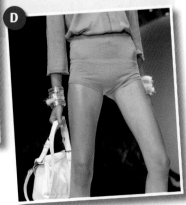

A

La publicité est un aspect essentiel de la société de consommation. Elle est partout et elle prend les formes les plus variées: les affiches sur les murs, les panneaux dans les gares, les flashes à la radio et à la télé, les prospectus dans les boites à lettres, les placards et les annonces dans les journaux, les gadgets distribués gratuitement, les enseignes lumineuses dans les villes, les T-shirts des sportifs, ... Mais cette omniprésence de la publicité ne plait guère à tout le monde.

Récemment, les top models trop minces et trop belles m'inquiètent beaucoup. Je trouve qu'elles ont une très mauvaise influence sur les filles, qui ne savent pas que dans les images, le visage et le corps des models sont régulièrement retouchés par ordinateur. Les conséquences de la publicité sont souvent désastreuses: anorexie, boulimie, demandes de chirurgie esthétique, etc. – **Sophie**

Moi personnellement, je suis agacée par le fait que la publicité utilise constamment des stéréotypes et des clichés traditionnels: la mère fait la cuisine, le père va au travail et les enfants heureux jouent dans une maison confortable. Les gens qui ne sont pas conformes aux stéréotypes se sentent exclus. – **Anaïs**

Tout le monde profite de la publicité. Le sponsoring joue un rôle important dans le monde du sport, les chaines de télévision sont financées par la publicité. Sans elle, il y aurait certainement beaucoup moins d'évènements sportifs. – **Laurent**

La publicité cherche certainement à nous manipuler. Je pense surtout aux campagnes de positionnement des marques, dont le but est de bien graver le nom d'une marque dans l'esprit du consommateur, plutôt que de décrire les qualités du produit. – **Kévin**

Je trouve que la publicité joue un rôle important en nous informant sur de nouveaux produits. Les pubs pour les voitures ou les ordinateurs, par exemple, nous donnent généralement beaucoup d'informations techniques, qui nous permettent de faire un bon choix. – **Julien**

A mon avis, le public considère vraiment la publicité comme une forme de spectacle. On sait qu'elle ne représente pas la réalité, qu'elle insiste sur les qualités d'un produit sans en mentionner les défauts. Les consommateurs ne sont pas naïfs, ce sont des gens intelligents. – **Thomas**

Je suis mère de famille et c'est l'influence de la publicité alimentaire sur les enfants qui m'inquiète principalement. On voit toujours trop de pubs pour les produits très sucrés ou gras. Franchement, je pense que la publicité est la cause principale de l'obésité chez les enfants. – **Danielle**

J'ai l'impression que la publicité est une forme de communication entre les vendeurs et les consommateurs. En ce moment, tout le monde parle constamment du réchauffement global, et chaque publicité explique qu'un tel produit est totalement respectueux de l'environnement. – **Émilie**

C

B

D

Compétences

Reading a text for gist

When you tackle any new reading text, aim first to understand the general meaning:

- Spot the key words.
- Use headings and illustrations to help you.
- Focus on understanding the overall meaning of each paragraph in turn.

A Read the texts on page 28. Decide whether each person is in favour of advertising or against it.

B Read the texts again and match each of the four photos (A–D) with one of them.

Don't worry if there are individual words in the text which you do not understand. Once you have understood the gist, you can look at these more closely. You may even find that at this stage you can work out their meaning from the context.

You are now ready to work on the texts in more detail.

1a **Trouvez dans les textes des synonymes pour les expressions suivantes.**

   a des posters

   b des brochures

   c je suis inquiétée

   d la publicité pour la nourriture

   e le surpoids

   f catastrophiques

1b **Lisez les affirmations suivantes et décidez dans chaque cas qui parle.**

   a La publicité nous aide à comparer des produits avant d'en acheter.

   b Les filles qui veulent ressembler aux mannequins risquent de tomber malades.

   c La plupart des gens trouvent la publicité amusante.

   d Pour nous persuader d'acheter des vêtements de marque, on répète le nom du produit.

   e La vie familiale représentée dans les publicités n'est pas réaliste.

   f La publicité encourage les grandes sociétés à développer des produits qui ne polluent pas l'environnement.

   g La publicité finance beaucoup de spectacles.

   h La publicité incite les enfants à manger des choses qui ne sont pas saines.

1c **Travaillez avec un(e) partenaire. Décidez si vous êtes d'accord avec les opinions exprimées à la page 28.**

Je ne suis pas totalement en accord avec ce qu'il dit...
Je pense qu'il a raison...
A mon avis, ce n'est pas aussi simple que ça...
Je suis d'accord avec lui sur certains points...

2a **Ecoutez Léa et Patrick qui parlent de la publicité. Qui mentionne les aspects suivants?**

   a la dépression

   b le sponsoring

   c la compétition

   d les crèmes anti-âge

   e la publicité pour l'alcool

   f le prix des billets pour les évènements sportifs

2b **Réécoutez et écrivez quelques phrases pour résumer les opinions de Léa et de Patrick.**

3 **Pensez-vous que l'influence de la publicité soit bonne ou mauvaise? Ecrivez un paragraphe pour présenter vos arguments. Utilisez les idées et le vocabulaire de cette unité.**

Grammaire 157 W14

Adverbs

- Adverbs are used to describe a verb, an adjective or another adverb.
- In English, most adverbs end in *-ly*. In French, most adverbs end in *-ment*. To form an adjective in French, *-ment* is usually added to the feminine form of the adjective, e.g. *normal → normale → normalement* (normally)

A **Find in the texts on page 28 the adverbs formed from the following adjectives. Draw up a list of the adverbs and their meaning in English.**

personnel – certain – régulier – général – franc – gratuit

- If an adjectives ends with a vowel, add *-ment* to the masculine form, e.g. *poli → poliment*
- Some adjectives add a final *e* and change it to *é* before adding *-ment*, e.g. *profond → profondément*
- If an adjective ends in *-ent* or *-ant*, the adverb ends in *-emment* or *-amment*, e.g. *évident → évidemment*

B **Use the rules above and the texts on page 28 to work out the adverbs for the following adjectives:**

récent – constant – vrai – énorme – total

C **Find in the texts on page 28 the adverb corresponding to the adjective *bon*.**

Grammaire active

Relative pronouns

Using relative pronouns (*qui, que*) will make your French more fluent and complex in expression. Study these two descriptions of a new skin cream. Which uses more complex language? What has been changed?

1

Elicina est une crème à la bave d'escargot. Elle est en vente en Amérique du Sud depuis 1995. Elle arrive enfin en Europe. Cette crème rend la peau douce. Elle est produite au Chili. On la fabrique en collectant l'excrétion des escargots. On élève les escargots avec beaucoup de soin dans des conditions naturelles. La crème Elicina est réellement un produit exceptionnel. On la vend maintenant. Elle a une couleur blanche fraîche et est absolument sans odeur.

2

Elicina est une crème à la bave d'escargot, qui est en vente en Amérique du Sud depuis 1995 et qui arrive enfin en Europe. Cette crème, qui rend la peau douce, est produite au Chili. On la fabrique en collectant l'excrétion des escargots, qu'on élève avec beaucoup de soin dans des conditions naturelles. La crème Elicina qu'on vend maintenant est réellement un produit exceptionnel, qui a une couleur blanche fraîche et qui est absolument sans odeur.

Entrainez-vous!

1 Rewrite the following in more complex French using *qui* and *que* to link short sentences.

Le voyage représente une expérience inoubliable. Nous proposons ce voyage aujourd'hui. Nous avons réservé des chambres de luxe dans un hôtel quatre étoiles. L'hôtel est situé sur une plage privée. Il a, en plus, trois piscines magnifiques. Les repas sont copieux. On les prend dans la salle à manger ou à la terrasse. On vous propose aussi plusieurs excursions. Elles vous permettent de découvrir les attractions de l'île. Elles sont incluses dans le prix.

Adverbs

Using adverbs is another way of making your French sentences more complex.

Entrainez-vous!

2 Complete the following using adverbs from the box.

a J'ai les cheveux ...... fins, et ce shampooing est ...... génial!

b Je bois ...... ce yaourt, qui m'aide ...... à garder la forme.

c J'aime ...... mon bébé, qui dort ...... grâce à cette musique.

d ...... je me méfie des offres spéciales, mais celle-ci est ...... fantastique.

e Avant, je sortais ......, mais maintenant je travaille ....

> extrêmement * tendrement * énormément * constamment * paisiblement * vraiment * absolument * sérieusement * régulièrement * normalement

Comparative and superlative adjectives

Comparatives and superlatives can be used to contrast things.

Entrainez-vous!

3 Write a comparative sentence for each of the following groups of words.

a le nouveau lecteur MP3 – les autres modèles – *cher*

b le fast-food – les produits frais – *sain*

c les pop-ups – les pubs à la télévision – *agaçant*

d les fruits bio – les autres fruits – *populaire*

e la mode actuelle – les vêtements de l'an passé – *beau*

4 Write a short advertisement for a product, exaggerating its good qualities. Include at least five superlatives.

Exemple: *Voici la voiture la plus rapide...*

Vocabulaire

Les techniques de la publicité   **pages 24–25**

le message caché	*hidden message*
la publicité	*advertising*
une publicité, une pub	*an advertisement*
une pub réussie	*a successful advertisement*
un spot publicitaire	*a TV or radio advertisement*
un poster, une affiche	*a poster*
attirer l'attention	*to attract attention*
choquer	*to shock*
flatter	*to flatter*
inciter	*to encourage*
surprendre	*to surprise*
viser	*to target*

Les limites de la publicité   **pages 26–27**

les aliments gras, sucrés ou salés	*fatty, sugary or salty foods*
le consommateur	*the consumer*
une promotion	*a promotion, special offer*
la santé publique	*public health*
autoriser	*to allow*
causer un problème	*to cause a problem*
être en surpoids	*to be overweight*
être influencés par la publicité	*to be influenced by advertising*
exagérer	*to exaggerate*
interdire	*to ban*
nourrir sa famille correctement	*to feed one's family properly*
réclamer	*to demand*

L'influence de la publicité est-elle bonne ou mauvaise?   **pages 28–29**

la chirurgie esthétique	*plastic surgery*
une campagne de positionnement des marques	*a product placement campaign*
une forme de communication	*a form of communication*
les informations techniques (f)	*technical information*
la marque	*brand, designer name*
le panneau	*billboard*

le réchauffement global	*global warming*
la société de consommation	*consumer society*
le sponsoring, le parrainage	*sponsorship*
un stéréotype	*a stereotype*
les top models trop minces	*supermodels who are too thin*
avoir une bonne/mauvaise influence	*to have a good/bad influence*
faire un bon choix	*to make a good choice*
jouer un rôle important	*to play an important part*
manipuler	*to manipulate*
nuire (à)	*to harm*
profiter (de)	*to benefit (from)*
se sentir exclu	*to feel excluded*
respectueux de l'environnement	*environmentally friendly*

En plus…

la communication électronique non-sollicitée	*unwanted email*
une émission	*programme (radio or TV)*
un journal	*a newspaper*
un magazine, un illustré	*a magazine*
les médias	*the media*
une offre spéciale	*a special offer*
un panneau	*a billboard*
un pop-up	*a pop-up*
la publicité en ligne	*online advertising*
un rabais	*a price reduction*
le spam, le pourriel	*spam*
créer une publicité	*to create an advertisement*
exercer une influence	*to exert an influence*
faire du profit	*to make a profit*
interrompre	*to interrupt*
louer	*to praise*
mentir	*to lie*
montrer	*to show*
persuader quelqu'un de faire quelque chose	*to persuade someone to do something*
en marge	*in the margin*
en promotion	*on (special) offer*

L'alcool et les jeunes: les nouvelles mesures n'interdisent pas la publicité pour l'alcool sur le Net

L'Assemblée Nationale a voté le 10 mars 2009 de nouvelles mesures sur la prévention de la consommation d'alcool chez les mineurs. Interdiction de la vente d'alcool aux moins de 18 ans et des open bars, limitation de la vente en stations-service, autant d'initiatives qui peuvent contribuer à la diminution de l'alcoolisation excessive des jeunes et à la prévention de l'alcoolisme. **Cependant l'autorisation simultanée de la publicité pour l'alcool sur Internet suscite des interrogations.**

Ces mesures devraient permettre une diminution de la consommation d'alcool par les mineurs… **Du moins c'est ce que l'on pouvait penser jusqu'au vote dans cette même loi de l'autorisation de la publicité pour l'alcool sur Internet!** Le texte précise que de telles annonces commerciales ne seront pas autorisées sur les sites destinés à la jeunesse, aux sports, à l'activité physique et dans les pop-ups (ces fenêtres qui s'ouvrent de manière intempestive sur le web).

Mais cette autorisation, qui ravit les viticulteurs, pose tout de même des questions: qu'est-ce qu'un site "destiné à la jeunesse"? Une grande partie des collégiens passe déjà plusieurs heures par jour sur Internet. Comment peut-on imaginer qu'ils ne vont que sur des sites jeunesse ou sport? Ne s'informent-ils pas ailleurs, ne jouent-ils pas en ligne, ne chattent-ils pas à partir de portails généralistes, ne consultent-ils pas des sites de musique ou people, des plate-forme d'hébergement de vidéos? Donc comment dire aux jeunes "achat d'alcool interdit" et en même temps exposer ces mêmes jeunes à des messages répétés signifiant "achetez de l'alcool"? <u>Le texte original prévoyait une autorisation de publicité sur les "sites des producteurs, distributeurs et organisations professionnelles", n'était-ce pas beaucoup plus logique et raisonnable?</u>

Malgré l'absence concomitante de mesures éducatives de prévention (renforcement de la médecine scolaire par exemple), cette loi fait tout de même espérer une prise de conscience supplémentaire des jeunes des dangers de l'alcool et une baisse de leur consommation, voire des ivresses.

1 Lisez le texte, puis notez si les phrases sont **V** (vraies), **F** (fausses) ou **ND** (l'information n'est pas donnée).

a Les jeunes ayant moins de 18 ans n'ont pas le droit d'acheter d' alcool en France.

b La loi interdit la publicité pour l'alcool sur certains sites Internet.

c La publicité pour l'alcool est autorisée dans les pop-ups.

d L'auteur pense qu'il est difficile d'imposer cette loi.

e Les jeunes préfèrent les sites de sport à ceux qui sont destinés à la jeunesse.

f Les jeunes font beaucoup d'activités sur Internet.

g Ils ne vont pas sur les sites de jeux.

h Certains jeunes utilisent Internet pour s'informer sur la vie des célébrités.

i Il y a beaucoup de publicités pour l'alcool sur Internet.

j Selon l'auteur, les jeunes sont très influencés par les pubs en ligne.

Compétences

Inferring meaning when reading (1)

- To gain an A or A* grade, as well as understanding the main points and details in a text, you need to be able to take the next step and **infer meaning**. This means that you need to be able to understand attitudes and work out points of view when they are not stated explicitly.

A To infer meaning, you need to look more closely at individual sentences. Translate the two sentences in bold into English. What do they indicate about the author's opinion of the new law?

B Explain the phrase: *cette autorisation, qui ravit les viticulteurs.* Who does the author suggest will benefit from the new law, and why?

C Study the sentence underlined in the text. How has the law changed since it was first drafted? What is the author's view of the changes?

2 Pensez-vous que la publicité pour l'alcool sur Internet pose un danger pour les jeunes? Ecrivez une réponse à cette question (150–200 mots).

Les technologies de la communication

By the end of this unit you will be able to:

- Discuss blogs, wikis and other aspects of the Internet
- Talk about issues relating to mobile phones, MP3 players, etc.
- Discuss the benefits and dangers of the Internet

- Use direct object pronouns
- Use possessive adjectives and understand possessive pronouns
- Use expressions where tenses differ between French and English
- Take notes when listening
- Understand the link between French and English suffixes
- Transfer meaning using your own words in French

1a Devinez ce que représentent les photos. Les bonnes réponses sont dans l'encadré.

- un téléphone portable
- un ordinateur portable
- une souris
- un lecteur MP3
- un casque audio
- une clé USB
- un CD
- un appareil photo numérique
- un iPod touch

1b Ecoutez pour vérifier.

2 Quels aspects des nouvelles technologies utilisez-vous? Les utilisez-vous tous les jours? de temps en temps? rarement? Discutez en groupe pour identifier les nouveaux médias les plus populaires.

- la messagerie instantanée (MSN, etc.)
- les sites de réseaux sociaux (Facebook, etc.)
- les SMS
- les emails (le courrier électronique)
- les clips YouTube
- les coups de téléphone sur portable

Aimez-vous bloguer?

▶ *Comment expliquer la popularité des blogs chez les jeunes?*

▶ *Quels sont les problèmes associés aux blogs et aux wikis?*

15 millions de blogs sur la planète!

90% des blogueurs ont entre 12 et 25 ans!

Un nouveau blog se crée toutes les 7 secondes

Un blog = un journal intime interactif

Coralie, 18 ans, explique ce qui l'incite à bloguer.

① S'exprimer sur un blog est un très bon exercice pour apprendre à développer sa propre opinion. Mon blog traite de sujets très variés: du droit à l'adoption des homosexuels au suicide des jeunes. Dès qu'un sujet m'intéresse, je le mets en ligne. Je donne mon avis, les internautes m'écrivent, puis on confronte nos points de vue.

② Moi personnellement, je traite surtout des sujets de société dans mon blog. Je sais que certaines filles décrivent leurs problèmes personnels et expriment leur mal-être sur le Net, mais moi, je trouve cela dangereux. Elles se disent que l'anonymat les protège, mais ce n'est pas toujours le cas. Seuls mes meilleurs amis sont au courant de ce qui se passe dans ma vie.

③ J'aime aussi visiter les blogs des autres. Il y en a qui sont consacrés à l'actualité, aux séries, à la poésie… je n'ai aucune préférence. Chacun peut simplement avoir envie de faire partager ses passions, ses espoirs, sa vie… A mon avis, les blogs nous permettent de mieux comprendre la psychologie des gens et c'est ça qui me passionne.

1a Lisez le témoinage de Coralie et décidez dans quel paragraphe elle mentionne les idées suivantes.

a Coralie aime discuter avec les autres internautes en ligne.

b Elle aime consulter les blogs culturels.

c Elle ne révèle jamais les détails de sa vie intime.

d Elle s'intéresse aux différentes mentalités des gens.

e Elle pense que chaque internaute a le droit d'exprimer son opinion sur son blog.

1b Trouvez un synonyme pour les expressions suivantes dans le texte.

a son point de vue personnel

b j'exprime mon opinion

c elles pensent qu'elles peuvent tout révéler parce qu'on ne connait pas leur identité.

d ce qui se passe dans le monde

e je trouve cela très intéressant

2a 🎤 Ecoutez trois jeunes Français qui parlent de leurs blogs: Claire, Kévin et Léa. Pour chaque personne, notez:

a pourquoi il/elle a créé son blog

b les sujets qu'il/elle y traite

c les sujets qu'il/elle ne veut pas traiter

2b Lisez les affirmations ci-dessous et décidez qui parle.

a Dès que je découvre un morceau qui me plait, je le mets en ligne.

b C'est ma vie intime, et je ne veux pas la partager avec n'importe qui.

c Mon blog m'a beaucoup aidée à sortir de ma dépression.

d Le plus important, c'est que ton blog est anonyme, personne ne sait qui l'écrit.

e Je n'ai plus besoin de mon blog et je l'ai abandonné.

f Si j'ai envie de parler des profs ou du travail, je le fais avec les copains.

g Je l'ai fait surtout pour m'amuser.

h J'ai pu parler librement de mes problèmes, les analyser et finalement les résoudre.

i Quand je trouve une petite vidéo qui me fait rire, je la mets tout de suite sur mon blog.

j Je n'ai jamais mis de photos personnelles sur mon blog, et en plus, n'importe qui pourrait les consulter.

2c 🎤 Réécoutez pour vérifier.

3a Quels sont les arguments pour et contre les blogs et les wikis? Lisez les témoignages suivants et faites une liste des arguments pour et contre les sites interactifs.

Pour	Contre
Un blog représente un moyen de communiquer.	Les blogs exercent une très mauvaise influence sur les jeunes.

Moi, j'en ai assez de l'interactivité! A mon avis, les blogs exercent une très mauvaise influence sur les jeunes. Ils les incitent à exprimer des opinions bizarres pour attirer l'attention des autres internautes. Ces jeunes blogueurs écrivent ce qu'ils veulent, ils critiquent leurs profs, ils partagent des photos gênantes, sans penser à leurs victimes. En plus, il existe des blogueurs qui mentent, et qui inventent des problèmes ou des histoires amoureuses pour s'amuser. On dit qu'un blog représente un moyen de communiquer, mais moi, je trouve qu'il mène facilement à l'égoïsme et à l'isolement.

J'utilise souvent Wikipédia, et je l'apprécie beaucoup pour son ampleur, pour sa profondeur et pour la richesse de ses références. C'est formidable de pouvoir consulter une encyclopédie comme ça chez soi, et à toute heure. Mais on ne sait jamais si les articles sont fiables. Chacun a la liberté d'écrire ce qu'il veut, donc il est difficile quelquefois de distinguer les faits des opinions. Dans les encyclopédies traditionnelles, on sait que les articles ont été écrits et vérifiés par des spécialistes. Wikipédia doit rester neutre, mais il y a toujours certains groupes qui l'utilisent pour faire de la propagande.

3b Ecrivez une réponse à un des témoignages où vous défendez les blogs et les wikis.

Grammaire

160 W23

Direct object pronouns

A pronoun can be used instead of a noun to avoid repetition. A direct object pronoun replaces a noun which is the object of a verb. Direct object pronouns in French are:

me (me)   *te* (you)   *le* (him, it)   *la* (her, it)

nous (us)   *vous* (you)   *les* (them)

- Pronouns go before the verb in French, e.g. *je **la** vois* (I see her).
- If the verb starts with a vowel, *me*, *te*, *le* and *la* become *m', t', l'*, e.g. *il **m'**aime* (he loves me).
- With verbs in the perfect tense, pronouns go before the auxiliary verb, e.g. *je **l'**ai vu* (I saw him/it).

Preceding direct object rule

When a direct object pronoun is used in the perfect tense, the past participle agrees with the direct object pronoun, e.g. *je **l'**ai vue* (I saw her); *je **les** ai vu(e)s* (I saw them).

A Identify the direct object pronouns in the texts for activity 2b.

B Translate the sentences into English.

C Find an example of the preceding direct object rule.

Compétences

Suffixes

Many nouns in English and French are similar. An awareness of related endings (suffixes) can help you to guess a new word and can indicate its likely gender.

A Copy and complete the chart below.

English ending	English example	French ending	French example (1)	Gender in French	French example (2)
-em	system	-ème	le syst**ème**	masculine	
-ity	popularity	-ité	la popular**ité**	feminine	
-ment	government	-ment	le gouverne**ment**	masculine	
-ic(s)	politics	-ique	la polit**ique**	feminine	
-tion	nation	-tion	la na**tion**	feminine	
-ism	realism	-isme	le réal**isme**	masculine	

Le téléphone portable

▶ *Quels sont les avantages et les inconvénients du portable?*

Pour mes copines et moi, avoir un portable est très important. On peut s'appeler sans passer par nos parents et on est toujours en contact par SMS. Pour les jeunes d'aujourd'hui, les portables sont indispensables. Mes parents **utilisent** les leurs seulement de temps en temps, mais nous n'**éteignons** jamais les nôtres.
Bérangère, 17 ans

Le téléphone portable pour les ados n'est pas forcément une bonne chose. C'est un objet de convoitise supplémentaire. Avant on **se faisait racketter** des montres, maintenant on nous **arrache** nos lecteurs MP3 et nos téléphones portables dans la rue. Le mien est assez vieux, mais quand je sors en ville le soir, je n'aime pas l'utiliser. Je ne veux pas attirer l'attention des délinquants.
Faustine, 17 ans

Le portable peut vraiment **dépanner** dans certaines situations. Si on rate le bus, on peut envoyer un message pour **prévenir** les parents. Les miens me laissent plus facilement sortir le soir; ça les rassure de savoir qu'ils peuvent me **joindre** à tout moment.
Arnaud, 16 ans

Il faut **interdire** le téléphone portable en classe. Certains ados **emmènent** le leur partout avec eux et ne l'éteignent jamais. Les portables sonnent pendant les heures de cours et **dérangent** les profs et les autres élèves. En ville ou dans le train, on **tolère** les sonneries constantes et les gens qui parlent sans cesse à haute voix, mais le travail scolaire demande de la concentration.
Lénaïc, 19 ans

Les portables ne sont plus de simples téléphones. Le mien a un appareil photo intégré, plusieurs jeux et un lecteur MP3. Mais le portable de ma copine a un écran tactile et permet aussi l'accès à Internet. Mo portable est déjà assez sophistiqué, mais le sien est vraiment un objet à tout faire!
Julien, 18 ans

Les téléphones portables sont une mode. Presque tout le monde en a un. Mais un portable coûte cher et en plus, il faut payer un forfait tous les mois. Ce n'est pas facile pour tout le monde. Les enfants de familles modestes qui n'ont pas de portable **se sentent** exclus quand ils entendent toujours "le mien est mieux que le tien!"
Bénédicte, 16 ans

1a 🎧 **Ecoutez et lisez les témoignages. Classez-les en deux catégories: positifs et négatifs.**

1b Utilisez un dictionnaire bilingue pour traduire ces verbes-clés du texte en anglais.

a	utiliser	g	arracher
b	éteindre	h	se sentir
c	dépanner	i	interdire
d	prévenir	j	emmener
e	joindre	k	déranger
f	se faire racketter	l	tolérer

1c Faites correspondre les moitiés de phrases.

e 1 Bérangère utilise son portable...
b 2 Les parents d'Arnaud sont rassurés...
d 3 La copine de Julien...
a 4 Faustine a peur des gangs...
f 5 Selon Bénédicte, ...
c 6 Lénaïc réclame...

a qui menacent les jeunes et leur volent leur portable.
b parce qu'ils peuvent joindre leur fils n'importe quand.
c l'interdiction du téléphone portable pendant les cours.
d peut télécharger de la musique sur son portable.
e pour rester en contact avec ses copines.
f les enfants se disputent au sujet de leurs portables.

1d Relisez les textes et notez trois arguments pour les téléphones portables et trois arguments contre.

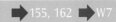

Compétences

Taking notes when listening

Before listening:

- Read the questions carefully. Make sure you know exactly what information you are listening for.

- Think about the topic and the sort of language you might hear and try to predict likely answers.

- Check whether you have to answer in French or English and whether full sentences are required.

- Revise numbers thoroughly. Write them as figures, not words.

A **Listen to the first part of the report about mobile phones and complete the sentences below in French.**

a Le téléphone portable a été inventé en ......

b Motorola lance le premier téléphone portable commercialisé en ......

c Il est aussi grand qu' ...... et il pèse ......

d Il coute ......

e Des ...... de gens s'inscrivent sur ...... pour l'acheter.

B **Listen to the second part of the report and fill in the gaps in the summary below.**

En ......, plus de ...... de téléphones portables ont été vendus dans le monde. Il y a actuellement ...... d'abonnés au téléphone portable dans le monde. Ce chiffre pourrait atteindre ...... en ......

En ......, les ...... ont envoyé ...... de SMS ("Short Message Services"). Mais le record est détenu par ......, avec ...... de SMS envoyés.

...... de ...... possèdent un téléphone portable, soit environ ...... de la population. Plus de ...... jeunes sur ...... utilisent un mobile.

> un milliard = 1 000 000 000

2 **Travaillez avec un(e) partenaire. Préparez une présentation PowerPoint sur les avantages et les inconvénients du téléphone portable. Montrez-la à la classe.**

Grammaire

➡ 155, 162 ➡ W7

Possessive adjectives

To choose the right word for "my", "your", "his" or "her" in French, look at the noun it refers to, not the gender of the person speaking: *mon portable* = my mobile; *sa mère* = his/her mother; *leur fils* = their son.

If a feminine singular noun starts with a vowel, use *mon/ton/son* instead of *ma/ta/sa*, e.g. *ton amie* (your girlfriend), *son enfant* (his/her child).

English	masculine	feminine	plural
my	*mon*	*ma*	*mes*
your	*ton*	*ta*	*tes*
his/her	*son*	*sa*	*ses*
our	*notre*	*notre*	*nos*
your	*votre*	*votre*	*vos*
their	*leur*	*leur*	*leurs*

A **Find six examples of possessive adjectives in the texts on page 36 and in activity 1c and translate them into English.**

B **Fill in the gaps with the correct possessive adjective.**

1 Ma sœur adore ...... nouveau portable.

2 Beaucoup de parents offrent un portable à ...... enfants.

3 Nous savons que dans ...... classe, tout le monde a un portable.

Possessive pronouns

The pronoun for "mine", "yours", etc. in French changes depending on whether the object it is describing is masculine or feminine, singular or plural:

le mien a un appareil photo = (refers to a masculine singular object – *un portable*)

ta sonnerie est amusante, mais je préfère la mienne (refers to a feminine singular object – *une sonnerie*)

Plural forms are **les miens** and **les miennes**.

The other possessive pronouns follow the same pattern. See page 162.

C **Find more examples of possessive pronouns in the text on page 36 and list them in chart form.**

Possessive pronoun	Refers to	Masculine/ feminine?	Singular/ plural?	English meaning
les leurs	les portables	masculine	plural	theirs

Les jeunes sur la Planète Internet

▸ *Qu'est-ce qu'on peut faire sur Internet?*

▸ *Quels sont les avantages et les dangers?*

1a **Retrouvez dans l'encadré les trois synonymes d' "Internet".**

> * un internaute * le Web * un email * le cybermarché * la Toile * un moteur de recherche * en ligne * un ordinateur portable * la livraison * une commande * le Net * la société virtuelle * la messagerie électronique * le forum * le site * le fichier * un réseau social

1b **Utilisez un dictionnaire bilingue pour vérifier le sens des autres mots.**

2a **Lisez les témoignages. Trois d'entre eux sont illustrés sur les écrans A, B et C. Reliez les lettres des écrans aux témoignages appropriés.**

1 Depuis un an, j'utilise Internet pour organiser mes vacances. Je viens de rentrer d'un weekend super à Londres. Après avoir acheté les billets de voyage en ligne, j'ai trouvé un hôtel et j'ai même réservé des places pour un concert à Wembley le samedi soir. Avec Internet, c'est facile. *Elodie*

2 Quand on apprend une langue étrangère, Internet est indispensable. Depuis deux ans, j'utilise un dictionnaire en ligne, qui est excellent. En plus, maintenant je viens de découvrir des sites espagnols où on peut lire et écouter les informations chaque soir. C'est comme un voyage virtuel dans le pays! *Julie*

3 Après avoir commencé à naviguer sur la Toile, je suis vite devenu accro. Depuis quelques semaines, je m'intéresse beaucoup à la politique et sur Internet on trouve tout, chacun a le droit de s'exprimer. Je viens d'examiner des sites où l'on exprime des opinions assez extrêmes, qui m'ont choqué quelquefois. Mais cela m'aide à comprendre la mentalité des extrémistes. *Nicolas*

4 J'habite à la campagne, loin des grands magasins, et depuis janvier dernier je fais tous mes achats en ligne. Par exemple, je viens d'acheter un appareil photo à carte mémoire au cybermarché. Après avoir choisi le modèle que je voulais, je l'ai commandé et il est arrivé chez moi le lendemain. Au cybermarché, on a un grand choix de produits à des prix très intéressants. *Benjamin*

5 J'utilise Internet pour le travail scolaire depuis plusieurs années. Je viens de préparer une dissertation sur l'immigration en France et j'ai fait toutes mes recherches sur le Web. Après avoir consulté plusieurs sites, j'avais toutes les informations nécessaires. J'ai même pu lire des rédactions écrites par d'autres élèves à ce sujet. *Alexandre*

6 Moi, j'apprécie beaucoup Facebook, qui me permet de communiquer facilement avec mes amis. Après être rentrée des Etats-Unis il y a un mois, j'ai mis toutes mes photos sur Facebook, pour les partager avec mes amis. Je viens de fêter mon anniversaire et j'ai reçu des dizaines de gentils messages. Je ne pourrais pas vivre sans Facebook! *Amélie*

2b Relisez les témoignages de la page 38. Qui exprime les opinions suivantes?

Am **a** Internet est avant tout un moyen de communication.

Al **b** Internet est une bibliothèque mondiale accessible à chacun.

B **c** Avec Internet, le consommateur peut accéder de chez lui à un choix gigantesque de produits.

E **d** Internet commence à remplacer les agences de voyage.

N **e** Internet favorise la liberté d'expression.

J **f** Internet nous permet de connaitre des cultures et d'apprendre des langues différentes.

2c Choisissez la bonne réponse.

1 Elodie vient
  a de faire un séjour à l'étranger. ✓
  b de réserver des places de théâtre.
  c de passer une semaine en Angleterre.

2 Julie vient
  a de perfectionner son espagnol. ✓
  b d'organiser un voyage en Espagne.
  c d'acheter un dictionnaire.

3 Nicolas vient
  a d'écrire un message à un forum.
  b de voter en ligne.
  c de s'informer sur des sujets politiques. ✓

4 Benjamin vient
  a de faire les grands magasins.
  b d'acheter quelque chose en ligne. ✓
  c de commander des livres au cybermarché.

5 Alexandre vient
  a de faire des recherches en ligne. ✓
  b de travailler à la bibliothèque.
  c de publier sa dissertation sur le Web.

6 Amélie vient
  a d'arriver en Amérique.
  b de communiquer avec sa correspondante.
  c de fêter son anniversaire. ✓

3a  Ecoutez les parents et reliez-les aux jeunes de la page 38. CD1 track 20

Example: **a** *M. Martin – Benjamin*
b Mme Leblanc **c** M. Blondin **d** Mme Aubert
e M. Malherbe **f** Mme Bertin

3b Réécoutez et décidez qui mentionne les problèmes suivants.

a le risque de vol et de fraude
b les sites qui incitent au racisme
c l'isolement des internautes
d les sites pornographiques
e la fiabilité des informations diffusées
f la sécurité des sites
g les gens qui ne sont pas connectés
h les internautes qui ne lisent plus de livres

4 "Internet fait partie de la vie d'aujourd'hui." Etes-vous d'accord? Ecrivez un paragraphe à ce sujet, tout en mentionnant les avantages et les dangers d'Internet.

Grammaire → 164, 165, 168 → W65, 74

In this unit, you have met three constructions where French uses a different tense from English.

Venir de + infinitive (to have just done something)

In English, we use the **past** tense to say "**I have** just **done**...". French uses the **present** tense of venir followed by *de* and an infinitive.

Je viens d'acheter un livre au cybermarché.
I have just bought a book online.

A Study the six texts on page 38 and the sentences in activity 2c. List five examples of sentences using *venir de* and translate them into English.

B Listen again to the recording for activity 3. Write down the phrase each parent uses which includes *venir de* and translate it into English.

C Translate the following sentences into French.
  1 I have just watched a film on the Internet.
  2 We have just organised a holiday in France.
  3 My friend has just bought some CDs online.

Depuis + present tense (since, for)

In English, we use the **past** tense to say how long something has been going on. French uses the **present** tense with *depuis*.

J'utilise Internet depuis deux ans.
I have been using the Internet for two years.

D Write out the five sentences containing *depuis* in the texts on page 38 and translate them into English.

Après avoir/après être + past participle ("after doing")

In English, we use the **present** participle ("after doing"). French uses the **past** participle (literally "after having done").

Après avoir acheté un ordinateur, j'ai surfé sur Internet.
After buying a computer, I surfed the Internet.

Après m'être levé, j'ai lu mes emails.
After getting up I read my emails.

E Find the five examples of *après avoir/après être* in the texts on page 38 and translate them into English.

Grammaire active

Après avoir/après être...

Entrainez-vous!

1 **Complétez les phrases suivantes avec *avoir*/*être* et le participe passé du verbe donné.**

Exemple: *Après être sortie du lycée, Julie a écouté de la musique.*

a Après .... du lycée, Julie a rechargé son portable. [*rentrer*]

b Après .... ses devoirs, elle a envoyé un texto à Anne. [*faire*]

c Après .... la réponse d'Anne, elle a téléphoné à sa mère. [*lire*]

d Après .... avec sa mère, elle est sortie de la maison. [*parler*]

e Après .... dans le bus, elle a envoyé un autre message à Anne. [*monter*]

f Après .... devant le cinéma, les filles sont entrées voir le film. [*se retrouver*]

2 **Ecrivez encore cinq phrases qui commencent par *après avoir/après être* sous le titre "Martin utilise Internet".**

Verbes-clés

télécharger	chatter
écouter	regarder
lire	faire
obtenir	envoyer
écrire	chercher
trouver	organiser

Identifying verb tenses

Entrainez-vous!

3 🎧 **Listen to two people talking to friends on their mobiles. Each time the person speaks, decide whether they are talking about something which is happening *now* (present) or something which *has already happened* (past). There are five statements in each conversation.**

4 **Translate the following sentences from the listening activity on page 39 into English.**

a Mon fils vient d'acheter un appareil photo en ligne.

b Je viens de remarquer qu'elle ne lit plus.

c Ma fille vient d'organiser un voyage à Londres.

d Il vient d'obtenir une très bonne note pour sa dernière rédaction.

5 **Translate the following sentences into French.**

a He's just spoken to his parents.

b They've just come back from Paris.

c We've just bought a new computer.

d I've just seen a great clip on YouTube.

e It's ten o'clock and she's just got up.

Vocabulaire

Aimez-vous bloguer?   pages 34–35

l'actualité (f)	*current affairs*
un blogueur, une blogueuse	*a blogger*
une encyclopédie	*an encyclopedia*
l'interactivité (f)	*interactivity*
un(e) internaute	*an Internet user*
créer un blog	*to create a blog*
exprimer une opinion	*to express an opinion*
inciter	*to encourage*
partager	*to share*
résoudre un problème	*to solve a problem*
révéler les détails de sa vie intime	*to reveal details of one's private life*
traiter un sujet	*to deal with a topic*
anonyme	*anonymous*
fiable	*reliable*
gênant	*embarrassing*
interactif	*interactive*
en ligne	*online*

Le téléphone portable   pages 36–37

un appareil photo intégré	*an integral camera*
un jeu	*a game*
un lecteur MP3	*an MP3 player*
un message	*a message*
un portable	*a mobile phone*
une sonnerie	*a ringtone*
un portable à écran tactile	*a touch-pad phone*
envoyer/recevoir un SMS	*to send/receive a text message*
joindre	*to reach, contact*
rester en contact	*to stay in contact*

Les jeunes sur la Planète Internet   pages 38–39

un clip sur YouTube	*a clip on YouTube*
le cybermarché	*online market*
le forum	*a forum*
le fichier	*a file*
la messagerie instantanée	*instant messaging (MSN)*
un moteur de recherche	*a search engine*
un ordinateur portable	*a laptop*
un réseau social	*a social network*
un site	*a website*

communiquer	*to communicate*
devenir accro	*to become addicted*
faire des achats au cybermarché/en ligne	*to shop online*
partager	*to share*
télécharger	*to download*

En plus…

une App	*an app*
un chargeur	*a charger*
un clavier	*a keyboard*
le fichier sonore	*sound file*
un gadget	*a gadget*
un GPS	*a satnav*
une imprimante	*a printer*
un netbook	*a netbook*
les oreillettes	*earpiece*
un scanner	*a scanner*
le technophile	*technology enthusiast*
le technophobe	*technophobe*
un téléphone portable clapet	*a flip-phone*
un téléphone portable coulissant	*a slide-phone*
commander en ligne	*to order online*
laisser un message sur un répondeur	*to leave a voicemail message*
disponible	*available*
chatter	*to chat online*
être connecté	*to have Internet access*
souffrir de la surcharge d'informations	*suffer from information overload*

Vous aimez quoi comme film?

▸ *Quelles sont les qualités d'un bon film?*
▸ *Comment décrit-on un film qu'on a vu?*

1 Roman de gare

de Claude Lelouch (France) avec Dominique Pinon, Audrey Dana, Fanny Ardant

Lelouch retrouve la forme avec un drame policier.

Judith Ralitzer, auteur à succès, est en quête de personnages pour son prochain livre. Un tueur en série vient de s'échapper de la prison de la santé. Huguette, coiffeuse dans un grand salon parisien, va changer leur destin...

2 Persépolis

de Marjane Satrapi, Vincent Paronnaud (France) avec Chiara Mastroianni, Catherine Deneuve

Marjane Satrapi anime sa bande dessinée.

Téhéran 1978: Marjane, huit ans, vit la révolution, puis l'instauration de la République islamique. Plus tard, la guerre contre l'Irak entraîne bombardements, privations et disparitions de proches. Ses parents décident alors de l'envoyer en Autriche pour la protéger. A Vienne, Marjane vit à quatorze ans sa deuxième révolution: l'adolescence, la liberté, l'amour mais aussi l'exil, la solitude et la différence.

3 Spider-Man 3

de Sam Raimi (Etats-Unis) avec Tobey Maguire, Kirsten Dunst

La suite des aventures de l'araignée la plus connue de la planète.

Peter Parker/ Spiderman semble avoir réussi à concilier son histoire d'amour avec Mary Jane et ses responsabilités de super-héros. Mais une bactérie extra-terrestre trouve le chemin de son costume et infecte son organisme, entrainant des mutations inattendues...

en quête de *in search of*
les proches *close family*
entrainer *to bring about*
un roman de gare *airport novel*
    (i.e. not serious literature)

1a **Ecoutez et lisez la publicité pour les trois films. Dans chaque cas, décidez de quelle sorte de film il s'agit.**

1b Lisez les résumés des films et trouvez-y des expressions pour traduire les mots suivants en français.

a a character (in a film)   **d** the continuation
b a serial killer   **e** a love story
c a cartoon   **f** a superhero

1c Lisez les opinions des spectateurs et décidez de quel film ils parlent.

> **1** Une très belle animation **en noir et blanc**. Le style graphique est très original. L'histoire **de l'Iran** est racontée **avec simplicité** et **en même temps avec humour. En fin de compte**, du pur plaisir!!
>
> **2 A mon avis**, c'est **sans doute** le meilleur **de la série**! Les effets spéciaux sont **parmi les plus spectaculaires** jamais vus. On comprend pourquoi c'est le film **au plus gros budget de l'histoire du cinéma** (250 millions de dollars).
>
> **3** Un vrai polar et français **en plus**! C'est un super suspense: **pendant tout le film**, on se pose des questions et on est tenu **jusqu'à la fin**. Un film **à voir** et même **à revoir**.

2a Ecoutez Caroline et Marc qui parlent devant le cinéma.

a Quel film préfère Marc?

b Quel film préfère Caroline?

c Quel film vont-ils voir?

2b Réécoutez. Qui exprime les opinions suivantes, Caroline ou Marc?

M a Les films grand spectacle, il faut absolument les voir au cinéma.

b J'ai envie de voir un film qui fait réfléchir.

c J'ai horreur de ces blockbusters américains à budget colossal et aux effets spéciaux exagérés.

d On s'intéresse beaucoup trop à la violence, aux crimes et aux morts.

e Je préfère toujours voir un film en version originale.

M f Les sous-titres, ce n'est pas idéal.

2c Relisez les phrases de l'activité 2b. Avec quelles opinions êtes-vous d'accord?

3 Travaillez en groupe et jouez une scène d'un film célèbre. Les autres doivent deviner le titre du film.

Grammaire

→ 158–159 → W18

Prepositions

- Many prepositions in French have a direct equivalent in English, e.g. *avec* (with), *dans* (in), *jusqu'à* (until).
- Sometimes French uses a different preposition from English: *à mon avis* (in my opinion), *en même temps* (at the same time).
- French may use a preposition where English does not: *en plus* (moreover), *à l'étranger* (abroad).
- Remember that when *de* or *à* come before *le* or *les*, they combine: *le film au plus gros budget, l'adaptation du roman*.

Always think carefully about the correct preposition to use. Learn which preposition to use with a new phrase, so that you are not tempted to translate directly from English.

A Look at the phrases containing prepositions in activity 1c. List them and work out what their English equivalents would be.

Compétences

Writing a film review

The activities on these pages have given you a lot of ideas and vocabulary to use in a review of a film you have seen. Look at the following examples.

1 Introduction

Je viens de voir Robin des Bois, un film d'action réalisé par Ridley Scott. C'est Russell Crowe qui joue le rôle principal et Cate Blanchett incarne l'héroïne, la belle Lady Marianne.

2 Brief outline of the story (use the present tense)

Ce film raconte la troisième aventure de Shrek, le célèbre ogre vert. Il vit paisiblement avec sa femme, la princesse Fiona, quand son père, le roi Harold, tombe gravement malade. Shrek, qui ne veut absolument pas devenir roi, est extrêmement malheureux.

3 Comment on the characters and the acting

Daniel Radcliffe joue bien le rôle du jeune magicien, qui est timide au début mais qui devient plus confiant à l'école de Poudlard.

4 Say what is special about the film and why you liked it

J'ai surtout apprécié les effets spéciaux, qui sont vraiment spectaculaires. L'histoire pleine de suspense et les personnages mystérieuses m'ont beaucoup impressionné(e).

A List under each of the four headings above any other phrases from pages 43–45 which you could include in your review.

B Write a review in French (150–200 words) of a film you have seen recently.

Le cinéma traditionnel ou le cinéma personnalisé?

▸ *On peut avoir le cinéma chez soi. Est-ce que ça vaut la peine d'aller au cinéma?*

▸ *Quels sont les avantages des technologies nouvelles pour les cinéphiles?*

A

B

C

D

Aimez-vous le cinéma?

1
L'été dernier, quand nous sommes partis en vacances, nous avons acheté des lecteurs DVD portables pour nos enfants. Ils en ont été ravis! Nous aussi, car le voyage en voiture s'est très bien passé: les enfants ont regardé des dessins animés tout le temps, qu'ils ont adorés, et ils ne se sont pas disputés du tout. Quand on est arrivés à la mer, toute la famille était calme et contente.
Pascale

3
Hier soir, je suis allée au cinéma. Le film m'a beaucoup plu, mais j'ai trouvé la musique trop forte. Avant le début du film, les gens devant moi ont commencé à manger du popcorn, puis l'enfant sur ma gauche a versé son coca sur mes pieds, et la fille sur ma droite n'a presque pas regardé le film; elle a envoyé et reçu des SMS tout le temps. Jamais plus!
Françoise

2
Le weekend dernier, je suis allé au cinéma avec ma copine où nous avons vu notre premier film en 3D. Incroyable! On a dû mettre des lunettes spéciales, qui nous ont gênés un peu au début, mais nous nous y sommes vite habitués. Même ma copine s'est très bien amusée, et cette technologie nous a fortement impressionnés. On a vraiment l'impression que les objets et les gens sortent de l'écran. Les films en 3D, c'est l'avenir du cinéma!
Nöé

4
Samedi dernier, j'ai téléchargé un film excellent. Pas besoin de sortir, de faire la queue au cinéma: je me suis installé sur le canapé, j'ai pris mon ordinateur portable, je l'ai connecté à la télévision et voilà! J'ai passé une soirée très agréable. Ce que j'apprécie le plus, c'est qu'Internet me permet de regarder n'importe quel film de mon choix n'importe quand et n'importe où. C'est vraiment révolutionnaire.
Yves

1a Lisez les témoignages (1–4) et reliez chacune à l'image appropriée (A–D).

1b Qui est-ce?

  a Elle explique que les DVD ont contribué au bonheur familial.

  b Il raconte qu'il a apprécié le confort de la maison.

  c Elle dit qu'elle a été choquée par le comportement des autres spectateurs.

  d Il affirme qu'il a passé une bonne soirée au cinéma.

1c Relisez les témoignages. Ensuite, faites une liste des avantages et des inconvénients du cinéma et des DVD/films téléchargés qui sont mentionnés.

1d Avec qui êtes-vous d'accord? Préférez-vous aller au cinéma ou regarder un DVD ou un film que vous avez téléchargé? Discutez avec un(e) partenaire.

2a 🎧 Ecoutez le reportage sur l'importance des DVD et des films téléchargés et notez les quatre avantages mentionnés par le reporter.

a le choix énorme de films

b la possibilité de découvrir les films classiques

c la documentation contextuelle

d les "outtakes"

e le développement du "cinéma à domicile"

f le prix bas

2b 🎧 Réécoutez et complétez les phrases suivantes en français.

a La location de films sur Internet permet aux cinéphiles de…

b Les films classiques ne figurent jamais…

c La documentation nous aide à…

d Le régisseur et les acteurs commentent…

e On précise souvent…

f Les nouvelles technologies favorisent…

g La télévision à écran large et plat nous permet d'…

h Le financement public du cinéma en France est important pour…

i Pour les Français, le cinéma est un art et pas…

j Grâce aux DVD et au téléchargement des films, on peut découvrir…

3 👤 Jeu de rôle. Travaillez avec un(e) partenaire. A est un(e) jeune cinéphile qui essaie de persuader ses parents d'acheter un téléviseur à écran large et plat. B est sa mère/son père qui pense qu'il est préférable d'aller au cinéma. Lisez *Compétences*, préparez vos arguments et jouez la conversation.

4 Les DVD et les films qu'on peut télécharger sur Internet, vont-ils remplacer le cinéma traditionnel? Ecrivez une réponse à cette question. Mentionnez les avantages et les inconvénients et exprimez votre point de vue personnel.

Compétences

Speaking from notes

- Structure your notes clearly, e.g. in bullet points.
- Always make notes in French, not English.
- Don't be tempted to write out full sentences. Note a few key phrases for each point.
- Include good structures and topic-specific vocabulary.
- Check pronunciation of all the language in your notes.

Grammaire ➡ 166 ➡ W38–43

The perfect tense: *le passé composé*

- The perfect tense is used to describe actions in the past. It is made up of two parts: (1) the present tense of *avoir* or *être* and (2) the past participle.
- Most verbs form the perfect tense with *avoir*. If the auxiliary verb is *avoir*, the past participle does not change, e.g. *j'ai écouté; les jeunes ont écouté.*
- Thirteen verbs of movement and all reflexive verbs form the perfect tense with *être*. If the auxiliary verb is *être*, the past participle agrees with the subject of the verb, e.g. *elle est allée; ils sont allés; elles se sont amusées.*

Use the perfect tense verbs in the text on page 46 to help you complete the following activities.

A List the verbs which Françoise uses and translate them into English.

B Complete the following sentences with verbs in the perfect tense. (They are all used by Yves.)

1 Yves ...... un film excellent.

2 Il ...... sur le canapé.

3 Il ...... son ordinateur portable.

4 Il ...... une soirée agréable.

C Translate the following sentences into French, using verbs from Pascale's account. Check your agreements carefully.

1 The family went off on holiday.

2 The holidays went very well.

3 My sister argued with her brother.

4 We arrived without problems.

D Complete these sentences with the correct perfect tense form of the verb in brackets. (All the verbs are used by Nöé.)

1 Nous ...... rentrer au cinéma. [*devoir*]

2 Je ...... au bruit. [*s'habituer*]

3 Nous .... [*s'amuser*]

4 Les lunettes ...... les spectateurs. [*ne pas gêner*]

Le cinéma en France

▶ *Que savez-vous de l'histoire du cinéma français?*

Pour les Français, le cinéma n'est pas seulement un divertissement, c'est un art. Que savent les jeunes cinéphiles de l'histoire du cinéma français?

A J'ai appris que Georges Méliès avait réalisé le premier film de science-fiction *Le Voyage dans la Lune* en 1902. Ce film avait duré 14 minutes seulement, mais les effets spéciaux avaient impressionné tous les spectateurs.

B Mes grands-parents viennent d'acheter *La Grande Vadrouille* en DVD. Ils l'avaient vue au cinéma pendant les années soixante, ils avaient ri et, ils s'étaient très bien amusés. En fait, j'ai lu que c'est le film qui avait eu le plus grand succès sur le territoire hexagonal – jusqu'à l'arrivée de *Titanic!*

C Le grand succès international du 21ème siècle, c'est sans doute la comédie romantique *Le Fabuleux destin d'Amélie Poulain.* Je l'ai vu récemment à la télévision, mais en 2001 il avait connu un succès fou presque partout dans le monde. On m'a dit que même les Américains l'avaient aimé!

D J'ai fait des recherches sur les frères Lumière. Je savais déjà qu'ils avaient inventé le cinématographe en 1895. J'ai découvert qu'ils avaient présenté une dizaine de courts-métrages à des spectateurs payants quelques mois plus tard à Paris. La première séance de cinéma!

E J'ai été très impressionné par *La Haine*, qui traite le thème de l'exclusion et du racisme dans les banlieues. Mes parents m'ont dit que ce film avait choqué la France dans les années 90, parce qu'on l'avait trouvé trop violent et parce qu'il avait abordé des problèmes sociaux très difficiles.

F *Les Enfants du Paradis*, qui était sorti en 1943, a été nommé "meilleur film français de l'histoire du cinéma" pendant les années 80. Marcel Carné avait réalisé ce film pendant l'Occupation et il l'avait tourné dans le plus grand secret, car plusieurs des acteurs travaillaient dans la Résistance.

G J'ai découvert des films de la "Nouvelle Vague" sur Internet qui m'ont beaucoup plu. Les jeunes cinéastes des années cinquante, comme Jean-Luc Godard et François Truffaut, avaient imposé un nouveau style plus réaliste, plus naturel, qui avait influencé tous les réalisateurs qui ont suivi.

un court-métrage *a short film*
le territoire hexagonal *France (France is often referred to as* l'Hexagone)

1a Lisez les témoignages au sujet de l'histoire du cinéma français et mettez-les dans le bon ordre chronologique.

Exemple: D (les frères Lumière)...

1b Reliez les deux moitiés de phrases.

1 On a noté que *Le Voyage dans la Lune*...

2 On a appris que *La Grande Vadrouille*...

3 On a découvert que *La Haine*...

4 On a remarqué que *Le Fabuleux destin d'Amélie Poulain*...

5 Les grands-parents ont acheté *La Grande Vadrouille*...

6 *La Haine* a choqué les Français...

7 On admirait toujours les cinéastes de la "Nouvelle Vague" plusieurs années plus tard...

8 Les frères Lumière sont devenus célèbres...

a avait fait rire les Français.

b avait beaucoup plu aux Américains.

c avait duré 14 minutes seulement.

d avait traité les problèmes des banlieues.

e parce qu'ils avaient réalisé des films plus naturels.

f parce qu'on l'avait filmé dans les banlieues.

g parce qu'ils avaient présenté leurs films au grand public.

h parce qu'ils l'avaient vue quarante ans auparavant.

Grammaire

➡ 168 ➡ W48

The pluperfect tense

- The pluperfect is used to say that something **had** happened. It is formed using the imperfect tense of *avoir* or *être* and a past participle.

elle avait vu	she had seen
j'étais arrivé(e)	I had arrived

- The rules about past participle agreement in the perfect tense also apply to the pluperfect tense.

- The pluperfect tense stresses that events are further back in time than the perfect/imperfect. It is mainly used in reported speech or to give reasons based on earlier events.

A Study the sentences in activity 1b and explain why the pluperfect is used in each one.

B Choose three of the extracts on page 48 and write down the examples of the pluperfect tense used in each one.

sélection officielle cannes 95

LA HAINE

jusqu'ici tout va bien...

2a Ecoutez le reportage sur *La Haine*, puis notez si les phrases sont V (vraies), F (fausses) ou ND (l'information n'est pas donnée). Corrigez celles qui sont fausses.

a *La Haine* est arrivé dans les salles en 1994.

b L'action se déroule dans un quartier pauvre de la capitale.

c Les personnages principaux sont bien intégrés à la société française.

d Caroline pense qu'il y a maintenant moins de violence dans les banlieues que pendant les années 90.

e Marc note que les jeunes ont déjà été en prison.

f Marc trouve que la décision de filmer en noir et blanc contribue au réalisme.

g Caroline observe que les personnages se comportent souvent d'une façon bizarre.

h Marc dit qu'on ne s'attache pas trop aux personnages à cause de leurs attitudes.

i Caroline a été surprise par la fin de l'histoire.

j Marc trouve la fin du film irréaliste.

k Caroline pense que les relations entre la police et les jeunes sont maintenant meilleures qu'avant.

l Marc considère *La Haine* comme un véritable chef d'œuvre.

2b Réécoutez et notez encore trois détails.

2c Ecrivez un paragraphe au sujet de *La Haine*. Utilisez les idées et le vocabulaire des activités 2a et 2b.

3 Faites des recherches et faites une présentation sur un film ou un réalisateur français célèbre.

Grammaire active

The perfect tense: *le passé composé*

Rappel

The perfect tense is used to describe actions in the past. It is made up of two parts: **1** the present tense of *avoir* or *être* and **2** the past participle.

Entrainez-vous!

1 **Rewrite the passage changing the verbs from the present to the perfect tense.**

Samedi je **vais** au cinéma avec mes amis. Nous **arrivons** de bonne heure et nous **achetons** des billets pour la séance à 21 heures. Enfin, on **peut** entrer dans la salle, on **prend** nos places et le film **commence**.

2 **Complete these sentences with the perfect tense of the verb in brackets.**

 a Je ...... une critique favorable de ce film. [*lire*]

 b Les spectateurs ...... à voir des films à effets spéciaux extraordinaires. [*s'habituer*]

 c Elle ...... du magasin avec plusieurs DVDs. [*rentrer*]

Prepositions

Rappel

French often uses different prepositions from English.

Entrainez-vous!

3 **Complete these sentences with the correct prepositions in each case.**

 a J'adore les films ...... horreur, mais ...... mon avis, ils sont plus terrifiants ...... cinéma qu'...... télévision.

 b ...... le film Persepolis, Marjane grandit ...... Téhéran ...... Iran et puis elle part ...... Autriche.

 c L'histoire ...... cinéma français m'intéresse, et j'aime regarder les vieux films ...... noir et blanc.

4 **Translate these phrases into French.**

 a in an interesting way   c adapted for the cinema

 b a successful writer   d until the end of the film

The pluperfect tense

Rappel

The pluperfect is used to stress that events are further back in time than the perfect/imperfect.

Entrainez-vous!

5 **Complete the following sentences using the pluperfect tense of the verb in brackets.**

 a Je suis allé voir le film parce qu'il ...... un prix au Festival de Cannes. [*gagner*]

 b On m'a dit que les films comiques ...... beaucoup de succès dans les années 60. [*avoir*]

 c Je suis arrivé en retard au cinéma et le film ...... déjà. [*commencer*]

6 **Rewrite the following sentences in reported speech. You will need to change the perfect tense of the original words to the pluperfect tense. You may also need to change the pronouns.**

Example: Elle a dit: "J'ai loué un nouveau DVD".
Elle a dit qu'elle avait loué un nouveau DVD.

 a J'ai dit: "Je me suis renseigné avant d'aller au cinéma".

 b Il a dit: "J'ai vu le premier film *Pirates des Caraïbes* et je l'ai trouvé très amusant".

 c Mes amis ont raconté: "Nous avons décidé d'organiser un club de ciné au lycée".

7 **Write an account of the following interview in reported speech.**

L'actrice a dit aux reporters: "J'ai accepté ce rôle parce que le rédacteur m'a téléphoné d'Hollywood."

Elle a ajouté: "Je n'ai pas tourné de film d'horreur avant, mais tout s'est bien passé."

Elle a expliqué: "Au début, j'ai eu des difficultés à jouer auprès des vampires, mais ils ont tous été très gentils et ils m'ont beaucoup aidée."

Elle a raconté: "Le dernier jour du tournage, nous nous sommes tous habillés en vampire et nous sommes sortis au restaurant. J'ai trouvé ça très amusant!"

8 **Write a similar account of an interview with a French actor in which he describes his experiences filming a comedy in New York. Use the pluperfect tense.**

Vocabulaire

Vous aimez quoi comme film? pages 44–45

un acteur, une actrice	actor, actress
l'adaptation d'un roman	adaptation of a novel
une comédie dramatique	a drama
une comédie, un film comique	a comedy
un dessin animé	a cartoon
les effets spéciaux	special effects
un film d'action et d'aventures	an action film
un film d'horreur	a horror film
un film fantastique	a fantasy film
un film romantique	a romantic film
un film de science-fiction	a science-fiction film
un film sous-titré	a film with subtitles
un personnage	a character (in a film)
un polar, un film policier	a thriller
jouer un rôle	to play a part
doublé en français	dubbed into French
en version originale	in the original language
sur le grand écran	on the big screen

Le cinéma traditionnel ou le cinéma personnalisé? pages 46–47

l'avenir	the future
un commentaire	a commentary
la concurrence américaine	competition from America
un DVD	a DVD
un film classique	a classic film
un film en 3D	a 3D film
la location de films sur Internet	online film rental
les lunettes	spectacles
le téléviseur à écran large et plat	widescreen TV
apprécier	to enjoy
découvrir	to discover
louer un DVD	to rent a DVD
plaire (à quelqu'un)	to please (someone)
tourner, réaliser un film	to make a film
le film m'a plu	I liked the film

Le cinéma en France pages 48–49

les banlieues	the suburbs
un chef d'œuvre	a masterpiece
un cinéaste	a film maker
un cinéphile	a cinema fan
un régisseur	a film director
aborder un problème	to tackle a problem
avoir du succès	to be a success
impressionner	to impress
traiter le thème de…	to deal with the subject of…
réaliste, irréaliste	realistic, unrealistic

En plus…

l'adaptation d'un roman	adaptation of a novel
l'animation générée par ordinateur (f)	computer-generated imagery (CGI)
un cinéma à 4 salles	a 4-screen cinema
un film qui fait réfléchir	a film that makes you think
le héros	hero
l'héroïne	heroine
le méchant	baddie, villain
un multiplex	a multiplex
promouvoir	to promote
ressentir de la pitié pour…	to feel sorry for…
la révolution technologique	technological revolution
une séance	a showing (of a film)
le téléchargement de films et de vidéos à la demande	downloading films and videos on demand
la vedette, la star	star
la victime	victim
s'identifier avec…	to identify with…
l'action se déroule au Maroc	the film takes place in Morocco
à la fin	at the end
au début	at the beginning
le point culminant	the climax

EDiTH PiaF

Figure fascinante, blessée, géniale et terriblement humaine, Edith Piaf, de retour sur le devant de la scène avec le film *La Môme* d'Olivier Dahan, illumine toujours l'histoire de la chanson française.

La vie d'Edith Piaf est un roman. Un mélange de joies et de larmes, un drame parcouru d'élans passionnés et d'histoires de cœur déchirantes. Celle qu'on appelait "la Môme" est un personnage unique. Avec *La Môme,* le réalisateur Olivier Dahan donne enfin vie au mythe. Le mythe immortel d'une interprète tout entière incarnée dans ses chansons, que l'on écoute encore aujourd'hui et qui continuent de rayonner au-delà de nos frontières.

Edith Piaf est née en 1915 dans les rues de Belleville, quartier populaire de Paris, d'un père contorsionniste de cirque et d'une mère chanteuse de rue. Ballottée entre ses parents, élevée un temps par sa grand-mère tenancière de maison close, elle a connu la misère et le malheur dès son enfance. Le film revient sur cette période fondatrice et raconte comment, à dix-huit ans, elle a été repérée alors qu'elle chantait au coin d'une rue.

Son ascension était irrésistible, des grands boulevards parisiens aux salles de concert prestigieuses de New York, où elle a fait un triomphe à la fin des années quarante. Amoureuse invétérée des hommes et de la vie, elle a perdu l'homme de sa vie, le champion de boxe Marcel Cerdan, dans un accident d'avion en 1949. Elle est morte à seulement quarante-sept ans, usée par les excès, la drogue, l'alcool, aussi fatiguée qu'une vieillarde.

"Edith Piaf fascine car sa musique est émouvante autant que son existence est passionnante," explique Philippe Crocq, son biographe. "Elle symbolise une époque, un âge d'or, et sa vie est un véritable drame. Ce qu'elle chantait, elle le vivait." Ses titres les plus célèbres ont fait le tour du monde, 'La Vie en Rose' mais aussi 'Padam... Padam...', 'Milord' ou 'Non, je ne regrette rien', ils reflètent sa volonté de jouir de la vie, malgré tout, à chaque instant."

1 Lisez le texte sur Edith Piaf et répondez aux questions en anglais en donnant le nombre indiqué de détails.

  a What has reawakened public interest in Piaf recently? (1)

  b Why is Piaf's life described as being like a novel? (2)

  c What is remarkable about her songs? (3)

  d What is known about her family background? (3)

  e When was her singing talent discovered? (1)

  f What two events affected her professional and private life in the late 1940s? (3)

  g What factors contributed to her early death? (4)

  h Give three of the reasons suggested by Piaf's biographer for her continued appeal. (3)

2 🎧 Ecoutez le reportage en direct de Los Angeles sur la sortie de *La Môme*, qui a pour titre *La Vie en Rose* à l'étranger. Complétez les phrases suivantes avec un mot ou un chiffre de l'encadré.

  a Les journaux américains ont ...... ce film.

  b *Le Fabuleux destin d'Amélie Poulain* est le film français le plus ...... aux Etats-Unis.

  c Marion Cotillard a déjà tourné des films en ....

  d *La Vie en rose* va arriver dans environ ...... salles.

  e On a fait de la publicité pour ce film sur ....

  f Un film français qui a du succès engrange ...... de dollars environ.

  g *Spider-Man 3* a fait ...... millions de dollars le premier mois.

  h On fait souvent des versions ...... des films français à Hollywood.

  i La location des DVD sur Internet ...... les films étrangers.

> populaire * favorise * aimé * mer * critiqué * produit * Internet * coûteux * américaines * anglais * télévision * originales
>
> 7 * 60 * 322 * 332 * 60 000 * 600 000 *

3 Vous travaillez pour une agence de publicité. Ecrivez un paragraphe pour persuader les gens d'aller voir *La Môme*.

1 Posez les questions suivantes à un(e) partenaire, puis changez de rôle.

a La musique, est-elle importante pour vous?

b Quelle sorte de musique préférez-vous? Et quels artistes?

c Quand écoutez-vous la musique?

d Avez-vous déjà écouté de la musique aujourd'hui? Quand? Pendant combien de temps?

e Allez-vous souvent aux concerts?

f Avez-vous déjà assisté à un festival de musique? C'était comment?

> le hip-hop * le jazz * le rock * le rap *
> les musiques du monde * le métal * la pop *
> la musique classique * l'opéra * la musique électronique

2a Par quels moyens écoutez-vous de la musique? Complétez le sondage ci-dessous.

	Oui	Non
Quelles sont vos sources d'approvisionnement de musique?	**Oui**	**Non**

a J'achète des CD audio.

b J'achète des DVD audio.

c Je l'achète en ligne légalement. (MP3, AAC, WMA, etc.)

d Je me rends à des concerts.

e Je l'écoute en streaming. (Deezer, Jiwa, Spotify, Last.fm, etc.)

f Je l'écoute à la radio.

g Je regarde des chaines musicales à la TV.

h Je la télécharge.

i Des amis me la fournissent.

j Je n'écoute pas de musique.

2b Comparez vos réponses dans la classe. Quels sont les moyens les plus populaires?

2c Ecoutez les résultats du même sondage fait en France. Notez le pourcentage de jeunes qui répondent "oui" à chaque affirmation a–j.

2d Selon le sondage, quels sont les moyens d'écouter la musique les plus populaires en France?

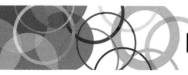

5 Ma musique, c'est moi!

▸ *Pourquoi la musique est-elle si importante pour les jeunes?*
▸ *La musique est-elle un moyen d'exprimer son identité?*

1a Reliez chacune des questions suivantes (1–8) à la bonne réponse (a–h), pour compléter l'interview avec Julien (18 ans).

1 Quand écoutez-vous de la musique?

2 Où l'écoutez-vous?

3 Vous l'écoutez seul?

4 Pourquoi la musique est-elle importante pour vous?

5 Est-ce que vous vous concentrez exclusivement sur la musique quand vous l'écoutez?

6 Que pensent vos parents de votre passion pour la musique?

7 Vos copains, quels types de musique préfèrent-ils?

8 Comment écoutez-vous la musique?

a Elle me permet de me décontracter.

b Ils ont à peu près les mêmes gouts que moi, c'est pour cela que nous sommes amis.

c Ils trouvent que j'en écoute trop, et que je ne parle pas assez avec la famille.

d D'habitude, en streaming, mais j'assiste souvent aux concerts.

e D'habitude, non – je m'entoure de musique pour pratiquer d'autres activités.

f Tout le temps – en travaillant, en lisant, en naviguant sur Internet.

g Un peu partout – chez moi, dans les transports, au lycée, en ville.

h Oui, mais aussi quand je suis en famille ou avec des amis.

1b  **Posez les questions à un(e) partenaire.**

L'importance de la musique pour les jeunes

La musique fait partie intégrante de l'univers des jeunes. Elle est présente dans tous les moments de leur vie quotidienne et en tous lieux. La musique constitue à la fois une distraction et un signe de reconnaissance et d'appartenance à un groupe. Elle sert de prétexte et de support à la sociabilité et représente l'une des dimensions majeures (avec le sport et le cinéma) de la culture des jeunes de nombreux pays.

2a Lisez le texte et notez en anglais cinq points mentionnés par l'auteur.

2b Trouvez un synonyme dans le texte pour les termes suivants.

a le monde des ados

b la vie de tous les jours

c une façon de se détendre

d les bonnes relations avec les autres

e des aspects importants

2c Etes-vous d'accord avec l'auteur de cet article?

Grammaire
➡ 174 ➡ W12, 29

Asking questions in French

There are several ways to ask a question in French.

1 Add a question mark at the end of a statement: *Tu aimes le rock?* The intonation is important here. By making your voice go up at the end, you change a statement into a question.

2 Use *est-ce que* + subject + verb: *Est-ce que tu aimes le rock?*

3 Swap subject and verb: *Aimes-tu le rock?*

4 Use a question word: *Qui?* (Who?), *Quand?* (When?), *Pourquoi?* (When?), *Où?* (Where?), *Comment?* (How?), *Combien?* (How many?/How much?), *Que?* (What?), *Quel(le)(s)?* (Which? What?)

Ⓐ **Match the question types (1–4) above to the questions in activity 1a.**

Ⓑ **Translate questions 4–8 from activity 1a into English.**

Ⓒ **Make up two new questions about music to add to those in activity 1a.**

3a CD1 track 28

Ecoutez Mathis et Louise, qui répondent à la question: "La musique est-elle importante pour vous?". Répondez aux questions a–k, en donnant le nombre indiqué d'informations.

a Pourquoi la musique est-elle importante pour Mathis? (1)

b Quels aspects de sa vie quotidienne sont influencés par la musique? (4)

c Pourquoi aime-t-il jouer d'un instrument? (2)

d Est-ce que ses amis discutent souvent de musique? (1)

e Pourquoi est-il important pour eux d'avoir les mêmes gouts en musique? (1)

f Comment Louise choisit-elle sa musique? (1)

g Quand est-ce qu'elle écoute du rock? (2)

h Quand préfère-t-elle un type de musique différente? (2)

i Pour Louise, quel est l'avantage de chanter dans une chorale? (1)

j Pourquoi est-ce qu'elle écoute de la musique en travaillant? (2)

k Est-ce que son frère travaille de la même façon? Pourquoi (pas)? (2)

3b Préparez une courte présentation où vous résumez les réponses de Mathis ou de Louise. Préparez vos notes, puis essayez de parler avec aisance et assurance pendant une minute.

4 "La musique est-elle un moyen d'exprimer son identité personnelle?" Ecrivez une réponse à cette question en 150–200 mots, en utilisant les idées et expressions des activités précédentes.

Compétences

Dealing with cloze tests

- Read the language before and after the gap very carefully so that you understand exactly what the meaning of the missing item(s) should be.

- In most cases, the statements with gaps will relate to a source passage that you will have had to read. Make sure that you link the statements to the correct part of the source passage.

- Use your knowledge of grammar to narrow the range of options for each gap. Decide whether the missing word is a noun, a verb, an adjective or an adverb, then concentrate on those words only in the box. Look carefully at endings: sometimes two words would make sense in a gap, but only one is grammatically correct.

A Complete each of the gaps in the following text with a noun or an adjective from the box. For each noun, work out from the sentence whether it has to be masculine or feminine, singular or plural. For each adjective, decide what agreement it should have and whether it goes before or after the noun it is describing.

Quand on joue dans un ......, il faut consacrer plusieurs heures par ...... à la .... Mais pour les ...... musiciens, cela est un vrai .... Ils n'ont pas envie de devenir ......, simplement de partager leur passion ....

riches * plaisir * orchestre * musique * violon * chœur * joie * jeune * semaine * profonde * an * bons * célèbre

B Complete each of the gaps in the following text with a verb from the box. Check that the verb you choose is in the appropriate tense and has the correct ending for the subject.

En général, je ...... un album après avoir ...... un clip du groupe sur YouTube. Ensuite, si l'album me ......, je regarde si le groupe ...... en concert prochainement près de chez moi. Si c'est le cas, j'...... le concert pour ...... l'album sur place, sinon je le commande sur Internet.

acheter * plaît * choisit * regardais * attends * télécharge * vient * est venue * regardé * aime * attendant * chanté

C Complete the following text with appropriate words from the box.

La musique joue un ...... important dans la vie .... Les jeunes, qui se sont vite ...... au ...... numérique, en écoutent presque .... Ils s'entourent de ...... pour ...... d'autres activités: ils écoutent leur iPod tout en ......, même en ...... à un jeu vidéo. Sont-ils donc ......? Au contraire, ils ont souvent plus de rapports ...... que leurs parents! La musique semble ...... aux jeunes de ...... des amis tout en ...... leur identité ....

permettre * seul * isolés * instruments * jamais * sociaux * affirmant * amicales * société * jouant * monde * normal * individuelle * lisant * travailler * jouent * musique * développé * personnel * rôle * constamment * pratiquer * adaptés * quotidienne * se faire * savoir

La musique et la culture populaire

▶ *Quelle est l'importance de la musique dans la vie quotidienne?*

▶ *Qu'est-ce qui attire les jeunes aux festivals de musique?*

La musique fait-elle partie de la culture populaire?

Julie

Je pense que la musique est importante pour tout le monde. Moi personnellement, je me passionne pour les comédies musicales. **Celle** que j'aime le plus, c'est *Les Misérables*, que j'ai vue trois fois déjà. Dans ce grand spectacle, les décors et les costumes sont splendides et les artistes chantent sublimement. J'adore **cette** musique dynamique et pleine d'émotions, qui fait vibrer le cœur!

Emma

La musique fait partie de n'importe quelle fête; lorsqu'on a envie de s'amuser, elle nous met dans l'ambiance. Pour fêter mes dix-sept ans, j'ai invité des amis et on a dansé pendant toute la soirée. Mon frère a préparé une playlist de musique de tous les styles, choisissant avant tout les chansons aux rythmes forts, qui font bouger. Par contre, pour leur fête de quarante ans, mes parents ont opté pour une musique douce, **celle** qui crée une ambiance relaxante. Et après, on a fait du karaoké!

Nathan

Cette question est très intéressante. Moi, j'aime la musique, mais pas **celle** qu'on nous oblige à écouter n'importe quand et n'importe où. J'ai horreur de **cette** musique de supermarché monotone qu'on entend dans tous les centres commerciaux, et de **cette** espèce de "musique d'ambiance", qui est omniprésente dans les restaurants. Même les sonneries des portables jouent des mélodies maintenant! La musique peut exprimer des sentiments sincères et profonds; il ne faut pas en abuser.

Noah

Tous les jeunes de mon âge veulent jouer dans un groupe de musique, et moi, je suis en train de former un groupe de métal avec des amis. Nous sommes tous passionnés par ce genre de musique, qui est très sombre et super intense, mais je pense que les chansons que nous interprétons sont plutôt mélodieuses quand même. Nous écoutons tous le métal depuis quelques années, mais nous voulons maintenant faire quelque chose de créatif. Nous rêvons d'enregistrer nos compositions et de sortir un album.

Lola

Moi, j'aime chanter et j'adore les concours d'amateurs à la télé. **Celui** qui me plait le plus, c'est sans doute *X Factor*. Chaque semaine, les candidats interprètent des chansons différentes: légères, romantiques, intenses, tristes… un peu de tout. **Cette** émission est avant tout un divertissement, mais on apprend aussi des choses en écoutant les évaluations des jurés et des coachs. Il y a un trio de jurés: tout le monde déteste **celui** qui est trop corrosif, mais on aime **celui** qui est gentil et positif. On fait des castings dans toute la France pour sélectionner les chanteurs, et moi, j'ai l'intention de me présenter l'année prochaine.

1a Lisez les textes, puis répondez aux questions suivantes.

a Qui exprime une opinion plutôt négative?

b Qui a célébré son anniversaire?

c Qui aime aller au théâtre?

d Qui rêve de chanter à la télévision?

e Qui fait de la musique avec ses copains?

1b Complétez les phrases suivantes selon le sens du texte.

a Chez *Les Misérables*, on apprécie…

b La musique de supermarché agace certains, parce que…

c Pour une soirée musicale et dansante, il faut avant tout…

d Le métal plait à certains jeunes à cause de…

e Les évaluations des jurés d'*X Factor* peuvent être…

1c Avec un(e) partenaire, faites une liste des aspects de la musique mentionnés dans les textes (page 56). Pour chaque aspect, décidez si vous êtes d'accord ou pas avec l'opinion exprimée dans le texte.

1d Présentez vos réponses à la classe, puis discutez-en.

> les comédies musicales
> la musique de supermarché

1e Ajoutez à la liste trois autres exemples de musique qui fait partie de la culture populaire.

2a Relisez les textes et faites une liste des adjectifs et des termes qu'on emploie pour décrire la musique. Ajoutez encore des adjectifs à la liste.

2b Décrivez la musique que vous aimez et celle que vous n'aimez pas, en utilisant les expressions de l'activité 2a.

3a Ecoutez les trois jeunes qui parlent des festivals de musique auxquels ils ont assisté. Recopiez et complétez la grille. (29)

Festival	C'est quand?	Quel genre de musique est proposé?	Pourquoi y est-il /elle allé(e)?	2 autres détails mentionnés
1 Festival Interceltique de Lorient				
2 Festival d'Aix-en-Provence				
3 Festival de Paris-Plage				

3b Lequel des trois festivals vous intéresse? Donnez vos raisons.

3c Quels sont les avantages et les inconvénients des festivals de musique?

4 Ecrivez un paragraphe pour répondre à la question: "Quelle est l'importance de la musique dans la culture populaire?"

Grammaire ➡ 155, 163 ➡ W11, 28

Demonstrative adjectives and pronouns

	masc. sing	fem. sing	masc. pl.	fem. pl.	meaning
adjective	ce (cet before a vowel)	cette	ces	ces	this/that, these/those
pronoun	celui	celle	ceux	celles	the one/the ones

A Study the demonstrative adjectives and pronouns shown in bold in the texts (page 56). For each one, explain what noun it refers to and why it has been chosen, then translate the phrase into English.

B Listen again to the people talking about music festivals (activity 3a). For each speaker, note three examples of demonstrative adjectives and pronouns.

C Translate the following phrases into French, choosing the correct demonstrative adjective each time.
1 this festival
2 these singers
3 this atmosphere
4 this summer
5 these musicians

D Rewrite these sentences using a demonstrative pronoun to replace the underlined words.
1 Tous les festivals m'intéressent, mais c'est le festival d'Aix que j'aime le plus.
2 Ce concert coute cher; par contre les concerts qui ont lieu la semaine prochaine sont gratuits.
3 J'adore la musique. La musique que je préfère, c'est le jazz.

▶ *Que savez-vous du rap français?*

▶ *Comment était la musique française des années 60?*

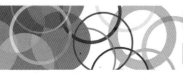

Le rap français: une scène éclectique

1 Aujourd'hui, on peut trouver en France les musiques de presque tous les pays et des plus grands artistes du monde. Mais c'est surtout le rap qui attire les jeunes. Le rap français existe sous plusieurs formes: le rap antisystème, parfois violent, le rap commercial et dansant et le rap responsable et poétique (le slam).

2 C'est Grand Corps Malade qui a transformé le slam, la poésie contemporaine déclamée sur scène, en un phénomène grand public. Dans son album *Midi 20*, ce jeune homme traite de sujets aussi variés que l'exclusion sociale, l'amour ou les épreuves de l'existence. C'est un jeune courageux: paralysé pendant deux ans à la suite d'un accident sportif, il est parvenu à se remettre debout.

3 Abd Al Malik se pose en philosophe des temps modernes. Cet artiste d'origine congolaise, qui a tiré un trait sur son passé tumultueux (il avait basculé dans la délinquance et l'extrémisme religieux durant sa jeunesse), prêche aujourd'hui la tolérance dans un style musical qui mixe rap, slam et jazz.

4 Il ne faut pas oublier les rappeuses non plus. Diam's, une jeune femme d'origine chypriote, a réussi à s'imposer dans un milieu dominé par les hommes. Dans *Brut de femme*, elle n'hésite pas à briser le tabou des violences conjugales ou du sexisme dans les banlieues. En 2006, Diam's s'est engagée à nouveau en s'attaquant au malaise social et à l'extrême-droite. On admire aussi Keny Arkana, une jeune Marseillaise qui dénonce les inégalités globales, mais qui pose également son regard sur une jeunesse des cités en perdition.

5 Le rap français est une musique pleine d'énergie. Les rappeurs sont des musiciens accomplis et créatifs, mais aussi peut-être les jeunes révolutionnaires de nos jours.

une épreuve *a trial, hardship*
tirer un trait sur *to put something behind you*
basculer dans *to plunge into*
briser le tabou *to break the taboo*
le malaise *dissatisfaction*

Compétences

Dealing with a longer reading text

When you have to tackle a longer reading text, approach it systematically. The four steps below will lead you into the text gradually and help you to break it down into manageable sections.

1 Read the whole passage for gist. Try to spot key words and get an idea of what the text is about.

Ⓐ Which of the following best sums up the overall content of the text?

   1 the links between rap and social issues in France

   2 the different kinds of rap popular in France

   3 the reasons why rap appeals to French teenagers

2 Identify the main ideas presented in the text. Tip: the first paragraph is likely to be an introduction and the last paragraph a conclusion.

Ⓑ List the 10–12 key words in the text, choosing the most obvious ones. What do these tell you about the general themes of the passage?

3 Identify the focus of each paragraph. Tip: the first sentence of each paragraph is usually a general statement about what is to follow.

Ⓒ Decide which paragraph each of the following subheadings belongs to.

   a les débuts du slam

   b le message du rap français

   c le rap au féminin

   d une vue d'ensemble du rap français

   e le rap philosophique

4 You are now ready to look at the text in more detail.

Ⓓ According to the text, which singer deals with the following themes?

   1 la violence conjugale

   2 la compréhension des autres

   3 les inégalités mondiales

   4 la politique

   5 les inégalités sociales

   6 les problèmes des banlieues

1 Relisez le texte sur le rap français, puis notez si les phrases sont V (vraies), F (fausses) ou ND (l'information n'est pas donnée).

a Le rap peut exprimer des idées violentes.

b Le slam existe dans tous les pays du monde.

c Grand Corps Malade est toujours paralysé.

d Abd Al Malik a changé d'attitude depuis sa jeunesse.

e Abd Al Malik a passé quelques mois en prison.

f Diam's critique tous les partis politiques.

g Keny Arkana est née en Afrique.

h Beaucoup de rappeurs veulent changer la société.

2a Que savez-vous de la musique populaire des années soixante en France? Reliez le nom de chaque artiste (1–5) au titre d'une chanson (a–e). Cherchez des clips sur Internet pour trouver la bonne réponse.

1 Jacques Brel	a "Parlez-moi d'amour"
2 Françoise Hardy	b "Allumez le feu"
3 Johnny Halliday	c "Comme d'habitude" (*"My Way" en anglais*)
4 Claude François (*surnommé "Cloclo"*)	d "Tous les garçons et les filles"
5 Juliette Gréco	e "Ne me quitte pas"

2b Lisez les descriptions des chanteurs (A–E) et décidez dans chaque cas de qui il s'agit.

A *Chanteur français, né en 1943. C'est une icône du rock français, qui a enregistré 520 disques, et qui donne toujours des concerts.*

B Chanteuse française, née en 1927, elle contribue au renouvèlement de la chanson française. Artiste sérieuse, toujours habillée en noir, elle est applaudie sur toutes les scènes du monde.

C Chanteur belge, né en 1929, il meurt en 1978. Il s'installe à Paris, où il écrit et enregistre beaucoup de chansons, qui se caractérisent par leur poésie et par l'attention portée aux paroles.

D **Chanteuse française, née en 1944, elle chante des chansons très simples et un peu tristes, qui expriment les sentiments des adolescents timides. Elle s'accompagne simplement à la guitare.**

E Chanteur français né en 1939, il meurt accidentellement en 1978. Ses spectacles, avec la participation d'une troupe de danseuses, les Clodettes, sont du pur divertissement.

2c Regardez plusieurs clips de ces artistes sur Internet. Quelles différences remarquez-vous entre ces stars des années soixante et les chanteurs d'aujourd'hui? Pensez au type de musique, à l'orchestre, aux vêtements, aux danseuses…

Jacques Brel   Françoise Hardy   Johnny Halliday
Claude François   Juliette Greco

3a 🎧 Ecoutez le reportage sur la musique yé-yé en France et choisissez un mot de l'encadré pour compléter chaque blanc dans le texte.

Le yé-yé est ...... en France au ...... des années soixante. Bien que le ...... du mouvement indique une influence anglo-américaine, c'est une musique ...... française. Les chansons ...... généralement des préoccupations des ......, et le sujet le plus populaire est l'....... Après le yé-yé, les jeunes Français ont découvert les chansons sur les ...... sociales, et puis une musique plus .... Aujourd'hui, le yé-yé est d'intérêt ...... plutôt que ....

problèmes * milieu * historique * typiquement * arrivé * internationale * questions * beaucoup * plaisir * apparu * parlent * amour * commencement * traitent * nom * musical * style * jeunes * jeunesse * joyeuse

3b 🎤 Ecoutez la publicité pour Radio Yé-Yé. Répondez aux questions en anglais, en donnant le nombre indiqué d'informations.

a How does Radio Yé-Yé differ from commercial radio stations in the songs it plays? (1)

b What is special about their exclusive records? (2)

c How many singers are featured on Radio Yé-Yé? (1)

d What information is made available to listeners? (3)

e Why is it worth returning to Radio Yé-Yé? (2)

4 Préparez une présentation PowerPoint sur un(e) musicien(ne) français(e) qui vous intéresse. Ecrivez un résumé de sa vie et de sa musique, téléchargez des photos et enregistrez des clips.

L'âme des poètes par Charles Trénet

Longtemps, longtemps, longtemps
Après que les poètes ont disparu
Leurs chansons courent encore dans
  les rues
La foule les chante un peu distraite
En ignorant le nom de l'auteur
Sans savoir pour qui battait leur cœur
Parfois on change un mot, une phrase
Et quand on est à court d'idées
On fait la la la la la la
La la la la la la

Longtemps, longtemps, longtemps
Après que les poètes ont disparu
Leurs chansons courent encore dans
  les rues
Un jour, peut-être, bien après moi
Un jour on chantera
Cet air pour bercer un chagrin
Ou quelque heureux destin
Fera-t-il vivre un vieux mendiant
Ou dormir un enfant
Ou, quelque part au bord de l'eau
Au printemps tournera-t-il sur un phono

Longtemps, longtemps, longtemps
Après que les poètes ont disparu
Leur âme légère court encore dans
  les rues

Leur âme légère, c'est leurs chansons
Qui rendent gais, qui rendent tristes
Filles et garçons
Bourgeois, artistes
Ou vagabonds

Longtemps, longtemps, longtemps
La la la…

Compétences

Responding to a poem or song lyrics

When discussing a poem or a song, you need to show that you can describe and analyse four main aspects.

1 The content → activities **1a–b**

2 The underlying themes and ideas → activities **2a–c**

3 The way in which the writer creates a particular atmosphere → activity **3**

4 Your personal response to the work → activity **4**

1a Reliez les deux moitiés des phrases.

1 Dans la première strophe, le poète décrit…

2 A la longue, chacun adapte…

3 Dans la deuxième strophe, l'auteur imagine…

4 Il évoque…

5 Dans les derniers vers de la chanson, il affirme…

a l'avenir de cette chanson-ci.

b l'impact des chansons populaires sur le grand public.

c les moments où des gens différents chanteront sa chanson.

d l'importance des émotions éveillées par la musique.

e les paroles de ses chansons préférées.

1b Complétez les phrases suivantes pour donner plus de détails. Ecrivez quelques phrases pour résumer le contenu du texte.

a Dans la première strophe, le poète raconte que…

b Dans la deuxième strophe, il imagine que…

c Dans les derniers vers, il dit que…

2a Dans la liste suivante, quelle idée n'est pas mentionnée dans le texte?

a Les chansons populaires appartiennent au grand public, pas à leur créateur.

b Les chansons n'ont plus de valeur après la mort de leur auteur.

c Les chansons populaires font appel aux gens de tous âges.

d Les chansons peuvent éveiller toute une gamme d'émotions.

e Les chansons populaires représentent les sentiments sincères du poète.

2b Citez les mots ou les phrases du poème qui expriment les idées de l'activité 2a.

2c Ajoutez encore une idée à la liste de l'activité 2a.

3 Ecrivez une réponse aux questions suivantes.

a Quel est le ton du poème? (sérieux? ironique? léger? mélancolique?)

b Relevez les vers et les phrases qui sont répétés dans la chanson. Quel est l'effet de cette répétition?

c Citez les mots et les phrases qui évoquent le bonheur.

d Quels mots et quelles phrases rappellent au lecteur qu'il s'agit ici d'une chanson?

4 "*L'âme des poètes* evoque l'impact profond et durable d'une chanson poétique." Etes-vous d'accord? Ecrivez une réponse à cette question en 200 mots environ.

6 La mode

By the end of this unit you will be able to:

- Discuss attitudes to image
- Talk about ways in which image defines who we are
- Consider the influence of fashion and lifestyle trends
- Discuss the cult of celebrity

- Use the imperfect tense
- Use the present participle
- Use indirect speech
- Use statements to compare and contrast
- Write more complex and interesting sentences

1 Qu'est-ce qui influence votre choix de vêtements? Choisissez toutes les phrases qui sont vraies pour vous.

a Je porte ce que je veux. Le confort est plus important que le look.

b J'achète mes vêtements dans les grandes boutiques.

c Les garçons qui se maquillent? Ah non, merci. Trop bizarre!

d Ce que je mets est à la mode mais pas trop cher.

e Je cherche mes vêtements dans des boutiques d'Oxfam.

f Je n'achète que des grandes marques. C'est cher mais c'est de très bonne qualité.

g Je suis conscient(e) de ce que les autres pensent de mon apparence.

h Le look est plus important pour les garçons que pour les filles.

2 Comparez vos réponses avec celles d'un(e) partenaire et faites un petit exposé devant la classe sur les similarités et les différences.

CD1   track 32

3 Ecoutez cinq jeunes (Jérémy, Sophie, Mélanie, Jean et Romain) qui expriment leurs opinions sur les piercings et les tatouages. Ecrivez le prénom de la personne qui dit que:

a Ce n'est pas sans danger, cette sorte d'opération. *Je*

b Cela peut avoir des bienfaits psychologiques. *S*

c Cela n'a aucun effet psychologique. *J*

d Ce n'est pas très joli. *R*

e Cela risque de sembler ridicule plus tard dans la vie. *M*

4 Avec lesquelles de ces opinions êtes-vous d'accord? Quelles sont les autres raisons pour ou contre les piercings ou les tatouages? Mettez-vous en groupe et partagez vos idées.

5 Ecrivez, en français, vos réponses aux questions suivantes.

a Comment sont vos vêtements?

b Qu'est-ce que vous aimez porter/qu'est-ce que vous n'aimez pas porter?

c Quand vous achetez des vêtements est-ce que la marque est importante?

d Y a-t-il des marques que vous n'achetez jamais?

e En moyenne, combien dépensez-vous par mois pour les vêtements?

6 Les ados et le look

▶ *Chez les jeunes, est-ce que l'image définit l'identité personnelle?*
▶ *Quelle est l'importance des grandes marques?*

1 Regardez ces deux images et préparez vos réponses à ces questions.

a Qui a l'air la plus respectable, la personne A ou B? Pourquoi?

b Qu'est-ce que leur apparence nous dit sur ces deux personnes, sur leurs gouts et leurs centres d'intérêt, par exemple?

c Comparez vos réponses avec celles d'un(e) partenaire.

2a Lisez les textes à droite et répondez avec le prénom de la personne dont il s'agit.

a Son papa n'était pas content de son choix de couleur.

b Sa coiffure reflétait son passe-temps préféré.

c Son apparence multicolore et sa coiffure agaçaient son père.

d Sa jeunesse n'a pas été une période très agréable.

e Sa priorité en matière de vêtements, c'était la vitesse.

2b Traduisez en anglais.

a Je portais des vêtements de toutes les couleurs.

b Je m'habillais avec la première chose que je trouvais le matin.

c Mon père disait que j'avais l'air du comte Dracula.

d Ma mère ne faisait jamais de shopping avec moi.

e Je me changeais pour faire du cheval.

2c Traduisez en français.

a My father kept telling me all the time to go the barber's.

b My mother didn't understand why I didn't like my hair blond.

c I loved black. Everything was black.

d I didn't know how you bought clothes in normal shops.

e My parents had a farm and I owned a horse.

TÉMOIGNAGES

Moi, j'avais l'air totalement ridicule. *Je portais des vêtements de toutes les couleurs…*un pantalon jaune clair avec un pull bleu foncé et une chemise rose. Mes cheveux étaient longs et frisés. Je ne les lavais que deux ou trois fois par mois. Mon père me disait tout le temps d'aller chez le coiffeur. Il ne supportait pas l'idée d'un fils qui avait l'air d'une fille. **Frédéric**

Vers l'âge de 19 ans, j'avais les cheveux roses. Ma mère ne comprenait pas pourquoi les cheveux blonds ne me plaisaient pas. Côté vêtements, c'était plutôt style "pas de style". Je m'habillais avec la première chose que je trouvais le matin. **Catherine**

Moi, c'était le look goth. *J'adorais le noir.* Tout était noir. Mon père disait que j'avais l'air du comte Dracula, ce qui était exactement ce que je recherchais. Mais il s'est vraiment fâché quand j'ai peint les murs de ma chambre en noir. **Antoine**

Je n'étais pas du tout féminine, j'avais un look androgyne. Les seuls magasins de vêtements que je connaissais, c'était Champion et les supermarchés en général. *Je ne savais pas comment acheter des habits dans des magasins normaux.* Ma mère ne faisait jamais de shopping avec moi. J'étais très timide et j'avais honte de mon corps. **Pauline**

Je vivais à la campagne. Mes parents avaient une ferme et moi, j'avais un cheval. Alors, pour l'école, c'était le jean et le pull bleu marine avec un chemisier blanc. Très correct, quoi. Et puis dès le retour à la maison, je me changeais pour faire du cheval. Le weekend, c'était pareil. *J'avais les cheveux longs en queue de cheval, bien sûr.* **Lorène**

Grammaire

➡️167 ➡️ W44–47

The imperfect tense

The imperfect tense is used to describe:

1 what something or someone was like in the past:
J'étais très timide.

2 continuous actions or interrupted actions in the past:
Ma mère ne comprenait pas pourquoi les cheveux blonds ne me plaisaient pas.

3 something that happened regularly in the past (often translating the English "used to…"):
Je m'habillais avec la première chose que je trouvais le matin.

A Reread Frédéric's account (page 64) and note the imperfect verbs he uses. Explain why each one is in the imperfect tense.

B Reread Antoine's account and explain why the first seven verbs he uses are all in the imperfect tense. What tense does he use in the final sentence and why?

C Revise all the imperfect tense endings, then translate the following phrases into French using the imperfect of the appropriate verb from the box.

1 my friends were watching   4 she couldn't
2 they used to go   5 we chose
3 you (*vous*) used to like

aller * choisir * aimer * regarder * pouvoir

3a 🎧 Ecoutez ces quatre personnes qui parlent de différents aspects du look des jeunes, puis notez si les phrases suivantes sont vraies ou fausses.

a La jeune personne ne pense pas qu'on devrait être libre de porter ce qu'on veut.

b Selon la mère, 89% des jeunes disent qu'ils portent des marques la plupart du temps.

c Le professeur de Lyon pense que certains problèmes d'argent sont dus au phénomène des marques.

d Selon lui, certains parents sont pour l'uniforme scolaire.

e La représentante de l'association de familles parle des effets psychologiques sur les jeunes qui ne peuvent pas acheter les grandes marques.

3b 👤 Avec un(e) partenaire, préparez vos idées sur la question des grandes marques et leur importance chez les jeunes. Présentez vos idées à la classe.

a Pourquoi les jeunes insistent-ils pour avoir les grandes marques?

b Quels problèmes cela peut-il poser a) aux parents et b) aux enfants?

c Pour vous personnellement, existe-t-il des marques que vous n'achetez jamais? Pourquoi?

d Quelle est l'importance du look pour vous?

4 Comment est-ce que votre look a changé depuis l'âge de 13 ou 14 ans? Ecrivez un paragraphe, en français, où vous décrivez quel look vous aviez à cet âge-là et votre look maintenant.

Compétences

Using statements to compare and contrast

● To compare and contrast, use the imperfect tense to say how things used to be and the present tense to say how things are now.

● To make statements of comparison or contrast, use conjunctions or linking words, e.g. tandis que/alors que (whereas). For example: *Quand j'étais plus jeune, j'avais moins d'inhibitions en ce qui concerne les vêtements: je portais ce que je voulais tandis que maintenant je choisis mes habits selon ce que les autres attendent de moi.*

A Put the verbs in brackets into either the present or imperfect tense.

J'[**1** *être*] plus courageuse quand j'[**2** *avoir*] seize ans. Je [**3** *mettre*] ce que je [**4** *vouloir*] alors que maintenant je [**5** *faire*] attention à ce que [**6** *dire*] mon mari.

Je [**7** *connaître*] déjà ma femme quand elle [**8** *avoir*] dix-huit ans. A cet âge-là, elle [**9** *être*] très conformiste. Elle [**10** *s'habiller*] bien le dimanche pour aller à l'église tandis que maintenant, le weekend, elle [**11** *mettre*] de vieux vêtements. Elle [**12** *être*] plus à l'aise.

B Translate the text in activity A into English.

C Translate these sentences using *tandis que* and *alors que.*

1 I used to wear a lot of make-up whereas now I don't wear any make-up.

2 I used to have long hair whereas now my hair is very short.

3 We used to wear strange clothes whereas now we are more conventional.

L'influence de la mode sur notre style de vie

▶ *La vie moderne est-elle dominée par la mode?*

▶ *Quels risques court-on en suivant la mode?*

Trop maigres les jeunes mannequins

Les jeunes filles choisies pour être les futurs top models des grandes agences sont de plus en plus maigres. Une maigreur qui s'apparente dangereusement à l'anorexie. Pas encore femmes, les filles choisies sont des portemanteaux¹, n'ayant que la peau sur les os.

Dernière exemple en date, la finale mondiale du concours organisé par une grande agence française. On frissonne en regardant la maigreur de ces jeunes filles. Mais ces mannequins en herbe², fines comme des brindilles³, seront des modèles en puissance pour toutes les adolescentes qui suivent à la lettre les photos des magazines.

C'est Jennifer, une jeune fille du Nord, qui a gagné le grand casting pour la France en début d'année. Inutile de vous dire que cette jeune fille a plus été repérée⁴ pour sa ligne mince que pour la beauté des traits de son visage. Et depuis sa victoire, même son prénom a maigri, passant de Jennifer à Jen…

En poursuivant leur carrière de rêve, ces jeunes filles, à la constitution déjà très fragile, vont être lancées dans une compétition démoniaque, à la merci des propositions les plus dangereuses.

Que faire pour combattre ce phénomène qui s'aggrave chaque année? En signant une "charte d'engagement volontaire sur l'image du corps et contre l'anorexie" en 2008, les organisations professionnelles de la mode nous ont assuré qu'elles voulaient résoudre le problème. A voir les photos dans les magazines de mode, on peut en douter…

> ¹ un portemanteau *a clothes hanger*
> ² en herbe *budding*
> ³ une brindille *a twig*
> ⁴ repérée *picked out*

1a Lisez le texte, puis notez si les phrases sont
V (vraies), F (fausses) ou ND (l'information
n'est pas donnée).

 a L'auteur déplore le culte de la minceur.

 b Il pense que les jeunes modèles risquent leur vie en maigrissant.

 c Une agence vient d'organiser un concours pour sélectionner les stars de l'avenir.

 d Jennifer était plus mince que les autres candidats.

 e Le journaliste croit que chaque jeune fille veut ressembler à un top model.

 f Les jeunes modèles sont trop faibles pour survivre dans le monde de la mode.

 g La situation aujourd'hui est meilleure qu'il y a quelques années.

1b Trouvez dans le texte les expressions qui
correspondent aux mots suivants.

 a qui ressemble à une maladie alimentaire

 b des exemples qu'elles essayent d'imiter

 c il n'est pas nécessaire d'expliquer que…

 d l'emploi qu'elles désirent avant tout

1c 🗣 **Etes-vous d'accord avec l'auteur de cet
article? Discutez des questions suivantes avec
un(e) partenaire.**

 a Faut-il interdire les photos des top models trop maigres? Pourquoi?

 b Etes-vous influencé(e) par les photos des top models et des célébrités? Pourquoi?

 c Est-ce que le culte de la minceur est un problème uniquement pour les filles? Existe-t-il un équivalent pour les garçons?

2a Avec un(e) partenaire, décidez si chacun des aspects suivants de la mode est bon ou mauvais. Présentez vos opinions à la classe, et justifiez-les.

> les talons hauts
> les coiffures exagérées
> les pilules pour maigrir
> les lampes à bronzer
> **la chirurgie esthétique**
> les injections de botox

2b Ajoutez encore deux aspects à la liste.

2c Reliez les deux moitiés des phrases.

c 1 En portant des chaussures à talons hauts,...

e 2 En choisissant une coiffure exagérée,...

a 3 En prenant des pilules pour maigrir,...

b 4 En passant trop d'heures sous une lampe à bronzer,...

f 5 En optant pour la chirurgie esthétique,...

d 6 En se faisant injecter du botox,...

a on risque de devenir malade.

b on s'expose à un risque de cancer.

c les femmes s'exposent à des problèmes de dos.

d on risque d'endommager les muscles du visage.

e les jeunes se font remarquer.

f on court les risques associés aux opérations et on ne résoud pas ses problèmes psychologiques.

3a Avant d'écouter le reportage sur les injections de botox, vérifiez le sens des mots suivants en utilisant un dictionnaire bilingue.

a prévenir	f la ride
b guérir	g la peau
c le front	h gêné
d le défaut	i complexé
e une amande	j une assurance

3b Ecoutez les deux médecins qui parlent du botox et répondez aux questions en anglais. (34)

a Which people can benefit from early botox injections?

b From what age can botox be used to correct certain defects?

c How can it change the shape of someone's eyes?

d Under what circumstances is botox allowed?

e How often might a 25-year-old have the injections?

f If you do not yet have any wrinkles, what is preferable to botox?

4 Pensez-vous que la mode exerce une mauvaise influence dans la société moderne? Ecrivez un paragraphe pour exprimer votre opinion, en utilisant les idées et les expressions des pages précédentes.

Grammaire ➡ 172 ➡ W64

The present participle

● To form the present participle of a verb, take the *nous* form of the present tense, remove the *-ons* and add *-ant*, e.g.

nous mangeons → *mangeant* (eating)
nous finissons → *finissant* (finishing)

● Three verbs have irregular present participles:

être → *étant*
avoir → *ayant*
savoir → *sachant*

● The present participle is used in a number of different ways in French:

1 To say how something is done:
*Il affirme son identité **en changeant** son look.*

2 To show that two things are done at the same time:
*Elle se maquille **en écoutant de la musique**.*

3 To explain the cause or reason for something:
***Ayant** faim, elle a mangé une tomate.*

4 To use a verb as an adjective:
*Les jeunes **souffrant** d'anorexie devraient consulter un médecin.*

Ⓐ **Translate the four example sentences above into English.**

Ⓑ **Find four examples of the present participle in the text (page 66) and explain why it is used in each case.**

Ⓒ **Write out the present participles of these verbs.**
1 faire 2 prendre 3 dormir 4 choisir 5 boire

Ⓓ **Look again at the sentences in activity 2c, which contain present participles. Following the same pattern, make up sentences for the other two aspects which you suggested in 2b.**

Vive la célébrité!

▸ *Sommes-nous obsédés par les "people"?*

▸ *Pourquoi le culte de la célébrité est-il si important?*

1a Lisez les textes et trouvez l'histoire qui correspond à chacun des résumés:

a Conduite peu responsable

b Les dangers de servir à boire

c Bleu, blanc... et rouges de honte!

d Il va gagner des millions

e Après le cyclisme, le football

1b Trouvez l'expression en français qui correspond à:

a she's back on the front page

b she drinks only freshly squeezed orange juice

c the barman wasn't in the know

d she didn't say anything though

e especially when you fail

f she's playing the part of the girlfriend

g that the whole country is in love with

h the contract is worth about 2 million euros

i for trying to climb up the front of the Hôtel de Ville

j they wanted to auction the flags

2a 🗣 **Travaillez avec un(e) partenaire. Discutez des deux questions suivantes. Ensuite, comparez vos réponses avec celles des autres membres de la classe.**

a Laquelle de ces histoires trouvez-vous la plus intéressante? Pourquoi?

b Laquelle de ces histoires trouvez-vous la plus digne d'intérêt? Pourquoi?

2b Pouvez-vous penser à des gens célèbres qui apportent une contribution vraiment positive à la société? Que pensez-vous de l'influence de certaines célébrités sur les jeunes?

Préparez vos idées sous forme de notes, afin de faire par la suite un petit exposé devant toute la classe.

2c A partir des idées données ci-dessus, écrivez, en français, un petit article de 100 mots sur le sujet suivant, destiné aux lecteurs du magazine *Gala*.

- un acteur ou une actrice célèbre
- un secret découvert par la presse
- la réaction de la personne célèbre

1 DE PLUS EN PLUS AGRESSIVE, NOTRE MANNEQUIN AMÉRICAINE

Elle est de retour à la une, notre "top model" new-yorkais, cette fois pour un acte d'agression contre un serveur dans un bar de Londres. Histoire de cocktail mal préparé. Mademoiselle la Mannequin ne boit que du jus d'orange fraîchement pressé avec sa vodka. Malheureusement, le barman n'était pas au courant et il en a pris dans une bouteille. Elle n'a rien dit, pourtant. Elle a tout simplement versé sa boisson sur la tête du serveur avant de lancer le verre contre le mur du bar.

2 UN FOOTBALLEUR SUPERDOUÉ TENTÉ PAR LE DOPAGE

C'est dur de vivre la pression du succès... surtout quand on échoue! Voilà ce qu'a appris notre grand striker brésilien qui joue son dixième match de suite sans marquer un but. Il a subi un test médical obligatoire à la fin de la rencontre Brésil-Allemagne qui a indiqué des traces de substances interdites. Il proteste de son innocence, bien sûr.

3 UNE JEUNE VEDETTE DE CINÉMA RISQUE DE PERDRE SON PERMIS

Elle conduit sa BMW neuve dans une jolie petite banlieue de Cambridge (GB) à 120 kilomètres à l'heure. La vitesse maximale autorisée est de 60 k/h. Poursuivie et arrêtée par un policier, notre actrice explique que dans son prochain film, elle interprète le rôle de la petite amie d'un pilote de course automobile et qu'elle conduisait aussi vite pour savoir comment c'était. Le policier lui a sèchement répondu que c'était dangereux.

4 ENCORE UNE "VICTIME" DE LA TÉLÉ-RÉALITÉ

Hier soir le public a voté pour la dernière fois et voilà le jeune pianiste russe éliminé du concours. A la sortie, un représentant d'une des plus grandes maisons de disques l'attendait, contrat à la main. La signature de ce musicien dont tout le pays est amoureux vaut à peu près deux millions d'euros... CD, concerts, tournées internationales, et évidemment, l'inévitable film sur ses origines obscures.

5 DES COPINES MÉCHANTES MAIS SYMPA!

Partout où elles vont, elles font des bêtises de plus en plus incroyables. Nos deux riches héritières viennent de passer la nuit dans la cellule du commissariat de Bourges pour avoir tenté d'escalader la façade de l'Hôtel de Ville en quête des drapeaux français. Motif: leurs compatriotes trouvent le drapeau tricolore très joli et, de retour chez elles, elles voulaient revendre les drapeaux aux enchères pour aider les victimes de la famine.

Compétences

Writing more complex sentences

Ⓐ Compare these two extracts. Which one do you think is more interesting and why?

1 Emmanuelle Béart a choisi de vivre à Bruxelles avec le nouvel homme de sa vie, l'acteur Michael Cohen. Elle va résider dans le village de Glabais. C'est plus calme. Elle sera loin des paparazzi. Elle sera libre de faire ses courses. Elle pourra embrasser son amoureux. Elle va éviter la curiosité des autres.

2 C'est dans le village de Glabais à Bruxelles qu'Emmanuelle Béart a choisi de vivre avec le nouvel homme de sa vie, l'acteur Michael Cohen. Elle va mener une vie plus calme là-bas où elle sera loin des paparazzi. Elle a choisi de vivre là parce qu'elle sera libre de faire ses courses et d'embrasser son amoureux sans susciter la curiosité des autres.

● When you are writing or speaking, remember to use conjunctions to make longer and more interesting sentences.

Useful linking words		
et and		*donc* so
mais but		*quand* when
ou or		*pourtant* yet
parce que because		*sinon* if not
comme as		*même si* even if

Ⓑ Look again at your answer to activity 2c and improve it by using more interesting sentences.

Ⓒ Swap your rewritten answer with a partner. Suggest ways of rephrasing what he/she has written.

3a 🎧 **Ecoutez les quatre jeunes. Complétez les blancs.** (35)

Aimeriez-vous être célèbre?

Qui ne veut pas être célèbre? Je **[1]** d'avoir une vie de luxe. Je **[2]** épouser un homme riche même si je ne l'aime pas. L'argent est plus important que l'amour. Quand je **[3]** la vie des actrices ou des chanteuses célèbres, je **[4]** que je veux absolument être comme elles.
Francine

Je pense que l'importance de la célébrité est exagérée. Je n'aime pas le fait que si je ne **[5]** pas riche, je ne compte pas. Je ne **[6]** pas le succès selon mon compte bancaire. Tant de gens **[7]** corrompus par l'argent. Les personnes célèbres ne sont pas pour moi des modèles à suivre.
Grégory

Non, pas du tout. J'**[8]** trop ma vie privée. J'apprécie trop ma liberté. Je suis libre de faire ce que je **[9]** sans m'inquiéter de la curiosité des autres. Quand on est célèbre, on est tout le temps poursuivi par les paparazzi.
Shani

Oui, je **[10]** être célèbre car je **[11]** très ambitieux. Je veux devenir riche et connu. Je **[12]** de la guitare et je compose des chansons. Je **[13]** qu'un jour je **[14]** réussir et devenir une grande vedette. Et puis j'**[15]** une fortune à dépenser en voitures, en bateaux... tout ce qui représente le bonheur, quoi.
Alphonse

Grammaire  175 ➡ W50–51

Indirect speech

● Sometimes you will need to transfer direct speech (quoting directly what people have said) to indirect speech (reporting what someone has said).

● When changing from direct speech to indirect speech, you may need to change pronouns and verb tenses, e.g.

Mathilde a dit: "Je veux gagner beaucoup d'argent."
*Mathilde a dit **qu'elle voulait** gagner beaucoup d'argent.*

● In English, you do not have to use 'that' to introduce reported speech (e.g. "Mathilde said she wanted to earn a lot of money"). In French you must always use *que*.

● The past tense in indirect speech is always the imperfect.

Ⓐ Rewrite the following sentences in indirect speech.

1 Les jeunes ont répondu: "Nous n'admirons pas les célébrités."

2 "J'adore lire des histoires sur la famille royale," a-t-elle admis.

3 "Je déplore l'attitude des médias," a dit l'acteur.

3b Avec lequel des quatre jeunes êtes-vous le plus d'accord? Expliquez les raisons de votre choix.

Grammaire active

The imperfect tense

Rappel

The imperfect tense is used to describe:
1 what something or someone was like in the past.
2 continuous actions or interrupted actions in the past.
3 something that happened regularly in the past.

Entrainez-vous!

1 **Pensez à votre vie maintenant: vos centres d'intérêt, vos valeurs et vos priorités. Imaginez-vous dans dix ans. Comment décririez-vous votre vie? Utilisez les phrases ci-dessous et ajoutez-en d'autres.**

Quand j'avais seize ou dix-sept ans, je trouvais important de... Je passais beaucoup de temps à... Je n'aimais pas trop...; je préférais... Je m'intéressais surtout à...

2 **Lisez le texte ci-dessous puis choisissez une expression de l'encadré pour compléter chaque blanc. Mettez tous les verbes à la bonne forme de l'imparfait.**

a Les hippies ...... la guerre du Vietnam.

b Ils ...... un style de vie bohème.

c Le pouvoir des fleurs ...... ce mouvement pacifiste.

d Les messages des hippies ...... l'appel à l'anarchie.

e Pour le grand public, les hippies ...... du cannabis ou du LSD.

prendre * être pour * signifier * être contre * symboliser

Dans les années soixante, les hippies dominaient la culture alternative. Ils étaient opposés à la guerre du Vietnam et ils préféraient un style de vie communautaire ou bohème. Les hippies nous ont donné le pouvoir des fleurs – "Flower Power" – qui était le symbole de ce mouvement pacifiste. Les valeurs que les hippies voulaient nous communiquer étaient l'opposition à la consommation et la libération sexuelle. Pour les conformistes, ces messages représentaient l'appel à l'anarchie. En plus, ces gens qui décoraient tout avec des dessins psychédéliques, qui se droguaient avec du cannabis ou du LSD, menaçaient la stabilité économique.

The present participle

Rappel

The present participle ends in *-ant* in French. It is used to say how something is done, to show that two things are being done at the same time and to explain causes and reasons. It can also be used as an adjective.

Entrainez-vous!

3 **Complete the following sentences with the present participle of an appropriate verb from the box.**

1 En ...... des injections de botox, il a accepté le fait de vieillir.

2 En ...... des chaussures à talons hauts, elle s'est fait mal à la cheville.

3 En ......, j'ai dû passer une demi-heure à me coiffer.

4 En ...... cette couleur pour mes cheveux, je savais que j'allais choquer mes parents.

choisir * porter * se lever * refuser

4 **Complete the following sentences with *en* and the past participle of the verb in brackets.**

a On peut avoir la peau claire... [*manger sain*]

b Il est préférable de garder la forme... [*faire du sport*]

c On peut éviter les rides... [*boire beaucoup d'eau*]

d Il vaut mieux bronzer peu à peu... [*utiliser une crème solaire*]

5 **Translate the following sentences into French.**

a Reading this article, I understand better the life of a celebrity.

b On entering the shop, she noticed the beauty products for men.

c Many women forget their problems by going shopping.

d Being a bit shy, I want to dress like the others.

Vocabulaire

Les ados et le look
pages 64–65

une apparence	*an appearance*
une coiffure	*a hairstyle*
une marque	*a brand, designer label*
un piercing	*a piercing*
un tatouage	*a tattoo*

avoir honte (de)	*to be ashamed (of)*
être conformiste	*to be conventional*
se faire percer	*to have a piercing done*
se faire tatouer	*to have a tattoo done*
s'identifier à	*to identify with*
se maquiller	*to put on make-up*

obsédé par	*obsessed by*
les effets psychologiques	*psychological effects*

L'influence de la mode sur notre style de vie
pages 66–67

une carrière de rêve	*a dream career*
la chirurgie esthétique	*plastic surgery*
un concours	*a competition*
un casting	*an audition*
la ligne mince	*slim figure*
une ride	*a wrinkle*
les talons hauts	*high heels*
un top model	*a supermodel*
un trait	*a feature*

s'aggraver	*to get worse*
frissonner	*to shiver*
froncer les sourcils	*to frown*
maigrir	*to get thin*

maigre	*thin*
mince	*slim*

Vive la célébrité!
pages 68–69

un compte bancaire	*a bank account*
le culte de la célébrité	*celebrity cult*
les people	*celebrities*
un people, une célébrité	*a celebrity*
un pilote de course automobile	*a racing driver*
la pression	*pressure*
le succès	*success*

être au courant	*to be in the know*

faire des bêtises	*to behave stupidly*
subir un test médical	*to undergo a medical test*
susciter la curiosité	*to arouse curiosity*

superdoué	*highly gifted*

En plus...

l'anorexie (f)	*anorexia*
le blanchiment des dents	*tooth whitening*
la boulimie	*bulimia*
le bronzage artificiel	*tanning*
la coiffure de mohican	*Mohican hairstyle*
le fer à friser	*curling wand*
une intrusion dans la vie privée	*intrusion into private life*
le lisseur à cheveux	*hair straighteners*
le maquillage	*make-up*
le modèle de rôle	*role model*
les paparazzi	*press photographers who pursue celebrities*
la presse "people"	*celebrity press*
une star de la télé-réalité	*a reality TV star*
un trouble de la conduite alimentaire	*an eating disorder*

avoir droit à une vie privée	*to have the right to a private life*
colorer les cheveux	*to colour your hair*
se blanchir les dents	*to whiten your teeth*
se maquiller	*to put on make-up*
s'identifier avec une célébrité	*to identify with a celebrity*
se mettre au régime	*to go on a diet*
se raser la tête	*to shave your head*

Tu aimes les sports traditionnels?

▶ *Tu es fana des sports traditionnels, ou tu préfères les sports "fun"?*

1a Reliez chaque sport à l'image appropriée.

1 la pétanque
2 le saut à l'élastique
3 le parkour
4 le parapente
5 le handball

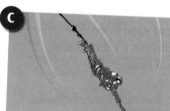

1b Qui peut écrire la liste la plus longue d'autres sports en 60 secondes?

2a Posez les questions suivantes à un(e) partenaire et notez ses réponses. Puis changez de rôle.

Qu'est-ce que tu préfères...

a le paintball ou le hockey?
b le jetski ou le ping-pong?
c le karaté ou le surf?
d le parapente ou l'équitation?
e le golf ou le snowboarding?
f la natation ou le VTT?
g le saut à l'élastique ou le rugby?
h le parkour ou le football?
i le rugby ou le skate?

2b Notez combien de réponses bleues et combien de rouges votre partenaire a données. Comparez les réponses en classe. Avez-vous choisi plutôt des sports traditionnels ou plutôt des sports "fun"?

le saut à l'élastique	le jetski
le parkour	le paintball
le snowboarding	le skate
le VTT	le surf
le parapente	

3a Ecoutez les six jeunes qui parlent de leurs sports préférés. Recopiez et remplissez le diagramme.

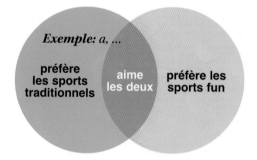

Exemple: a, ...

préfère les sports traditionnels — aime les deux — préfère les sports fun

3b Réécoutez et complétez les phrases.

a Elle joue au hockey au moins...
b Il préfère...
c Il n'a pas souvent l'occasion de...
d Elle préfère les sports...
e Elle fait du sport toute l'année parce qu'elle veut...
f Quand il peut, il aime essayer...

4 Quatre jeunes parlent des sports "fun". Traduisez les textes en anglais.

a "J'ai la chance d'habiter tout près d'une plage où on peut très bien faire du surf presque toute l'année. J'y vais à chaque moment libre!"

b "J'aimerais bien faire du parapente, mais en même temps j'ai un peu peur. Peut-être un jour – je vais y réfléchir encore un peu!"

c "Je crois qu'il faut avoir du courage pour faire du saut à l'élastique, et moi j'en ai plein! J'attends seulement les prochaines vacances."

d "Le parkour? Oui, je l'ai essayé une fois, mais sans grand succès. N'en parlons pas!"

Grammaire

➡ 161 ➡ W25

The pronouns *y* and *en*

Use the pronouns *y* and *en* to avoid repeating words.

- Use *y* to mean 'there':
  J'y vais à chaque moment libre.
  I go there whenever I have a spare moment.

- Also use *y* to mean 'it' or 'them' when using a verb followed by *à*, e.g. *penser à, réfléchir à*:
  Je vais y réfléchir.
  I am going to think about it.

- Use *en* to mean 'some' or 'any':
  Du courage? Oui, tu en as!
  Courage? Yes, you have got some!
  De l'argent – je n'en ai plus.
  Money – I haven't got any left.

- Also use *en* to mean 'it' or 'them' when using a verb followed by *de*, e.g. *parler de* or *se souvenir de*:
  N'en parlons pas!
  Let's not talk about it!

A Decide whether *y* or *en* is needed in each gap.

1 Tu ... vas souvent?
2 Elles n'... vont jamais.
3 Nous ... parlons tous les jours.
4 Je ne m'... souviens plus.
5 Et les livres? Vous ... avez combien?
6 J'espère que tu vas ... penser.

B Translate the completed sentences into English.

Le paintball: un peu d'histoire

On dit que ce sport fabuleux est né en 1979 en Australie. A cette époque, dans les vastes plaines australiennes, les cowboys se servaient de pistolets à ressort tirant des billes de peinture pour marquer leur bétail. Lors d'un marquage, un cowboy a tiré accidentellement sur un autre qui a riposté aussitôt avant d'éclater de rire; c'est à cet instant qu'est né le paintball. Exporté aux Etats-Unis, il est devenu un sport reconnu et structuré avec des compétitions dès 1981. En France, les premiers sites de paintball sont nés au début des années 90.

Et aujourd'hui? Le paintball est un des sports connaissant la plus grande montée de popularité au cours des cinq dernières années. Il s'agit d'un mélange d'un jeu de cache-cache et d'un jeu de poursuite mais de façon beaucoup plus sophistiquée. Deux groupes de joueurs s'affrontent. Chaque joueur est équipé d'un marqueur et de billes et le but du jeu est très simple! Foncez, éliminez vos adversaires et capturez leur drapeau. Mais faites attention! Vos adversaires essaient de faire la même chose.

Pour filles et garçons: Le paintball est vraiment unique dans le sens où les femmes sont réellement égales aux hommes. En fait, la taille et la force physique n'ont aucune influence, c'est la capacité à réfléchir et à réagir qui fait toute la différence. Le paintball, c'est beaucoup de choses. Mais par-dessus tout, c'est amusant!

5 Lisez le texte, puis recopiez et complétez les phrases.

a Paintballing was 'born' in Australia, when...
b Over the last five years, paintballing has...
c As a game, it is really a mix of...
d It's a good unisex game because...
e But above all,...

Compétences

Answering questions on a French text

When you are answering questions on a French text, you can use the language of the text to help you, but you will have to manipulate it.

A Look at these questions about the paintballing text (1–4) and match each one with the strategy (a–d) you will need to use to answer it.

1 Que faisaient les cowboys australiens avec des billes de peinture?
2 Qu'est-ce qui a pris environ dix ans?
3 Selon les règles du jeu, qu'est-ce qu'il faut faire pour gagner?
4 Si on veut gagner, quelles qualités sont importantes?

a Turn the past participle *exporté* into a noun.
b Reuse the noun *capacité à réfléchir* and turn the verb *réagir* into a noun.
c Use the verb *marquer* in the imperfect tense (3rd person plural).
d Use the infinitive form of *éliminez* and *capturez* with the *il faut* construction from the question.

B Now answer in French the four questions above.

6 Faites des recherches et préparez un court exposé sur l'un des sports "fun" en France.

7 Quel est votre style quand il s'agit de sport: traditionnel ou "fun"? Ecrivez un paragraphe pour expliquer.

Pourquoi faire du sport?

▶ *iPod, DVD, ordinateur… est-ce qu'on a toujours le temps de consacrer ses heures de loisir à un sport? Et si oui, qu'est-ce que ça apporte?*

1 Répondez oralement aux questions suivantes.

   a Quels sports avez-vous déjà pratiqués?

   b Quels sports peut-on pratiquer dans votre école? Et dans votre ville?

   c Combien d'heures de sport faites-vous par semaine?

2 Pourquoi faire du sport? Lisez les textes et notez toutes les raisons données.

   Exemple: pour se détendre, pour…

3  **Ecoutez trois jeunes, Hervé, Isabelle et Pascal, parler des sports qu'ils pratiquent. Prenez des notes pour chacun.** CD2 track4

   a Quel sport pratique-t-il/elle?

   b Où?

   c Avec qui?

   d Quand?

   e Quel type d'équipement faut-il?

   f Quels sont les avantages et inconvénients de ce sport?

4  **A deux, imaginez l'interview de chacune de ces personnes. A pose des questions et B répond, puis changez de rôle. Aidez-vous des questions de l'activité 3.**

Manon
Moi, je fais du sport presque tous les jours. D'abord, cela aide à se détendre après une longue journée au lycée et à se maintenir en forme. Et puis, si on veut garder la ligne on doit bouger un peu!

Luc
Je ne connais pas de meilleure façon d'éviter le stress. Je mène une vie très active – les études, le petit boulot, les sorties – donc il est très important d'avoir beaucoup d'énergie. Et puis j'aime aussi être membre d'une équipe, parce qu'on a le sentiment de réaliser quelque chose ensemble. C'est sympa, je trouve.

Alice
J'ai eu pas mal de problèmes après une maladie. J'ai souffert d'une mononucléose pendant un an, et après ça m'a fait du bien de reprendre le sport. J'étais contente de retrouver la forme progressivement et c'était aussi une façon de me faire de nouveaux amis après une longue période d'inactivité.

Karim
Moi, je fais du sport tout simplement pour le plaisir! J'ai l'esprit de compétition et j'adore gagner. Un jour, je ferai un marathon mais pour le moment, je m'entraine.

5a Lisez l'extrait du programme de l'entreprise Sports Elite Jeunes (SEJ) et faites une liste des sept sports mentionnés.

5b Trouvez les expressions-clés:

a to perfect

b relaxation

c a beginner

d at one's own level

e skill

f to make real progress

g self-control

h to teach

6 Vous aimeriez passer vos vacances dans un camp de Sports Elite Jeunes et vous voulez persuader un(e) ami(e) de vous accompagner. Ecrivez-lui une lettre et expliquez:

● pourquoi vous avez choisi ce type de vacances

● ce que vous ferez exactement

● ce que cette expérience vous appendra

Grammaire ➡ 169 ➡ W54–55

The future tense

● You can use the present tense to refer to the very near future:

*Ce soir, **je reste** à la maison.*

● To say what is going to happen soon, with a degree of certainty, use *aller* + infinitive:

***On va passer** beaucoup de temps à la plage cette semaine.*

● To say what will happen in the more distant or less certain future, use the future tense:

***Je passerai** l'été prochain comme animatrice pour SEJ.*

See page 80 for how to form the future tense.

Ⓐ Reread the SEJ summer sports programme and find seven examples of verbs in the future tense. Which one is irregular?

Ⓑ Translate the verbs from activity A into English.

Ⓒ Put each verb in brackets into the future tense.

1 on [*jouer*]   4 je [*s'amuser*]   7 vous [*passer*]

2 ils [*faire*]   5 tu [*nager*]   8 il [*expliquer*]

3 nous [*pouvoir*]   6 elles [*apprendre*]   9 elle [*partir*]

Sports Elite Jeunes: camp de vacances pour jeunes sportifs

Parmi nos propositions pour cette année...

Handball

Notre programme aidera à perfectionner le savoir-faire individuel et collectif. Les filles et les garçons s'adonneront à leur sport favori dans un cadre idéal, riche en installations sportives de haut niveau.

Beach volley et multi-voiles

Sport et décontraction au bord de la mer. A 100 mètres de la mer, le site de Boulouris vous ravira par ses installations sportives. Venez ici pour une découverte ludique du catamaran et de la planche à voile et une approche tout en douceur du beach volley.

Le ski pour tous

La qualité de l'enseignement dans un des plus beaux domaines skiables permettra au débutant comme au skieur plus expérimenté de progresser sur des pistes à son niveau.

Danse

Dans une ambiance dynamique et musicale, les jeunes pourront découvrir et pratiquer les activités chorégraphiques sous toutes leurs formes.

Judo

L'apprentissage du judo de façon ludique, c'est ce que nos moniteurs transmettront avec bonne humeur aux participants sans oublier le plaisir et le respect. Ils commenceront aussi à enseigner le contrôle de soi dans un environnement varié et dans un cadre paisible.

Top sport, top santé

▶ *Bougez-vous assez ou menez-vous une vie trop sédentaire? Tous les experts soulignent l'importance de l'exercice pour la santé.*

1 Discutez en classe:

a Combien d'heures de sport faites-vous par semaine?

b Qu'est-ce que vous faites et avec qui?

c Est-ce que vous vous déplacez trop en voiture? Quand allez-vous à pied? Y a-t-il des trajets que vous faites à vélo?

2a Lisez le texte et trouvez deux statistiques sur les ados et leur manque d'activité physique.

2b Faites des listes:

a les maladies provoquées par un manque d'activité

b les raisons pour lesquelles notre vie est trop sédentaire

c les exemples de passe-temps inactifs

Grammaire ➡ 163 ➡ W70–71

Verbs linked to an infinitive with *à* and *de*

● Some verbs are linked to the infinitive by the preposition *à*:

*J'**apprends à** jouer au tennis.*

*Ils **aident** les enfants **à** faire du ski.*

● Some verbs are linked to the infinitive by the preposition *de*:

*Ils **essaient de** gagner tous leurs matchs.*

*J'ai **fini de** m'entrainer pour le marathon.*

Ⓐ Read the text and find three more verbs followed by *à* plus an infinitive and four more which use *de*.

Ⓑ Translate into French.

1 I refuse to do sport.

2 He's helping his friend train for the marathon.

3 When are you going to start playing handball?

4 They've forgotten to buy trainers.

5 You are lazy! You always choose to stay at home.

Une société sédentaire?

Obésité, diabète, maladies cardiovasculaires, cancers… l'activité physique vous aide à lutter contre tous ces problèmes. Si on choisit de faire un peu de sport plusieurs fois par semaine, cela permet de se maintenir en forme. Plus on hésite à bouger, moins on peut compter sur un bon état de santé.

Certes, il est vrai que pas mal de jeunes refusent de bouger. Selon une étude menée dans le Bas-Rhin, à peine un tiers des élèves de sixième marchent ou font du vélo plus de vingt minutes par jour pour se rendre au collège.

Ni les conditions de vie plus confortables (transport motorisé, ascenseurs, chauffage central, climatisation) ni les loisirs passifs (télé, jeux vidéo, ordinateur), n'encouragent les jeunes à mener une vie active. Près de la moitié des filles et un quart des garçons ne font pas de sport en dehors de l'école.

Comment réagir? D'abord, n'oublions pas d'expliquer aux jeunes les risques de cette inactivité. Puis, il faut tout simplement donner un meilleur exemple: commençons tous à bouger davantage!

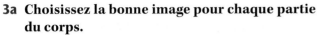

3a Choisissez la bonne image pour chaque partie du corps.

les muscles	le cœur	les artères
les poumons		les os

ⓐ

ⓑ

ⓒ

ⓓ

ⓔ

3b Faites des paires.

to work	fonctionner
being overweight	respirer
good spirits	lutter contre
to avoid	le surpoids
to fight against	le sommeil
to breathe	éviter
sleep	le moral

4a Tous ces ados ont décidé de faire plus de sport. Lisez les *Expressions-clés*, puis recopiez en complétant les blancs.

Les bonnes intentions...

a Clément: Moi, je vais ...... beaucoup plus de sport!

b Romain: J' ...... de ...... au basket au moins trois fois par semaine.

c Audrey: J'espère ...... plus active à l'avenir.

d Fatima: Je ...... nager une heure par jour.

e Jean: J'ai ...... de faire du jogging tous les matins.

f Maëlle: Je ...... apprendre à faire du judo.

g Dimitri: J'abandonnerai ma voiture et je ...... plus de vélo.

4b Vous aussi, vous allez bouger plus. Ecrivez huit bonnes intentions. Utilisez des expressions différentes.

5a Créez un dépliant destiné aux jeunes qui explique les dangers d'un manque d'activité physique et les bienfaits du sport et de l'exercice. Vous pouvez inclure des listes, un article, une section intitulée "Saviez-vous que...?"etc.

5b 🗣 Jeu de rôle à deux. A est journaliste et interviewe un(e) expert(e) sur le manque d'exercice chez les jeunes. B est l'expert(e), par exemple prof de sport, médecin de sport ou pédiatre.

Expressions-clés

Parler de l'avenir

● avec le présent:

Ce weekend, j'arrête de fumer.

Ce soir, je fais du jogging.

● avec un futur:

Je vais + infinitif

J'irai...

● avec un conditionnel:

Je voudrais...

J'aimerais...

● avec des expressions:

J'espère, je compte, je pense + infinitif

J'ai envie de, j'ai l'intention de, j'envisage de + infinitif

Grammaire active

Talking about the future

You will often see references to the future in texts you read and you also need it, of course, to refer to your own future.

Rappel

Remember the various ways of talking about the future:

*Ce soir, **je vais** au match.*

*Je **vais jouer** au hockey cet hiver.*

*Je **compte travailler** pendant les vacances et **j'espère gagner** beaucoup d'argent.*

*Un jour, **j'aurai** des enfants.*

Entrainez-vous!

1 Préparez un exposé sur votre avenir. Expliquez:

- Ce que vous allez faire avant de quitter l'école, e.g.
  Je vais passer quatre AS cette année et puis je vais continuer... et je vais...
- Ce que vous comptez faire après l'école, e.g.
  Je compte aller à l'université, où j'espère... et... je voudrais aussi...
- Comment vous voyez votre vie dans dix, vingt ou cinquante ans, e.g.
  Un jour, j'habiterai... et je travaillerai comme...
  J'aurai peut-être...
  et je ferai...

Rappel

To form the future tense of regular verbs, use the infinitive of the verb plus the endings from *avoir*:

-ai, -as, -a, -ons, -ez, -ont.

For example, *je passerai, on jouera, ils encourageront.*

To form the future tense of irregular verbs, learn the stem of the verb and then add the usual endings. (See Grammar section page 169.)

For example, *j'irai aux Jeux Olympiques de 2012.*

Entrainez-vous!

2a Read the text and make two lists of verbs in the future tense: regular and irregular.

En tant que professeur de sport, je me soucie beaucoup du fair-play. Le weekend prochain, il y aura encore des matchs pour mes équipes. Avant le match, j'expliquerai à mes élèves encore une fois ce que j'attends d'eux. Ils joueront pour gagner, bien sûr, mais j'espère qu'ils montreront aussi du respect pour les autres joueurs. En cas de défaite, j'espère qu'ils l'accepteront avec dignité. Sinon, j'aurai des choses à dire! Et bien, on verra!

2b Write sentences to explain what the young people will (or won't) do, using the expressions below.

a tricher pour gagner

b respecter les adversaires

c se disputer avec l'arbitre

d contester la défaite

e réagir de façon violente

f féliciter l'autre équipe, même après une défaite

g chercher des excuses pour une défaite

h faire de leur mieux à tout moment

Exemple: *a Ils ne tricheront pas pour gagner. b Ils...*

Rappel

Use *y* to mean 'here' or 'there', or to replace *à*.

Use *en* to mean 'some' or 'any', or to replace *de*.

Entrainez-vous!

3 Translate these sentences into English.

a J'y suis, j'y reste.

b On y va le weekend prochain.

c Tu n'y as pas pensé?

d Des matchs ennuyeux? Je n'en ai jamais vu!

Vocabulaire

Tu aimes les sports traditionnels? pages 74–75

un adversaire	*an opponent*
une équipe	*a team*
un joueur	*a player*
(une montée de) popularité	*(a rise in) popularity*
le parapente	*hang-gliding*
le parkour	*parkour*
le saut à l'élastique	*bungee jumping*
un spectateur	*a spectator*
un sport reconnu	*a recognised sport*
essayer	*to try*
garder la forme	*to keep fit*
réagir	*to react*
s'entraîner	*to train*

Pourquoi faire du sport? pages 76–77

l'agilité	*agility*
un casque	*a helmet*
une combinaison de plongée	*a diving suit*
un débutant	*a beginner*
la décontraction	*relaxation*
l'enseignement	*teaching*
l'équipement	*equipment*
un gilet de sauvetage	*a lifejacket*
la liberté	*freedom*
un moniteur	*an instructor*
la mononucléose	*glandular fever*
une période d'inactivité	*a period of inactivity*
la vitesse	*speed*
(aider à) se détendre	*to (help one to) relax*
bouger	*to move*
escalader	*to climb*
éviter le stress	*to avoid stress*
garder la ligne	*to keep one's figure*
perfectionner	*to perfect*
pratiquer seul/à plusieurs	*to do it alone/in a group*
pratiquer un sport	*to do a sport*
reprendre un sport	*to take up a sport again*
se faire de nouveaux amis	*to make new friends*
se maintenir en forme	*to keep fit*
expérimenté	*experienced*

Top sport, top santé pages 78–79

les artères	*arteries*
les bienfaits du sport	*the benefits of sport*
un bon état de santé	*a good state of health*
le cœur	*heart*
le diabète	*diabetes*
la maladie cardiovasculaire	*heart disease*
un manque d'activité/ d'exercice	*a lack of activity/exercise*
les muscles	*muscles*
les os	*bones*
les poumons	*lungs*
le surpoids	*overweight*
arrêter de fumer	*to stop smoking*
donner un bon exemple	*to give a good example*
faire du jogging	*to jog*
mener une vie active	*to lead an active life*
respirer	*to breathe*
actif	*active*
sédentaire	*sedentary*

En plus…

l'alpinisme	*mountaineering*
un art martial	*a martial art*
le championnat	*championship*
la coupe du monde	*World Cup*
l'endurance	*stamina*
les Jeux Olympiques (JO)	*Olympic Games*
un moniteur/une monitrice	*an instructor*
le niveau	*level*
la puissance	*strength*
le stretching	*stretching*
la vitesse	*speed*
se blesser	*to injure oneself*
dépasser ses limites	*to push oneself*
être en bonne forme physique	*to be in good physical shape*
faire partie d'une équipe	*to be in a team*
faire de la musculation	*to do weight-training*
faire suffisamment d'exercice	*to do enough exercise*
s'échauffer	*to warm up*
se fatiguer	*to get tired*
se muscler	*to build up muscles*
pratiquer un sport	*to do a sport*
suivre un cours/un stage	*to do a course*
en toute sécurité	*in complete safety*

8 Les drogues licites

▶ *L'alcool et le tabagisme: plaisirs ou fléaux?*

1 🎧 **Vrai ou faux? Devinez, puis écoutez pour vérifier.**

a Le tabac n'est pas en vente libre.

b On peut fumer partout.

c La vente d'alcool est interdite aux moins de dix-huit ans.

d Un jeune qui a entre seize et dix-huit ans ne peut pas boire de vin ou de bière.

e On n'a pas le droit de boire de l'alcool dans les établissements scolaires.

f Dans les bars et les cafés, l'âge minimum est fixé à seize ans.

2 **Qu'est-ce qui est permis? Lisez les textes, puis recopiez et remplissez la grille avec ✓ , ✗ , ou ?**

Victoria		
Florian		
Jules		
Sarah		

Compétences

Explaining what you can do or have to do

Use the modal verbs *pouvoir* and *devoir* to explain what you can do or have to do. Use other expressions for variety:

Je peux (+ infinitif)	I can…
J'ai le droit de (+ infinitif)	I'm allowed to…
On me permet de (+ infinitif)	I'm allowed to…
On ne me permet pas de (+ infinitif)	I'm not allowed to…
Je dois (+ infinitif)	I have to…
Je suis obligé(e) de (+ infinitif)	I have to…

A **Qu'est-ce que vous avez le droit de faire concernant le tabac et l'alcool? Qu'est-ce qui n'est pas permis à l'école, à la maison, en ville, au pub, etc.? Ecrivez un paragraphe. Utilisez les expressions ci-dessus.**

Nous, au lycée, on ne nous permet pas de fumer, mais on peut le faire dans un certain coin de la cour. Moi, je ne fume pas, mais je trouve que c'est quand même agaçant, parce que si on a le droit d'acheter des cigarettes, on devrait avoir le droit de les fumer!

Victoria

Moi, je n'ai pas le droit de boire de l'alcool. Je trouve que c'est ridicule, parce que chez nous les adultes boivent souvent un verre de vin quand on dine, alors pourquoi pas moi? Surtout quand je suis chez des amis. Je sais très bien qu'il ne faut pas trop boire, mais à quinze ans je suis capable de prendre mes propres décisions.

Florian

Quand je sors ou que je suis chez moi, on me permet de boire ce que je veux. C'est raisonnable à mon âge, surtout que je connais mes limites! Au lycée, c'est strict. On n'a même pas le droit de fumer pendant la récréation. Mais je comprends pourquoi – tout le monde sait à quel point c'est nuisible pour la santé.

Jules

Comme mon père est mort d'un cancer des poumons, je suis tout à fait contre le tabagisme. Je n'ai aucune envie de fumer. J'aimerais bien boire un coup entre amis, mais ma mère trouve qu'à 16 ans je suis trop jeune. Si je veux boire une bière au café, je suis obligée de lui mentir. Ce n'est pas idéal.

Sarah

Vocabulaire

Tu aimes les sports traditionnels?   pages 74–75

un adversaire	*an opponent*
une équipe	*a team*
un joueur	*a player*
(une montée de) popularité	*(a rise in) popularity*
le parapente	*hang-gliding*
le parkour	*parkour*
le saut à l'élastique	*bungee jumping*
un spectateur	*a spectator*
un sport reconnu	*a recognised sport*
essayer	*to try*
garder la forme	*to keep fit*
réagir	*to react*
s'entraîner	*to train*

Pourquoi faire du sport?   pages 76–77

l'agilité	*agility*
un casque	*a helmet*
une combinaison de plongée	*a diving suit*
un débutant	*a beginner*
la décontraction	*relaxation*
l'enseignement	*teaching*
l'équipement	*equipment*
un gilet de sauvetage	*a lifejacket*
la liberté	*freedom*
un moniteur	*an instructor*
la mononucléose	*glandular fever*
une période d'inactivité	*a period of inactivity*
la vitesse	*speed*
(aider à) se détendre	*to (help one to) relax*
bouger	*to move*
escalader	*to climb*
éviter le stress	*to avoid stress*
garder la ligne	*to keep one's figure*
perfectionner	*to perfect*
pratiquer seul/à plusieurs	*to do it alone/in a group*
pratiquer un sport	*to do a sport*
reprendre un sport	*to take up a sport again*
se faire de nouveaux amis	*to make new friends*
se maintenir en forme	*to keep fit*
expérimenté	*experienced*

Top sport, top santé   pages 78–79

les artères	*arteries*
les bienfaits du sport	*the benefits of sport*

un bon état de santé	*a good state of health*
le cœur	*heart*
le diabète	*diabetes*
la maladie cardiovasculaire	*heart disease*
un manque d'activité/ d'exercice	*a lack of activity/exercise*
les muscles	*muscles*
les os	*bones*
les poumons	*lungs*
le surpoids	*overweight*
arrêter de fumer	*to stop smoking*
donner un bon exemple	*to give a good example*
faire du jogging	*to jog*
mener une vie active	*to lead an active life*
respirer	*to breathe*
actif	*active*
sédentaire	*sedentary*

En plus...

l'alpinisme	*mountaineering*
un art martial	*a martial art*
le championnat	*championship*
la coupe du monde	*World Cup*
l'endurance	*stamina*
les Jeux Olympiques (JO)	*Olympic Games*
un moniteur/une monitrice	*an instructor*
le niveau	*level*
la puissance	*strength*
le stretching	*stretching*
la vitesse	*speed*
se blesser	*to injure oneself*
dépasser ses limites	*to push oneself*
être en bonne forme physique	*to be in good physical shape*
faire partie d'une équipe	*to be in a team*
faire de la musculation	*to do weight-training*
faire suffisamment d'exercice	*to do enough exercise*
s'échauffer	*to warm up*
se fatiguer	*to get tired*
se muscler	*to build up muscles*
pratiquer un sport	*to do a sport*
suivre un cours/un stage	*to do a course*
en toute sécurité	*in complete safety*

Extra

Au secours des plus démunis

Depuis plus de neuf ans, l'association Garuda organise du football pour les enfants défavorisés de la vallée de Katmandu. L'association contribue:

- à former des éducateurs sportifs et des entraineurs népalais
- à fournir du matériel de sport aux enfants: maillots, ballons,...
- à louer les terrains et à aider de petits clubs de quartier
- à entrainer les enfants
  – filles et garçons
  – plusieurs fois par semaine et à organiser la Garuda Cup, une grande journée de sport qui rassemble chaque année près de 350 enfants défavorisés.

La Maison de Garuda à Katmandu

Dans un pays où peu d'enfants vont à l'école, les handicapés physiques sont totalement laissés pour compte. Une équipe de guides de Base Camp Trek a lancé un projet pour créer un centre d'hébergement et de soins dans une banlieue démunie de Katmandu, avec le concours médical du médecin de l'Ambassade de France.

Nous avons donc loué une maison qui a été inaugurée par M. l'ambassadeur de France en février 07. Quatre enfants handicapés sont arrivés tandis que le premier étage abrite des ateliers de couture et de fabrication de bijoux pour une vingtaine de femmes en difficulté. Dans un deuxième temps, nous pensons y organiser des cours d'alphabétisation et diverses formations pour les femmes du quartier ou de villages éloignés.

from 'Football pour les enfants des rues', www.basecamptrek.com

1 **Recopiez et complétez le résumé du texte.**

L'Association Garuda organise plusieurs initiatives à Katmandu et cherche à aider .... Elle vise surtout les enfants handicapés parce qu'ils .... A l'avenir elle espère aussi ......

2 **Work through the *Compétences* activities below, then translate the third paragraph of the text (*Nous avons donc loué...*) into good English.**

3 **Faites des recherches sur d'autres projets organisés par des clubs de sport qui cherchent à aider les défavorisés. Préparez-vous à faire un bref exposé devant la classe.**

Compétences

Transferring meaning – translating into English

There are a number of points to consider if you are asked to translate a French passage into English.

- Be accurate with tenses.

Ⓐ **Which two tenses will you need to translate the verbs in the second paragraph of the text (*Dans un pays où...*)?**

Ⓑ **Which construction is in the passive?**

- Be idiomatic. The English word which sounds most like the French word you are translating may not be the most natural way to convey the meaning in English.

Ⓒ **What is the usual English translation of *handicapé*?**

Ⓓ **What would be a better translation for *fabrication* than 'fabrication'?**

- Be accurate.

Ⓔ **What exactly is *une vingtaine*?**

Ⓕ **Don't miss out the little words! How will you translate *y*?**

- If you have to guess, make it an educated guess!

Ⓖ **What could *couture* mean? (You might know the expression *haute couture*, which is used in English.)**

Ⓗ **What could a course on *alphabétisation* be? (Remember that this is a poor area with little formal education.)**

Ⓘ **What could *éloigné* mean? Can you relate it to the word *loin*?**

8 En pleine forme?

By the end of this unit you will be able to:

- Discuss the health risks of smoking, drinking and taking drugs
- Talk about healthy eating and eating disorders
- Discuss what makes a balanced life
- Talk about risks to health through accidents
- Use impersonal verbs
- Use *dont*

- Use the conditional
- Use emphatic (or disjunctive) pronouns
- Talk about what you can do or have to do
- Write an opinion piece
- Use synonyms and antonyms
- Structure a written response
- Make effective use of a wide variety of vocabulary and a range of complex structures

Quiz — Etes-vous en pleine forme?

1 Que prenez-vous au petit déjeuner?
a rien, je suis trop pressé(e) le matin
b un fruit et du pain complet grillé
c j'achète un gâteau en route pour l'école

2 Mangez-vous à la cantine à midi?
a oui, j'adore les frites
b oui, on peut y manger bien, je trouve
c non, je préfère acheter un coca et un paquet de chips

3 Et le soir?
a je dîne en famille
b je grignote devant la télé
c je sors, je bois, je ne mange pas grand-chose

4 Que buvez-vous en général?
a drôle de question – de la bière!
b du vin surtout, puis du coca aussi
c principalement de l'eau

5 Fumez-vous?
a jamais!
b oui, si je sors avec la bande
c oui, environ quinze cigarettes par jour

6 Vous fêtez votre anniversaire. Que buvez-vous?
a un bon vin rouge
b autant d'alcool que possible
c un mélange de bière, de vin et d'alcopops

7 Faites-vous du sport?
a oui, de temps en temps
b oui, j'adore m'entraîner
c oui, si je ne trouve pas d'excuse

8 Comment évitez-vous le stress?
a pas possible – je suis toujours stressé(e)
b en prenant des médicaments
c ce n'est pas tout à fait possible, mais je fais de mon mieux

Score

1 point pour chaque bonne réponse: 1b, 2b, 3a, 4c, 5a, 6a, 7b, 8c

Votre résultat: si vous avez plus de 6 points, vous êtes en pleine forme. Sinon, il faut faire plus d'effort!

1 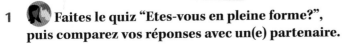 Faites le quiz "Etes-vous en pleine forme?", puis comparez vos réponses avec un(e) partenaire.

2 Ecoutez Marc, puis devinez ses réponses au quiz. Combien de points a-t-il?

3 Inventez deux questions supplémentaires, puis posez-les à un(e) partenaire.

Les drogues licites

▶ *L'alcool et le tabagisme: plaisirs ou fléaux?*

1 🎧 **Vrai ou faux? Devinez, puis écoutez pour vérifier.**

a Le tabac n'est pas en vente libre.

b On peut fumer partout.

c La vente d'alcool est interdite aux moins de dix-huit ans.

d Un jeune qui a entre seize et dix-huit ans ne peut pas boire de vin ou de bière.

e On n'a pas le droit de boire de l'alcool dans les établissements scolaires.

f Dans les bars et les cafés, l'âge minimum est fixé à seize ans.

2 Qu'est-ce qui est permis? Lisez les textes, puis recopiez et remplissez la grille avec ✓ , ✗ , ou ❓

	🚬	🍷
Victoria		
Florian		
Jules		
Sarah		

Compétences

Explaining what you can do or have to do

Use the modal verbs *pouvoir* and *devoir* to explain what you can do or have to do. Use other expressions for variety:

Je peux (+ infinitif)	I can…
J'ai le droit de (+ infinitif)	I'm allowed to…
On me permet de (+ infinitif)	I'm allowed to…
On ne me permet pas de (+ infinitif)	I'm not allowed to…
Je dois (+ infinitif)	I have to…
Je suis obligé(e) de (+ infinitif)	I have to…

Ⓐ Qu'est-ce que vous avez le droit de faire concernant le tabac et l'alcool? Qu'est-ce qui n'est pas permis à l'école, à la maison, en ville, au pub, etc.? Ecrivez un paragraphe. Utilisez les expressions ci-dessus.

Nous, au lycée, on ne nous permet pas de fumer, mais on peut le faire dans un certain coin de la cour. Moi, je ne fume pas, mais je trouve que c'est quand même agaçant, parce que si on a le droit d'acheter des cigarettes, on devrait avoir le droit de les fumer!

Victoria

Moi, je n'ai pas le droit de boire de l'alcool. Je trouve que c'est ridicule, parce que chez nous les adultes boivent souvent un verre de vin quand on dine, alors pourquoi pas moi? Surtout quand je suis chez des amis. Je sais très bien qu'il ne faut pas trop boire, mais à quinze ans je suis capable de prendre mes propres décisions.

Florian

Quand je sors ou que je suis chez moi, on me permet de boire ce que je veux. C'est raisonnable à mon âge, surtout que je connais mes limites! Au lycée, c'est strict. On n'a même pas le droit de fumer pendant la récréation. Mais je comprends pourquoi — tout le monde sait à quel point c'est nuisible pour la santé.

Jules

Comme mon père est mort d'un cancer des poumons, je suis tout à fait contre le tabagisme. Je n'ai aucune envie de fumer. J'aimerais bien boire un coup entre amis, mais ma mère trouve qu'à 16 ans je suis trop jeune. Si je veux boire une bière au café, je suis obligée de lui mentir. Ce n'est pas idéal.

Sarah

CD2 track 7

3a  Ecoutez six jeunes – Clémence (C), Simon (S), Alex (A), Pierre (P), Karine (K) et Fatima (F) – et expliquez pourquoi ils ne fument pas. Ensuite, lisez les phrases et notez qui dit quoi. Certaines de ces phrases ne sont prononcées par personne.

a Je ne fume pas parce que je fais beaucoup de sport.

b Le tabac est dangereux pour la santé et les cigarettes coutent cher.

c Fumer augmente le risque de bronchite et de maladies pulmonaires.

d Je déteste le gout et l'odeur du tabac.

e Je pense que fumer est un acte très social.

f Les gens savent que la nicotine rend accro.

g Je n'ai jamais essayé de fumer parce que j'ai de l'asthme.

h Ma mère est morte d'un cancer de la gorge il y a deux ans.

i Les fumeurs polluent l'air que les non-fumeurs respirent.

j J'ai essayé de fumer une fois, quand j'avais treize ans.

3b Avec quelles opinions êtes-vous d'accord? Discutez avec un(e) partenaire.

Grammaire → 165

Impersonal verbs

These impersonal verbs are set expressions, found only in the 3rd person singular form:

Il faut + infinitif	You have to/You must…
Il ne faut pas + infinitif	You don't have to/You mustn't…
Il s'agit de + nom/infinitif	It's a question of/it's about…
Il vaut mieux + infinitif	It's better to…
Il convient de + infinitif	It's advisable to…

A Choose one of the impersonal verb constructions to complete each sentence.

1 ...... constater que l'alcool peut être très dangereux.

2 ...... ne pas prendre le volant si on a bu de l'alcool.

3 ...... vendre de bière aux moins de seize ans.

B Translate the sentences into English.

C Write three more sentences of your own which use impersonal verbs.

Moins de fumettes, mais plus d'alcool

Les jeunes Français [1] moins mais boivent plus… A dix-sept–dix-huit ans, l'alcool est de très loin le produit psychoactif le plus consommé. L'usage d' [2] concerne huit jeunes sur dix (76,2% des filles et 84,2% des garçons) et provoque des situations d'alcoolisation de plus en plus [3]. Par exemple, les accidents de la [4], souvent directement liés à l'alcool, constituent chez les jeunes l'une des premières causes de [5]. Nos ministres consacrent actuellement 10 millions d'euros à la lutte contre la [6] d'alcool chez les jeunes, mais ceci est totalement [7]. Pourquoi? D'abord parce qu'on croit que l'alcool est moins dangereux que le tabagisme ou le [8]. En plus, beaucoup de gens ne veulent pas qu'on vende moins d'alcool: les industriels séduisent les jeunes [9] avec leurs alcopops – des cocktails très sucrés généralement à base de vodka, de rhum ou de tequila – et le lobby des producteurs viticoles redouble d'effort pour protéger leur [10].

4 Lisez le texte et choisissez un mot de l'encadré pour remplir chaque blanc.

* consommateurs * route * production * fument * préoccupantes * mortalité * cannabis * insuffisant * alcool * surconsommation

5 Vous participez à une émission de radio et vous avez exactement une minute pour exprimer votre opinion sur l'alcoolisme ou le tabagisme. Préparez ce que vous allez dire, écrivez quatre ou cinq mots comme aide-mémoire et puis enregistrez votre intervention.

6 Ecrivez deux paragraphes, donnant votre opinion personnelle sur l'alcool et le tabagisme. Utilisez trois verbes dans *Grammaire*.

La toxicomanie

▶ *Quel sont les différents types de drogues?*

▶ *Est-ce que toutes les drogues sont dangereuses?*

1a A l'aide d'un dictionnaire, faites une liste des drogues légales (aussi appelées "licites") et des drogues illégales (aussi appelées "illicites") que vous connaissez.

> *Exemple:* drogues licites: alcool, tabac... ;
> drogues illicites: cannabis, cocaïne...

1b Regardez votre liste. A votre avis, quelles sont les drogues qu'on appelle drogues "dures" et drogues "douces"? Donnez un exemple pour chaque type.

2 Lisez la description des drogues licites, à droite. Trouvez un produit qui correspond à chacune des définitions suivantes.

a Contient de la nicotine, un produit qui entraine une forte dépendance.

b Contient de la théine, un excitant.

c Aident à s'endormir, mais peuvent entrainer une dépendance.

d Est la cause de nombreux accidents de la route.

e Donnent une sensation de bien-être, mais peuvent faire perdre le contact avec la réalité.

f Contient du sucre et de la caféine, deux produits qui provoquent une stimulation.

3a Audrey, une ancienne toxicomane, raconte. Lisez le texte ci-dessous.

3b Répondez en anglais aux questions.

a What type of drug did Audrey use at the start?

b Where did she live at the time?

c How did her family react? What did she think of it?

d What happened when she started using cocaine?

e Why did she stop using drugs?

Les drogues licites

Plusieurs produits courants contiennent des éléments qui modifient le comportement et les sensations de ceux qui les consomment: ce sont des "drogues" autorisées, aussi appelées drogues légales ou licites. Par exemple:

- le thé, le café et le Coca-Cola
- le tabac et l'alcool
- les médicaments contre l'angoisse, l'insomnie ou la dépression
- les solvants (trichloréthylènes, éther, colles fortes, essences).

Tous ces produits peuvent entrainer une dépendance et des changements de comportement plus ou moins graves. Certains d'entre eux peuvent aussi entrainer la mort suite à une dose excessive ou une consommation prolongée.

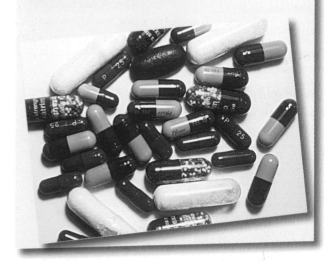

Je vivais dans un appartement à Lyon avec plusieurs amis, dont deux se droguaient. C'est avec eux que j'ai commencé à fumer de la marijuana. Au début, je trouvais ça cool. Je fumais environ trois cigarettes de marijuana par semaine et je n'avais pas l'impression de me droguer. Ma famille me disait que ça pouvait être un problème très grave et je les regardais comme s'ils parlaient à quelqu'un d'autre... Puis, après quelques mois, je me suis mise à la cocaïne. Et je ne savais pas que c'était un produit si dangereux. Très vite, il y avait une dose quotidienne dont j'avais de plus en plus besoin et j'ai réalisé à quel point j'allais avoir besoin d'argent. Je passais des heures à imaginer les conséquences que mon mode de vie risquait d'entraîner. Et puis, un jour, mon meilleur ami est mort d'une overdose. Il prenait du crack depuis plusieurs mois et il a pris une mauvaise dose par accident. Et c'est là que j'ai tout arrêté. Parce que je ne voulais pas finir comme lui.

Audrey

CD2 Track 8

4 🗣 **Ecoutez Nabila, une copine d'Audrey, parler de la dépendance de son amie. Puis décidez si les phrases suivantes sont vraies ou fausses.**

a J'ai remarqué que quelque chose n'allait pas quand Audrey est partie vivre à Lille.

b C'était juste après son dix-huitième anniversaire, alors qu'elle passait le bac.

c Au début, elle n'utilisait que du cannabis.

d Son état de santé est allé de pire en pire.

e Elle était toujours stressée... probablement à cause de la cocaïne.

f Elle était tellement accro que même la mort de Dominique n'a rien changé.

g Elle est allée dans un centre de désintoxication pendant plusieurs mois.

h Nabila et Audrey sont redevenues les meilleures amies.

5 **Imaginez qu'un(e) ami(e) se drogue. Ecrivez une lettre pour la page courrier d'un magazine pour les jeunes. Racontez comment et pourquoi votre ami(e) a commencé à se droguer, quelle(s) drogue(s) il/elle utilise, les effets sur la santé, etc.**

Grammaire
➡ 162 ➡ W27

dont

Dont is a relative pronoun (see page 162) and has a number of meanings, including "whose", "of which", "of whom" and "about whom".

Ⓐ **Translate the first sentence of the text for activity 3a into English.**

Ⓑ **Translate these sentences into English.**

1 Tu connais Nabila, **dont** la copine est une ancienne toxicomane?

2 Ah oui, celle **dont** les copains ont été si inquiets.

3 C'est une histoire **dont** j'ai déjà entendu quelques détails.

Dont is also used as a pronoun to replace *de qui* or *duquel*, etc. with verbs and expressions that are normally followed with *de*, in expressions such as *avoir besoin de, avoir envie de, souffrir de* or *parler de*, e.g. *Tu as l'argent dont tu as besoin?*

Ⓒ **Find an example of this use of *dont* in the text for activity 3a.**

Ⓓ **Translate these sentences into French.**

1 Is that the bottle you want? *(avoir envie de)*

2 Here's the money you need.

3 The illness she's suffering from is terrible.

Compétences

Writing an opinion piece

Write your opinion on this question:
Pensez-vous que toutes les drogues illicites soient dangereuses?

Follow these steps to plan your answer:

● Decide what your view is, then think of a number of points to back up your argument.

Ⓐ **Jot down two or three reasons why the answer to the question might be 'yes'.**

● Search texts you have read or listened to for vocabulary which will help you make the points.

Ⓑ **Reread the text for activity 3a and note the French for the following:**

1 to start

2 to find something cool

3 a serious problem

4 to start taking cocaine

5 such a dangerous product

6 to die of an overdose

7 a bad dose

Ⓒ **Decide which points you want to make and how the vocabulary you have found will help you phrase them.**

● Use a good variety of the phrases you have learned for expressing an opinion.

Ⓓ **Look back at the expressions in the *Compétences* box on page 15, then write up your opinion piece combining some of them with the vocabulary you have collected.**

Manger équilibré

▶ *Qu'est-ce que ça veut dire, bien manger? Et ce sont quoi, les troubles alimentaires?*

1a 🗣 **Travaillez avec un(e) partenaire. Le partenaire A décrit tout ce qu'il/elle a mangé hier et le partenaire B note les détails, puis lui donne une note sur dix.**

> 0–2 points = régime catastrophique
> 3–6 points = tu pourrais faire beaucoup mieux
> 7–9 points = tu manges de façon assez saine
> 10 points = régime équilibré

1b 🗣 **Changez de rôle, puis discutez des résultats en classe.**

Bien manger avec un petit budget

Concilier la vie étudiante avec un régime équilibré n'est pas toujours évident. Mais suivez nos conseils et tout ira bien!

★ Vous n'avez pas le temps de préparer un petit déjeuner nourrissant? Vous pourriez boire un jus de fruit, puis emporter un yaourt liquide et des biscottes emballées individuellement.

★ A midi, si vous alliez au restaurant universitaire, vous pourriez vous composer un repas équilibré: une entrée (des crudités plutôt que de la charcuterie), un plat principal (choisissez des légumes verts pour accompagner votre viande ou poisson) et un dessert (optez pour un fruit frais plutôt qu'une pâtisserie). Rappelez-vous: les frites devraient rester occasionnelles.

★ Si vous êtes obligés de prendre un sandwich à midi, limitez la présence de matières grasses en évitant les versions "au pâté" ou "au saucisson", ou avec beaucoup de mayonnaise. Si possible, demandez un sandwich "nature", c'est-à-dire sans beurre.

★ Le soir, ne mangez pas de plats cuisinés. Ce serait facile et rapide, mais ces plats sont pleins de sel, de sucre et de matières grasses. Mettez-vous à la cuisine et préparez une recette simple, rapide et saine comme des pâtes à la sauce tomate.

2a Recopiez et traduisez en anglais:

a sain

b un régime équilibré

c nourrissant

d matières grasses

e éviter

f les plats cuisinés

2b Lisez les conseils, puis écrivez un plan de nourriture saine pour une journée typique d'étudiant: petit déjeuner, déjeuner, diner, casse-croute.

3a 🗣 **Travaillez en groupe. Vous avez deux minutes pour écrire une liste de mots que vous associez avec le thème "les troubles alimentaires".**

CD2 track 9

3b 🎧 **Ecoutez l'interview avec le docteur Marianne Rochais. Recopiez et complétez les blancs.**

a A onze ans, ... % d'élèves canadiennes changeraient d'apparence si elles le pouvaient.

b A ...... ans, ce pourcentage monte à ...... %.

c ...... jeunes Canadiens de ...... à ...... ans ont des troubles alimentaires.

d Une anorexique se prive de ...... parce qu'elle veut être ....

e Elle fait souvent beaucoup d' ...... pour ...... du poids.

f Elle souffre souvent d'une pauvre ...... d'elle-même et de troubles ....

g Une personne souffrant de boulimie a souvent un ...... normal.

h Elle mange souvent ...... , puis elle ....

i Elle est souvent trop gênée pour demander de ....

3c 🎧 **Ecoutez les conseils du docteur Rochais et notez les points principaux en anglais.**

Angélique should...

She shouldn't...

Grammaire

➡ 170 ➡ W60–61

The conditional

The conditional is used to express what you would do if certain conditions were met. It is formed using the future stem of the verb, plus the imperfect tense endings: *-ais, -ais, -ait, -ions, -iez, -aient.*

Future: *je mangerai*   I will eat

Conditional: *je mangerais*   I would eat

A verb which is irregular in the future tense keeps its irregular future stem for the conditional.

Future: *je ferai*   I will do

Conditional: *je ferais*   I would do

For irregular verbs, see page 176.

Note the special meanings of *devoir* and *pouvoir* in the conditional:

Je devrais   I should

Je pourrais   I could

A Look at the text on page 88 and find the sentences which match these translations.

1 you could drink a fruit juice

2 chips should remain an occasional treat

3 it would be easy

B Complete these sentences by inserting the suggested verbs in the conditional.

Afin de rester en forme, …

1 je ...... manger sainement [*devoir*]

2 je ...... faire plus de sport [*pouvoir*]

3 il ...... bon de dormir huit heures par nuit [*être*]

The **conditional** is used in a main clause when the *si* clause is in the *imperfect tense*:

*Si vous <u>alliez</u> au restaurant universitaire, vous **pourriez** vous composer un repas équilibré.*

(If you went to the university restaurant, you could select a balanced meal.)

C Complete these sentences by adding a phrase with a conditional verb.

1 Si tu mangeais moins de matières grasses, tu…

2 Si je savais cuisiner, je…

3 Si mon amie souffrait de troubles alimentaires, je…

---

4 Un(e) ami(e) vous parle de ses difficultés à se nourrir sainement avec son tout petit budget d'étudiant(e). Donnez vos conseils. Utilisez les *Expressions-clés*.

5 Lisez les lettres à la page Conseil-Santé d'un magazine, puis écrivez des réponses.

Expressions-clés

Giving advice

Moi, je + *conditionnel*

Tu pourrais + *infinitif*

Tu devrais + *infinitif*

Si j'étais toi/vous, je + *conditionnel*

A ta/votre place, je + *conditionnel*

Pourquoi est-ce que tu ne…?

As-tu déjà essayé de + *infinitif*

Conseil-Santé

Consultez notre médecin

1 Moi, je m'inquiète parce que mon amie Lucie me paraît malade. Elle est très, très mince – je dirais émaciée – car elle ne mange presque rien. Elle s'absente à l'heure du déjeuner, ne vient pas au café avec nous et ne veut pas parler de son problème. Que puis-je faire?

Jean

2 Je fais beaucoup de sport et j'ai toujours faim! J'achète pas mal de chips et de chocolat pour me donner plus d'énergie, mais je n'ai pas toujours le temps de rentrer manger à la maison. Qu'est-ce que vous pouvez me conseiller?

Sophie

Une vie équilibrée

▶ *Menez-vous une vie bien saine?*

1a **Vous voulez savoir si votre partenaire mène une vie équilibrée. Préparez une liste de questions à lui poser. Inspirez-vous du diagramme!**

Exemple: Tu manges un petit déjeuner équilibré? Tu fais combien d'heures d'exercice par semaine?

1b 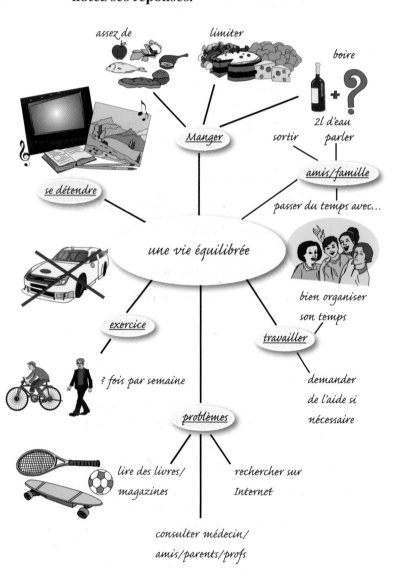 **Posez les questions à votre partenaire et notez ses réponses.**

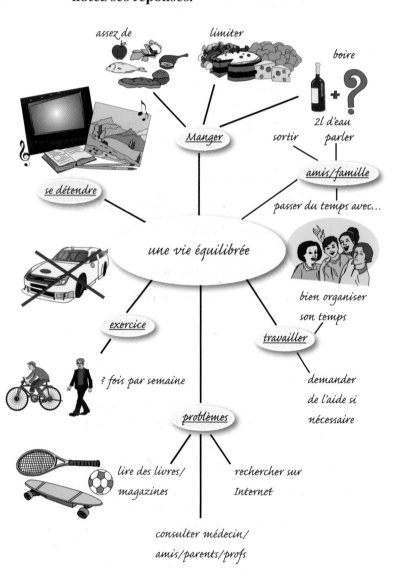

1c **Ecrivez des conseils pour votre partenaire.**

Exemple: Tu pourrais... Tu devrais... Tu ne devrais pas...

2a **Ecoutez Laure, Zak, Adi et Simon. Qui mène une vie équilibrée?**

Grammaire ➡ 162 ➡ W27

Emphatic (or disjunctive) pronouns

| moi | toi | lui | elle | me/you/him/her |
| nous | vous | eux | elles | us/you/them |

1 Emphatic pronouns are used for emphasis:

Moi, je suis toujours stressé.
Mes parents, eux, ils savent se détendre.

2 The same pronouns are also used after prepositions, when they are called disjunctive pronouns:

Je peux venir avec toi?
Tu as des lettres pour nous?

A Listen again to the four young people (activité 2a). For each one, note which emphatic/disjunctive pronouns they use and whether they use them for emphasis (1) or after a preposition (2).

B Complete each sentence using an emphatic pronoun.

1 ......, je sais me détendre.
2 ......, il est toujours stressé.
3 ......, ils ne savent pas organiser leur temps.
4 ......, vous mangez bien?
5 ......, elles vont consulter un médecin.

C Translate these phrases into French.

1 with us
2 without him
3 after me
4 for you
5 next to them
6 behind her

2b Lisez les trois textes, puis répondez aux questions.

a Ils parlent tous du même sujet: lequel?

b Qui est la seule personne à proposer une solution? Qu'est-ce que c'est?

Moi, j'ai tant de choses différentes à faire que j'ai des problèmes à trouver un équilibre entre toutes ces priorités. Je suis étudiant, j'ai un petit boulot, il y a ma famille qui veut que je donne un coup de main de temps en temps, ma petite amie qui veut que je trouve du temps pour elle, j'aime me décontracter seul quelquefois, puis voir mes autres amis… comment m'occuper de tous ces multiples rôles et ne pas oublier mon bien-être physique et mental?

Thomas

Quand je sais que je suis surchargée, je comprends bien que c'est le moment de penser aux vacances! Bosser sans prendre des moments de repos, ça n'apporte que des problèmes. Je ne parle pas de vacances longues ni chères, mais plutôt de partir quelques jours, de laisser mes préoccupations derrière moi, peut-être de respirer de l'air frais à la campagne ou près de la mer. Me reposer? Il n'y a rien de plus nécessaire pour la santé!

Sandrine

Trouver un équilibre entre le travail et la vie personnelle? J'ai l'impression que ça devient de plus en plus difficile. Les nouvelles technologies qui devaient nous simplifier la vie, peuvent, au contraire, la compliquer. Avec le courriel, les portables et d'autres outils électroniques, bon nombre de travailleurs doivent maintenant être disponibles 24 heures sur 24, 7 jours sur 7. Voilà pourquoi nous sommes tous stressés.

Lucas

2c  **Discutez des questions suivantes avec un(e) partenaire.**

- Vous sentez-vous débordé(e) quelquefois? Pourquoi?
- Que faites-vous pour vous décontracter?
- Trouvez-vous que vous menez une vie bien équilibrée? Pourquoi/Pourquoi pas?
- Est-ce qu'il y a des choses que vous désirez changer à cet égard? Lesquelles?

2d Ecrivez une lettre à un magazine qui décrit un problème concernant l'équilibre dans la vie. Puis, lisez la lettre d'un(e) partenaire et écrivez une réponse avec des conseils et des suggestions.

Compétences

Using synonyms and antonyms

- A synonym is a word with the same meaning as another. Use synonyms to avoid repeating the same word in a passage and to make your language richer, e.g.

  j'estime que = je pense que
  lutter contre = combattre

(A) Reread the three texts in activity 2a and find:

1 two expressions for 'to relax'

2 two words for 'health' or 'well-being'

3 two words for 'being under stress'

(B) Find synonyms for these words in the text. (Thomas & Sandrine)

1 aider T

2 l'heure de S

3 travailler S

4 couteuses S

- An antonym is a word of opposite meaning to another. It is useful to increase your vocabulary by learning pairs of words.

(C) Find a pair of antonyms in Lucas' text.

(D) Choosing from the words listed below, find the four pairs of antonyms. Then design a similar set of words for a partner to pair up.

gagner * augmenter * la vie personnelle * en baisse * la vie professionnelle * en hausse * perdre * diminuer

The conditional

Use the conditional to say what 'would' happen. It can be useful in speech or writing to express how you would react to a given situation.

Rappel

You form the conditional with the future stem of a verb (regular or irregular) and the endings from the imperfect tense: *-ais, -ais, -ait, -ions, -iez, -aient*.

Entrainez-vous!

1 **Qu'est-ce que vous feriez? Complétez les phrases à l'écrit ou à l'oral.**

a Si je voulais perdre du poids, je...

b Si je ne fumais pas, je...

c Si j'étais végétarien(ne), je...

d Si je faisais plus de sport, je...

e Si j'avais des troubles alimentaires, je...

f Si on interdisait la vente des cigarettes aux moins de dix-huit ans,...

g Si c'était permis de vendre de l'alcool aux moins de seize ans,...

h Si tout le monde mangeait sainement,...

i Si les activités sportives étaient moins chères,...

j S'il y avait plus de centres de désintoxication,...

Rappel

The conditional can also be very useful in reported speech. If you are quoting someone who said something in the future tense, use the conditional to report what s/he said:

"Je ferai une demi-heure d'exercices tous les matins."

→ *Il a dit qu'il ferait une demi-heure d'exercices tous les matins.*

L'anniversaire extraordinaire de Lola

Lola, mannequin extraordinaire et star de cinéma, a révélé exclusivement à notre reporter ses projets pour son anniversaire, qui tombe aujourd'hui. "Je prendrai mon hélicoptère pour me rendre dans le Val de Loire, où j'inviterai mes mille meilleurs amis à une petite réception au château de Chenonceau. Je servirai des coupes de champagne et on mangera des amuse-gueules en écoutant un orchestre. Puis après ce déjeuner fin, qui aura lieu entre midi et deux heures, j'inviterai tout le monde à faire le tour du parc en carrosse. Ensuite, il y aura plein de surprises! Je..."

Entrainez-vous!

2a **Lisez le texte, puis complétez le résumé en mettant les verbes au conditionnel.**

Lola a expliqué qu'elle prendrait son hélicoptère pour aller au château de Chenonceau.

Elle **[1]** ses mille meilleurs amis.

Elle **[2]** des coupes de champagne et on **[3]** en écoutant un orchestre.

La réception **[4]** lieu entre midi et deux heures.

Après, elle **[5]** ses amis à faire le tour du parc en carrosse.

2b **Continuez l'histoire, en imaginant la suite et en écrivant cinq phrases supplémentaires.**

Vocabulaire

Les drogues licites	**pages 84–85**
le cancer (des poumons)	*(lung) cancer*
le gout	*taste*
la lutte contre	*fight against*
l'odeur	*smell*
la surconsommation	*overconsumption*
le tabac, le tabagisme	*tobacco, smoking*
augmenter le risque de	*to increase the risk of*
avoir le droit de	*to have the right to*
boire un coup (entre amis)	*to have a drink (with friends)*
connaitre ses limites	*to know one's limits*
consommer	*to consume*
mentir	*to lie*
permettre à quelqu'un de	*to allow someone to*
polluer	*to pollute*
accro	*addicted*
agaçant	*annoying*
interdit	*forbidden*
nuisible	*harmful*
préoccupant	*worrying*

La toxicomanie	**pages 86–87**
un centre de désintoxication	*a detox centre*
la dépendance	*addiction*
la dépression	*depression*
une dose excessive	*an overdose*
les drogues dures/douces	*hard/soft drugs*
un excitant	*a stimulant*
l'insomnie	*insomnia*
aller de pire en pire	*to go from bad to worse*
dépendre de	*to be addicted*
être stressé	*to be stressed*
mourir de	*to die of*
se droguer	*to take drugs*
se mettre à (la cocaïne)	*to start taking (cocaine)*
licite/illicite	*legal/illegal*

Manger équilibré	**pages 88–89**
une recette	*a recipe*
un régime	*a diet*
les matières grasses	*fats*
les plats cuisinés	*ready meals*

un sandwich nature	*a sandwich without butter*
les troubles alimentaires	*eating disorders*
anorexique	*anorexic*
catastrophique	*disastrous/catastrophic*
émacié	*emaciated*
équilibré	*balanced*
nourrissant	*nourishing*
plein de (sel)	*full of (salt)*
sain/malsain	*healthy/unhealthy*
(savoir) cuisiner	*(to know how) to cook*
grignoter	*to snack*
opter pour	*to opt for*
perdre du poids	*to lose weight*
se priver de	*to go without/deprive oneself of*
souffrir de boulimie	*to suffer from bulimia*

Une vie équilibrée	**pages 90–91**
le bienêtre	*well-being*
se décontracter	*to relax*
éviter	*to avoid*
s'inquiéter	*to worry*
jouer de multiples rôles	*to play multiple roles*
organiser son temps	*to organise one's time*
prendre au sérieux	*to take seriously*
savoir se détendre	*to know how to relax*
trouver un équilibre	*to find a balance*
débordé	*overloaded*

En plus...	
les béquilles	*crutches*
être atteint du sida	*to have Aids*
être bien portant	*to be well*
être séropositif	*to be HIV positive*
être souffrant	*to be unwell*
se faire opérer	*to have an operation*
garder le lit, rester au lit	*to stay in bed*
perdre du poids, maigrir	*to lose weight*
prendre du poids, grossir	*to put on weight*
se remettre	*to get better*
se sentir malade	*to feel ill*
suivre un traitement	*to have treatment*
suivre un régime	*to be on a diet*

Le Scaphandre et le papillon

Réalisé par Julian Schnabel
Avec Mathieu Amalric, Emmanuelle Seigner, Marie-Josée Croze

| **Cinéma** | **Séries TV** | **Vidéos** | **Communauté** |

Synopsis: Le 8 décembre 1995, un accident vasculaire brutal a plongé Jean-Dominique Bauby, journaliste et père de deux enfants, dans un coma profond. Quand il en sortit, toutes ses fonctions motrices étaient détériorées. Atteint de ce que la médecine appelle le "*locked-in syndrome*", il ne pouvait plus bouger, parler ni même respirer sans assistance.

Dans ce corps inerte, seul un œil bouge. Cet œil devient son lien avec le monde, avec les autres, avec la vie. Il cligne une fois pour dire "oui", deux fois pour dire "non". Avec son œil, il arrête l'attention de son visiteur sur les lettres de l'alphabet qu'on lui dicte et forme des mots, des phrases, des pages entières…

Avec son œil, il écrit ce livre, *Le Scaphandre et le papillon*, dont chaque matin pendant des semaines, il a mémorisé les phrases avant de les dicter…

---

1   Regardez la photo. Pouvez-vous deviner l'histoire de ce film? Discutez de vos idées avec un(e) partenaire.

2   Lisez l'article. Ensuite, complétez les phrases suivantes avec vos propres mots.

   a Jean-Dominique Bauby est tombé dans un coma à la suite d'…

   b Il ne pouvait ni…

   c Il a pu communiquer en…

   d Lettre par lettre, il a pu…

Compétences

Making effective use of a wide variety of vocabulary and a range of complex structures (2)

- Every text you read or listen to is a chance to add to your range of vocabulary and structures. Note useful words and phrases as you go along and make a point of reusing them in your own speaking and writing.

- Work through activities 3 and 4 opposite, which will supply useful vocabulary and structures to help you prepare for the writing tasks in activity 5.

3   Ecoutez la critique du film et complétez les blancs dans les phrases suivantes.

   a Cet homme est prisonnier de …….

   b Malgré le …… de son entourage, il n'est pas réellement en …….

   c Ce film fait …… conscience de la valeur de la vie.

4   Réécoutez et notez comment on dit les expressions suivantes.

   a a marvel

   b a cult film

   c a work full of truth and passionate ideas

   d (a film) which makes you conscious of the value of life

   e a main character played by

   f the magnificence of his acting lies in

5   Ecrivez une réponse à chaque question ci-dessous. Utilisez des phrases clés de l'enregistrement.

   a Décrivez la vie de Jean-Dominique en quelques phrases.

   b Ecrivez une courte critique du film.

9 En vacances

1 Qu'est-ce que c'est, Paris-plage? Faites une recherche "Paris-plage" sur Internet et répondez à ces questions.

   a Pour combien de temps la plage est-elle installée chaque année?

   b Quelle superficie fait-elle?

   c Quels types d'aménagements et d'animations sont proposés?

   d Qui fréquente Paris-plage?

2 Ecoutez les définitions (1–7) et reliez-les aux types de vacances (a–g).

   a les séjours à l'étranger

   b les croisières

   c le camping-caravaning

   d l'agrotourisme

   e l'écotourisme

   f les grandes randonnées

   g les séjours linguistiques

Une plage à Paris? Eh oui! C'est une réalité chaque été depuis plusieurs années.

Une plage artificielle, bien sûr...

Les vacances des Français

▶ *Que font les Français de leurs temps de vacances?*
Partent-ils souvent? Où vont-ils?

Les Français et les vacances

Chiffres 2005 – Personnes de plus de 15 ans

Avec 39 journées par an en moyenne, les Français ont le record du monde des <u>congés payés</u>. Signalons malgré tout que quatre personnes sur 10 ne partent pas en vacances. Les plus enthousiastes sont les Parisiens, dont les 4/5 effectuent <u>un séjour de vacances</u>, contre seulement 2/3 des ruraux.

Fini le temps de l'unique séjour de vacances annuel: avec une moyenne de 4,2 par an, la fréquence des séjours continue. N'oublions pas cependant que la tradition des grandes vacances persiste, puisque presque la moitié des Français continuent de choisir juillet-août pour leur plus long séjour-vacances. A ceci, ajoutons que les vacances d'hiver, en nette hausse depuis les années 70–80, concernent quasiment les 2/5 des Français.

La qualité et la variété des infrastructures touristiques sur <u>notre territoire</u> expliquent peut-être pourquoi seulement un Français sur 10 choisit de faire un séjour-vacances de plus de quatre nuits <u>à l'étranger</u>, mais aussi pourquoi plus des 3/4 des Français privilégient la voiture pour leurs départs en vacances. Quant aux destinations étrangères, sachez que les Français préfèrent de loin l'Espagne et l'Italie... facilement accessibles en voiture.

En ce qui concerne plus précisément les destinations <u>estivales</u>, notez que la campagne arrive maintenant en tête avec 35% des séjours, tout juste devant la mer et quatre points devant la ville.

Finalement, signalons qu'avec la semaine de travail de 35 heures de nombreux Français multiplient maintenant les départs en long weekend. Cette tendance n'est pas reflétée dans cet article, qui ne concerne que les séjours de plus de quatre nuits.

1a **Lisez l'article "Les Français et les vacances" et faites correspondre les titres a–e à chaque paragraphe.**

  a Les Français privilégient la France
  b Les séjours très courts se multiplient
  c Vacances pour certains mais pas pour tous
  d Retour à la nature
  e L'été: toujours le grand gagnant

1b **Relisez l'article et complétez les phrases 1–10.**

Exemple: 1 ...tous les autres pays du monde.

  1 Les Français ont plus de congés payés que...
  2 Quatre personnes sur dix restent...
  3 Ce sont les Parisiens qui partent...
  4 Un tiers des ruraux...
  5 Environ 50% des Français...
  6 Seulement 10% des Français...
  7 La voiture est très souvent...
  8 L'Espagne et l'Italie...
  9 L'été, plus du tiers des Français...
  10 La multiplication des départs en long weekend est due à...

Grammaire

→170 →W58

The imperative

The imperative is used to tell someone what to do or to make a suggestion. It has three forms: *tu, vous* and *nous*. It often looks the same as the present tense, except that for *-er* verbs the final 's' on the *tu* form is omitted.

A Reread "*Les Français et les vacances*" on page 96 and find the imperative for:

1 Let's point out that... (paragraphs 1 and 5)

2 Let's not forget that... (paragraph 2)

3 Let's add that... (paragraph 2)

4 Note that... (paragraph 4)

B *Savoir* is irregular in the imperative. Find how to say "Note that..." (paragraph 3).

2a Ecoutez quatre personnes qui parlent de leurs vacances typiques. Prenez des notes:

● Destination?
● Quand?
● Combien de temps?
● Transport?

2b Réécoutez et, à l'aide de l'article (page 96), essayez d'identifier la personne la plus typique et la personne la moins typique.

2c A plusieurs, justifiez votre classement (activité 2b) oralement, simplement à l'aide de vos notes. Ne préparez pas de phrases complètes car il est important d'apprendre à improviser.

3 Ecrivez le profil d'un vacancier/une vacancière typique. Recommandez les types de vacances les plus appropriés.

C Write sentences beginning with verbs in the *nous* form of the imperative under the heading: "*Pour être comme les Français les plus typiques...*"

Example: ... faisons plus de quatre séjours-vacances par an.

D Use the *vous* form of the imperative to give imaginary people advice on what types of holiday to opt for depending on their likes and dislikes. Start your sentences with *Si...* and use a variety of verbs, for example, *faire, choisir, aller, prendre, opter pour, essayer de* and *oser*.

Example: Si vous aimez la mer et les océans, faites une croisière.

Compétences

Extending vocabulary through word families

A useful way of extending your vocabulary is to focus on word families rather than learn isolated words.

A Here are some words used in "*Les Français et les vacances*". For each of them, find words from the same family as indicated. Use a monolingual dictionary or the French–English section of a bilingual dictionary to help you.

Example: 1 mondial

1 monde (adj.)
2 partent (nom)
3 un séjour (verbe)
4 des ruraux (adj.)
5 continue (adj.)
6 oublions (nom)
7 tradition (adv.)
8 choisir (nom)
9 hiver (adj.)
10 explique (nom)
11 estivales (nom)
12 la campagne (adj.)
13 devant (verbe)
14 long (nom)

B Make up as many sentences as you can using the words from activity A.

Destination: vacances!

▶ *Quel type de vacancier ou vacancière êtes-vous? Qu'est-ce que le Club Med? Cela correspond-t-il à votre style de vacances?*

1 🗣 **Discutez avec un(e) partenaire. Quel est votre type de vacances préféré? Et qu'est-ce qui vous attire le moins?**

2a Les paragraphes A–D décrivent quatre types de vacanciers. Lisez d'abord les paragraphes A et B et traduisez a–e.

a sunbeds **d** deep-sea diving

b to avoid **e** to have a lie-in

c rock climbing

2b Lisez A–D. Redonnez son titre (1–4) à chacun des paragraphes.

1 Les fêtards **2** Les passionnés

3 Les explorateurs **4** Les pachas

2c 🗣 **Relisez A–D et décidez quel type de vacancier vous êtes et faites de même pour deux ou trois autres personnes de votre groupe. Ensuite, discutez-en.**

A mon avis, tu es avant tout un... parce que...

Moi, je dirais plutôt que je suis un... Par exemple, cette année, je vais...

2d Ecrivez un paragraphe pour décrire quel type de vacancier vous êtes (A–D). Pour vous justifier, donnez des détails sur vos préférences-vacances et décrivez certains épisodes de vos vacances passées.

A Ces vacanciers ne sont pas des rois de l'effort et s'enthousiasment peu pour le camping sauvage. Ils sont d'abord à la recherche du confort et privilégient les destinations-vacances qui se concentrent avant tout sur le raffinement dans des domaines tels que l'hébergement, l'art culinaire et les activités de loisir. Bronzer idiot ne les dérange pas... mais à condition que les transats soient hyper-confortables. Et tout ceci, bien sûr, dans une ambiance totalement décontractée afin d'éviter le moindre stress.

B Pleins d'énergie, ayant l'esprit de compétition (avez-vous dit jusqu'à l'obsession?), ils sont trop occupés à améliorer leur performance en surf, en varappe ou en plongée sous-marine pour se préoccuper de découvrir les trésors de la région. Faire la grasse matinée n'est pas une de leurs activités favorites et, quand ils font la fête, leur préoccupation essentielle consiste à raffiner leur technique de salsa... ou à critiquer celle des autres.

C Aujourd'hui, s'ils sont jeunes, on a plutôt tendance à les appeler "clubbeurs". Les sortir du lit avant 2h de l'après-midi est difficile car ils se couchent rarement avant 6h du matin. Ils pourront vous indiquer tous les lieux où danser aux rythmes des danses les plus endiablées et... ils connaitront peut-être par cœur la liste des cocktails couleur locale. Entre deux fiestas, vous les trouverez plutôt écroulés sur une plage qu'occupés à photographier les trésors architecturaux de la région.

D Rester immobiles pendant plus de cinq minutes est pour eux un effort quasi-impossible. Plutôt que de bronzer allongés sur une plage, ils ont tendance à attraper des coups de soleil en randonnée-safari sur le dos d'un dromadaire. Loin de privilégier les villages de vacances du style "prison dorée", ils recherchent la couleur locale qui leur permet de faire découverte sur découverte dans une ambiance multiculturelle.

3 Lisez l'article sur le Club Med. Dans quel ordre apparaissent ces données?

a systèmes pour payer ses boissons au Club Med

b anniversaire important pour le Club Med

c ouverture d'une location de montagne

d location du premier village Club Med

e nombre de locations Club Med aujourd'hui

f début des vacances Club Med en bateau

4  Ecoutez l'interview avec M. Beauvallet, qui travaille dans le tourisme, et répondez aux questions en anglais.

a What does the interviewer say about young British people's holiday preferences? *(2 marks)*

b What type of holiday do young French people tend to prefer when they are not with their parents?

c Why do some young French people favour Spain or Italy for their holidays?

d Why do some young French people favour France for their holidays?

e What kind of customer is Club Med not aimed at?

f What do many people particularly like about holidaying with Club Med?

g Who are the *"villages adultes"* particularly aimed at? *(2 marks)*

h What possible objection does the interviewer raise about Club Med?

i Why does M. Beauvallet mention sunbathing in his answer?

j What are we told about *"l'île de Gorée"*?

5 Travaillez avec un(e) partenaire. Discutez des avantages et des inconvénients des différents types de vacances.

6 Créez un spot publicitaire pour un des types de vacances.

Le Club Med a été fondé en 1950 et a installé son premier "village de vacances" aux Baléares. Après l'ouverture de plusieurs destinations balnéaires, le premier village de neige a été inauguré en Suisse en 1956. C'est l'année suivante que le "collier-bar" a été créé, un collier constitué de boules de couleurs différentes pré-payées qui permet de payer dans tous les bars d'un village du Club. Le collier a été remplacé en 1994 par un "carnet de bar". Après l'Europe, les Antilles et l'Afrique du Nord, le premier village américain a été implanté dans les montagnes du Colorado. L'année 1990 a été marquée par le lancement du Club Med One pour des croisières ensoleillées. Le Club, aujourd'hui implanté sur six continents, a fêté son 20 millionième vacancier en 1994. Le Club exploite actuellement environ quatre-vingts villages dans le monde.

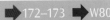

Grammaire　172–173　W80–81

The passive

- In an active sentence, the subject of the sentence "does" whatever the verb says: *On **a fondé** le Club Med en 1950*.

- In a passive sentence, the subject of the sentence "has something done to it": *Le Club Med **a été fondé** en 1950*.

- To form the passive, use the verb *être* plus a past participle (which agrees with the subject of the verb).

A Look for examples of passive sentences in the Club Med text and translate them into English.

B All the passive sentences in activity A are in the perfect tense singular form. Analyse the following passive sentences and translate them into English.

Example: J'ai été encouragée à aller au Club Med par mes cousines.

Perfect tense – I was encouraged to go to the Club Med by my cousins.

1 Un nouveau club sera peut-être implanté en France dans quelques années.

2 Les "colliers-bar" ont été remplacés par les "carnets de bar".

3 Un très vaste choix de destinations est proposé.

4 Dans les années qui viennent, l'accent va être mis davantage sur le luxe.

5 J'aimerais être invitée à aller dans un Club Med.

L'écotourisme

▶ *Qu'est-ce que l'écotourisme? Quel est l'impact du tourisme sur l'environnement? Que peut-on faire pour réduire les dégâts en continuant à voyager et à découvrir différentes cultures?*

1 👤 **Travaillez avec un(e) partenaire. Regardez les images. Discutez des aspects négatifs du tourisme.** CD2 track 16

2 🎧 **Ecoutez le reportage sur le Mont Blanc. Lisez les phrases a–h. Vrai ou faux? Corrigez les phrases fausses.**

a Le Mont Blanc est un site protégé par l'Unesco.

b Le Mont Blanc fait plus de 4 800 mètres de haut.

c Les parties les plus basses bénéficient d'un climat agréable.

d C'est en particulier l'hiver que le Mont Blanc attire aujourd'hui un nombre préoccupant de visiteurs.

e L'été, 300 à 400 visiteurs par semaine tentent d'escalader le Mont Blanc.

f Les visiteurs sont plus sensibles que la plupart des gens à la préservation de l'habitat, mais causent malgré tout des problèmes environnementaux.

g Le nombre d'opérations de sauvetage commence enfin à baisser.

h Les visiteurs sont parfois obligés de dormir en plein air.

3a **Lisez cette définition, puis relisez-la en cachant le dernier mot, puis les deux ou trois mots précédents, etc., avec pour objectif de mémoriser la phrase complète.**

> L'écotourisme est une forme de tourisme qui respecte l'environnement et les populations locales, et qui contribue à leur économie. On l'appelle aussi le tourisme solidaire.

3b  Ecoutez la version paraphrasée de la phrase de l'activité 3a, notez-la, puis comparez vos notes à deux.

4a Reliez 1–8 et a–h pour faire des définitions de l'écotourisme.

g 1 Faire de grandes randonnées en montagne permet de...

e 2 Limiter et trier ses déchets sur son lieu de vacances est un bon moyen...

b 3 Manger de préférence des produits locaux...

a 4 Se concentrer sur la découverte des paysages permet de devenir...

h 5 Economiser l'eau et l'énergie est tout aussi important...

c 6 Acheter de préférence des souvenirs produits localement...

d 7 Passer plus de temps dans un seul endroit...

f 8 Passer ses vacances dans des zones rurales aide...

a plus sensible à la nature, précieuse mais également fragile.

b permet de contribuer à l'agriculture locale.

c peut faire survivre des activités artisanales traditionnelles.

d permet de réduire la pollution liée aux transports.

e de limiter son impact sur l'environnement.

f à faire survivre des villages parfois dépeuplés.

g se rapprocher de la nature sans la polluer.

h en vacances que le reste de l'année.

4b A deux, refaites l'activité 4a oralement. Le partenaire B doit cacher 1–8 et donc bien écouter le partenaire A pour pouvoir compléter les phrases. Ensuite, changez de rôle.

Grammaire ➡W70

Starting a sentence with an infinitive

In activity 4a, sentences 1–8 all start with an infinitive. Starting sentences with an infinitive can help vary sentence structures.

Ⓐ Translate sentences 1–8 (activity 4a) into English. Compare with the French equivalents. In the English sentences, what is used instead of an infinitive?

Ⓑ Find sentences beginning with an infinitive in texts A–D on page 98 and translate them into English.

Ⓒ Make up "ironic" *En vacances* sentences aimed at heightening the importance of eco-friendly behaviour while on holiday. Use the *Expressions-clés*.

Example: En vacances, acheter des boissons en bouteilles plastique est une excellente façon d'augmenter les besoins en recyclage.

Expressions-clés

...aide à... (+ *infinitif*)
...permet de... (+ *infinitif*)
...est + *adjectif* + pour/quand/si...
...est un bon moyen de... (+ *infinitif*)
...est une excellente façon de... (+ *infinitif*)
...est une méthode idéale pour... (+ *infinitif*)

Compétences

Tackling listening tasks more effectively

Here are a few techniques to help you improve your listening skills:

- Listen to French radio for 10 minutes every day. You will become attuned to French sounds and intonation.

- The better your knowledge of sound patterns, the better your listening skills. Listen to a passage with the transcript in front of you and repeat one sentence at a time. Concentrate particularly on cognates and liaisons.

- Use passages you have already studied. Listen to a passage without the transcript, then again with the transcript in front of you, pausing when necessary to concentrate on what you did not understand. Finally, listen one more time without the transcript.

- In listening tasks, the questions don't always use the same words as the listening passage (*beaucoup de/de nombreux*), and therefore build up your knowledge of synonyms.

- Make sure you learn high-frequency words, such as adverbs and conjunctions. For example, in the sentence "*Le climat n'a guère changé*", understanding "*climat*" and "*changé*" counts for nothing if you don't know that "*ne... guère*" means "hardly".

- Before listening to a passage, look at the task set and use your common sense to predict answers or vocabulary which might come up.

Ⓐ Use listening passages from previous units to try some of the above techniques.

Pour et contre le tourisme

▶ *Quel effet ont les vacances sur la circulation routière?*

▶ *Y a-t-il de nouvelles formes de tourisme?*

1 **D'après vous, que signifient les termes a–h? Expliquez-les oralement ou par écrit.**

- **a** la circulation automobile
- **b** un automobiliste
- **c** un embouteillage/un bouchon
- **d** un weekend rouge sur les routes
- **e** la paralysie des centres-villes
- **f** le covoiturage
- **g** la pollution atmosphérique
- **h** une zone piétonnière

2 **L'article "Sur la route des vacances" parle-t-il des thèmes suivants?**

- **a** les mesures prises pour limiter les accidents
- **b** les causes des accidents de la route
- **c** la circulation dans les centres-villes
- **d** les jeunes qui conduisent
- **e** les périodes de haute circulation
- **f** la pollution liée aux transports

3 **Cherchez sur Internet ce que sont "Bison futé" et "le permis probatoire".**

Sur la route des vacances

Ah, les sacro-saints départs de juillet-août! Quand des millions de Français partent en vacances en même temps, Bison futé a du travail. Et encore plus quand ils croisent les vacanciers qui rentrent chez eux. Le record absolu d'embouteillages en France a été atteint le samedi 3 août 2002, avec 792 kilomètres d'embouteillages sur toute la France.

Le tourisme est pour la France un secteur économique très performant, mais quand on sait que les routes françaises comptent parmi les plus dangereuses d'Europe, on voit que le pays paye cher sa 1ᵉ place au monde pour le nombre de touristes étrangers, sans compter que beaucoup de Français choisissent de passer leurs vacances sur le territoire.

Même si de nombreux accidents mortels sont à attribuer à la fatigue, au portable et aux drogues ou psychotropes au volant, l'alcool occupe la première place. La mortalité liée aux accidents de la route a considérablement diminué depuis les années 70, grâce entre autres aux radars fixes automatiques qui ont fait baisser la vitesse. Cependant, beaucoup reste à faire.

Les accidents les plus graves frappent parfois les automobilistes étrangers, fatigués et peu familiers avec les lieux qu'ils visitent. Un des exemples les plus dramatiques a eu lieu dans les Alpes en juillet 2007, où un autocar transportant une cinquantaine de Polonais a quitté la route et s'est écrasé 20 mètres plus bas, avec un bilan de 26 morts et de nombreux blessés graves. L'autocar, non équipé du système de double freinage nécessaire, n'avait pas l'autorisation d'emprunter cette route de montagne.

Un autre point noir, et pas seulement à l'époque des vacances, concerne les jeunes automobilistes. Toutefois, le Gouvernement est loin d'être inactif à ce sujet. Ainsi, depuis plusieurs années existe le permis probatoire ainsi que la campagne Sam, pour alerter les jeunes aux dangers de l'alcool au volant. Pas inutile quand on sait que les moins de 24 ans représentent ¼ des victimes d'accidents de la route.

CELUI QUI CONDUIT, C'EST CELUI QUI NE BOIT PAS.

4 **Lisez la publicité pour TDS, puis répondez aux questions en anglais.**

  a What is the aim of TDS?

  b What kind of holiday is offered by TDS in Burkina Faso and Bénin?

  c Why do you think might people be interested in this very different type of holiday?

En France: Tourisme & Développement Solidaires (TDS), association de solidarité internationale chargée d'expérimenter et de mettre en œuvre de nouvelles formes de tourisme organisées autour de la rencontre et de l'échange.

En Afrique: Un réseau de communautés villageoises au Burkina Faso et au Bénin, organisées en Villages d'Accueil TDS pour proposer ce nouveau type de tourisme, géré collectivement par ces communautés, et dont les bénéfices sont réinvestis dans le développement local.

5a  **Ecoutez la première partie d'une interview avec un des organisateurs africains de TDS et répondez aux questions.**

  a Que peuvent faire les touristes qui visitent le Burkina Faso avec TDS?

  b A quelles activités traditionnelles peuvent-ils participer?

  c Qu'est-ce qui leur est proposé le soir?

  d Qui prend en charge les groupes de touristes?

5b **Ecoutez la deuxième partie de l'interview, puis complétez les phrases.**

  1 L'organisateur souligne le fait qu'il y a des choses à apprendre…

  2 Avant tout, il faut créer un esprit de…

  3 Il s'agit du tourisme…

  4 Chaque participant africain reçoit…

  5 Les cadeaux et les dons individuels sont…

  6 Le Conseil Villageois de Développement gère…

  7 Chaque village participant peut gagner…

  8 Cet argent suffit pour…

  9 Tout cet argent est réinvesti…

  10 Jusqu'ici plus de six cents touristes…

  11 On espère que le projet…

  a dans l'économie locale.

  b interdits.

  c va grandir.

  d équitable.

  e des deux côtés.

  f 2500€ par an.

  g payer un instituteur pendant deux ans.

  h une juste rémunération.

  i respect et solidarité.

  j les bénéfices.

  k ont voyagé avec TDS.

6a **Discutez avec un(e) partenaire.**

  • Quels problèmes sont causés par le tourisme?

  • Quels sont les avantages du tourisme pour le voyageur et aussi pour la région visitée?

6b **Ecrivez un article intitulé "Pour et contre le tourisme". Parlez des points positifs et négatifs concernant le tourisme, puis donnez votre opinion personnelle.**

Grammaire active

The passive

The passive can bring variety to a text (see page 99). It can also create dramatic effect. Remember, however, not to use it in excess.

Rappel

In a passive sentence, the subject of the sentence "has something done to it". To form the passive, use the verb *être* plus a past participle (which agrees with the subject of the verb).

Entrainez-vous!

1 Rewrite these sentences using the passive form, making the underlined words the subject of the sentence in each case.

Exemple: a Chaque année, la ville d'Orléans est fréquentée par des milliers de touristes étrangers.

a Chaque année, des milliers de touristes étrangers fréquentent <u>la ville d'Orléans</u>.

b La Loire, le plus long fleuve de France, traverse <u>Orléans</u>.

c Le weekend, de nombreux pêcheurs fréquentent <u>les rives de la Loire</u>.

d Des organismes locaux organisent <u>des balades</u> pour tous les gouts.

e Les touristes apprécient particulièrement <u>les balades nocturnes</u>.

f Une ligne de tramway parcourt <u>le centre-ville et la banlieue</u>.

g On connait bien <u>la ville et ses environs</u> pour la culture des roses.

h Tous les ans, de nombreux amateurs visitent <u>le fabuleux parc floral</u>.

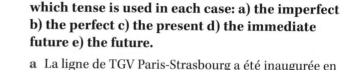

i Le 8 mai, un grand défilé célèbre <u>Jeanne d'Arc</u>.

j Ce jour-là, un spectacle son et lumière anime <u>la cathédrale</u>.

2 The passive is used in all these sentences. Decide which tense is used in each case: a) the imperfect b) the perfect c) the present d) the immediate future e) the future.

a La ligne de TGV Paris-Strasbourg a été inaugurée en présence du Premier ministre.

b Le taux d'alcoolémie autorisé chez les automobilistes va probablement être révisé.

c Des mesures supplémentaires pour limiter les accidents de circulation graves seront prévues par le Gouvernement.

d Avant la construction de la nouvelle route, le village était constamment envahi de poids lourds.

e Des efforts supplémentaires seront accomplis par le nouveau ministère pour améliorer la sécurité routière.

f Les motocyclistes sont particulièrement frappés par les accidents graves.

The imperative

The imperative is used to tell someone what to do or to make a suggestion. It has three forms: *tu*, *vous* and *nous*.

Rappel

The imperative is used to tell someone what to do or to make a suggestion. It has three forms: *tu*, **vous** and **nous**.

- Negative imperatives are formed using *ne* and *pas* round the verb: *Ne faites pas cela!*
- Reflexive verbs in the imperative: *Dépêche-toi! Dépêchez-vous! Dépêchons-nous!*
- The imperative of *être* uses subjunctive forms: *Sois prudent. Soyez prudents. Soyons prudents.*

Entrainez-vous!

3a Give a friend five pieces of advice about planning a holiday, e.g. *Fais des recherches, ne va pas...*

3b Write five tips for your parents, who are visiting France for the first time, e.g. *Passez quelques jours à Paris,...*

3c Make five suggestions to a friend about things to do when you get to the beach, e.g. *Allongeons-nous à l'ombre...*

Vocabulaire

Les vacances des Français — pages 96–97

les congés payés	*paid holidays*
une destination étrangère	*a foreign destination*
les grandes vacances	*the summer holidays*
un retour à la nature	*a return to nature*
l'unique séjour de vacances annuel	*the only annual holiday*
avoir une résidence/ maison secondaire	*to have a second home*
effectuer un séjour de vacances	*to go on holiday*
fréquenter le bord de la mer	*to go to the seaside*
il y a trop de monde	*it's too busy*

Destination: vacances! — pages 98–99

des activités encadrées	*supervised activities*
une ambiance	*an atmosphere*
le camping sauvage	*off-site camping*
le confort	*comfort*
un coup de soleil	*a sunburn*
l'hébergement	*accommodation*
une station balnéaire	*a seaside resort*
les vacanciers	*holidaymakers*
avoir tendance à...	*to have a tendency to*
se bronzer	*to get a tan*
s'enthousiasmer pour	*to be keen on*
faire la grasse matinée	*to have a lie in*
faire une croisière	*to go on a cruise*
faire une découverte	*to make a discovery*
rester immobile	*to stay still*
sortir quelqu'un du lit	*to get someone out of bed*
décontracté	*relaxed*
ensoleillé	*sunny*
lointain	*far-off, distant*
allongé sur une plage	*lying on a beach*
compris dans le prix	*included in the price*

L'écotourisme — pages 100–101

un climat agréable	*a pleasant climate*
l'écotourisme, le tourisme solidaire	*green tourism*
une randonnée (en montagne)	*a walk (in the mountains)*

la saison estivale	*the summer season*
un sens de responsabilité envers	*a sense of responsibility towards*
un site protégé	*a protected site*
une zone rurale	*a rural area*
un village dépeuplé	*a depopulated village*
abandonner les déchets	*to leave rubbish behind*
atteindre le sommet	*to reach the summit*
attirer (des visiteurs)	*to attract (visitors)*
bénéficier de	*to benefit from*
contribuer à l'économie	*to contribute to the economy*
découvrir une autre culture	*to get to know another culture*
dormir en plein air	*to sleep outside*
économiser	*to economise*
escalader	*to climb (a mountain)*
faire la découverte du paysage	*to get to know a landscape*
limiter l'impact de	*to limit the impact of*
mettre en danger	*to endanger*
polluer	*to pollute*
se rapprocher de la nature	*to get close to nature*
réduire la pollution	*to reduce pollution*
réduire les dégâts	*to reduce damage*
des activités artisanales	*craft activities*
les amateurs de haute montagne	*mountain lovers*
les hautes pointes neigeuses	*snowy peaks*
une opération de secours	*a rescue operation*
le massif alpin	*the alpine range*
le point le plus élevé de	*the highest point of*
sensible à (la nature)	*sensitive (to nature)*
en haute saison	*in high season*

Pour et contre le tourisme — pages 102–103

un accompagnateur	*a guide*
l'artisanat	*craft industry*
les bénéfices (sont réinvestis)	*the profits (are re-invested)*
hors-norme	*out of the ordinary*
une juste rémunération	*fair pay*
gérer	*to manage*

Tourisme Autrement

Le portail touristique des vacances authentiques et originales, en dehors des sentiers battus…

Trekking et randonnée, bienêtre et santé, art et artisanat, gites de charme, chambre d'hôtes, vacances et spiritualité, terroir et traditions, vacances nomades, vacances sportives, destinations exotiques, vacances au fil de l'eau… Tous ces thèmes de "vacances différentes" sont disponibles sur ce site, pour le plaisir de la découverte et de l'aventure.

Montgolfière du Bocage

Si le voyage incite au rêve, celui en montgolfière demeure inoubliable, libre comme l'air, survolez au gré du vent la Vendée entre le Puy du Fou et le marais poitevin à bord de nos nacelles conviviales (4–6 passagers). Eprouvez les sensations uniques d'un vol en montgolfière… le spectacle de la terre, vu du ciel peut démarrer! Organisation de weekend avec hébergement en chambre d'hôtes chez votre pilote.

Découverte des traditions marocaines

Tamazirt évasion vous propose des circuits 4x4 dans le sud du Maroc, des randonnées et des ateliers d'artisanat, de bienêtre et culinaire, pour découvrir les savoir-faire traditionnels marocains. Parce que le voyage doit rester un moment privilégié et unique, nous organisons des séjours à la carte ou sur-mesure et en exclusivité. Pour les amateurs d'aventure, rejoignez-nous le temps d'un circuit repérage: découvrons ensemble des lieux inédits, de nouvelles pistes 4x4 ou encore de nouveaux treks.

Centre spirituel ND du Cénacle

Pendant toute l'année, la communauté des Sœurs de ND du Cénacle vous offre un programme varié pour votre ressourcement dans la foi: une quarantaine de temps forts spirituels, deux heures, matinées, journées, WE ou plusieurs jours. Certaines propositions s'adressent à tous, d'autres sont "spécial" jeunes, couples, familles. Demandez la brochure détaillée par tél, fax ou mail.

Centre de plongée

Petit centre de plongée convivial situé au sein d'un hôtel verdoyant avec plage privative. Sophie et Laurent, brevets d'État et MF2, vous y attendent pour vous faire découvrir les fonds marins de la Martinique, riches en couleur! Du débutant au confirmé.

L'Escale du Loup Blanc

L'Escale du Loup Blanc vous propose ses Stages Aériens Cirque (cours réguliers et stages): tissu aérien, corde espagnole, cerceau aérien, trapèze double et voltige à cheval, trois soirs par semaine à partir du 15 mai et stages d'été; tout le descriptif des stages et hébergements sur notre site.

1 **Read the website texts and explain the aims of the site to a partner in English.**

Compétences

Developing and justifying your point of view

You have been asked to write an article in praise of alternative types of holiday and you have begun by skimming some adverts from the *Tourisme Autrement* website. Follow these steps to plan and write your article.

- Write a list in French of the basic activity offered by each company. Then select 2–3 phrases from each advert which sum up the attractions of each kind of break, e.g. for the ballooning trip, you might note *inoubliable, libre comme l'air* and *éprouver des sensations uniques*.

- Group the holiday ideas under headings. You could use the following: *sports/loisirs, apprendre/réflection, voyages/tourisme*.

- Now think up at least one other type of holiday or short break which could be added to each category.

- Write your article: introduce the idea of '*vacances autrement*', move on to paragraphs dealing with different types of holiday on offer, stressing the advantages of each, then conclude by summarising why you personally think the concept of '*vacances autrement*' is attractive.

En famille

By the end of this unit you will be able to:

		Page	Thème
▶ Discuss attitudes and conflict in family relationships	▶ Use inversion	108	La vie de famille
▶ Discuss the role of parents and parenting	▶ Use indirect object pronouns	110	Le rôle des parents
	▶ Recognise the past historic	112	La famille en crise?
▶ Talk about changes in family structure	▶ Use different registers when speaking	114	Grammaire active et vocabulaire
	▶ Respond to a literary text	116	Extra

1 Lisez les six titres. Lesquels trouvez-vous choquants? Avec un(e) partenaire, donnez une note à chaque titre: 1 = pas choquant, 2 = un peu choquant quand même, 3 = très choquant. Ensuite, discutez de vos résultats avec la classe.

a En Belgique il y a aujourd'hui 3 divorces pour 4 mariages

b Boum des naissances hors mariage

c Taux de natalité toujours en baisse

d L'âge moyen auquel on se marie a encore augmenté

e Après une séparation, 24% des enfants vivant avec leur mère ne voient plus jamais leur père

f Cette année en France: 86 000 mineurs en danger de maltraitance

2 Travaillez avec un(e) partenaire. Regardez la famille et imaginez leur vie.

a Est-ce que les parents sont mariés?

b Quel âge a leur fille?

c Que font les parents dans la vie?

d Où habite la famille?

e Aimeraient-ils avoir d'autres enfants?

f Qui aide les parents avec leur fille?

3 Ecoutez et répondez aux questions de l'activité 2.

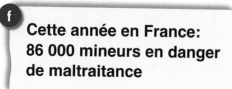

La vie de famille

▶ *La famille 'typique', ça existe?*

▶ *Les familles changent-elles avec le temps?*

▶ *Quelles sont les causes des disputes familiales?*

1 🗣 **Posez les questions suivantes à un(e) partenaire.**

a Tu as des frères et sœurs? Si oui, donne des précisions (âge, nom, etc.).

b Parle-moi un peu de tes parents.

c Est-ce que vous vous entendez bien dans votre famille?

d S'il y a des disputes, elles sont au sujet de quoi?

e Qu'est-ce que vous faites ensemble?

f Partez-vous en vacances en famille?

g Mangez-vous souvent ensemble?

h Tu as des grands-parents? Que fais-tu avec eux?

2a 🗣 **Lisez l'article et écrivez un sous-titre pour chaque paragraphe. Comparez vos idées avec d'autres membres du groupe.**

2b **Complétez les deux phrases avec vos propres mots.**

Dans le premier paragraphe, on décrit la grande variété de...

Dans le deuxième paragraphe on parle de...

2c **Recopiez les expressions soulignées dans le texte et traduisez-les en anglais.**

3a 🗣 **A deux, faites une liste de sujets qui provoquent des disputes dans la famille, puis discutez de vos idées en groupe.**

3b 🎧 **Ecoutez Grégory et son père, Olivier, qui parlent des disputes familiales. Recopiez la grille et prenez des notes en anglais.**

	Grégory	Olivier
appearance	people criticise his clothes/hair	
school		
smoking/ drinking		
friends		likes most friends, worries about one or two
solution		

La famille: plus ça change...

La famille typique, ça n'existe plus? Si, mais <u>sous différentes formes</u>. Voilà ce qu'on a découvert en parlant aux élèves de la maternelle qui est tout près de nos bureaux. Pour Louis, la famille c'est lui et sa mère, <u>son père étant décédé</u> il y a deux ans. Pour Rachelle, il s'agit aussi d'<u>une famille monoparentale</u>, elle et son père. "Maman est partie," explique-t-elle. Raoul est membre d'<u>une famille nombreuse</u>, <u>le cadet</u> de quatre enfants. Chez Romain aussi, il y a quatre enfants: "Moi, <u>ma demi-sœur</u> et mes deux demi-frères." "Oui, j'ai une famille," dit Armelle, toute fière. "Je suis adoptée."

On a demandé aux enfants ce qu'ils avaient fait le weekend précédent. Il ne manquait pas de nouvelles. Encore un poisson mort chez Audrey, <u>une fête de famille</u> chez Sylvain, dont le grand-père fêtait ses 60 ans, une visite au cinéma pour Frédéric, accompagné par son frère ainé et sa petite amie. Jade a passé samedi après-midi à l'hôpital, rendant visite à sa cousine qui a eu un accident de voiture. La mère d'Enzo lui a préparé son repas préféré ("des pâtes") et celle de Caroline lui a acheté un nouveau sweat. Tout le monde avait des choses à raconter. Des histoires de <u>la vie de famille</u> telle qu'elle est, peut-être telle qu'elle a toujours été.

4 Clément raconte une dispute familiale. Mettez ses phrases dans le bon ordre.

Exemple: c, g, ...

a Mon père est maintenant vraiment furieux. "Tu ne nous aides jamais," se plaint-il.

b Mon père n'est pas du tout content. Que, veut-il savoir, fait mon frère précisément?

c D'abord, mon père demande à mon frère aîné de l'aider dans le garage.

d Mon frère ne répond pas. Il continue à s'habiller.

e Clac! C'est la porte. Mon frère est parti.

f Alors, pour mon père c'est le comble. "Ah non," crie-t-il, "mais vraiment ça suffit. Tu ne sors pas, tu restes là."

g "Ah non," dit mon frère. "Je ne peux pas. J'ai autre chose à faire."

h "Alors," répond-il, "je suis en train de m'habiller pour sortir avec mes amis."

Grammaire ➡️ 174

Inversion

● If verbs such as "*il dit*", "*il répond*" or "*il pense*" are used in dialogues, then they are inverted, so that the verb comes before the subject.

Il dit qu'il s'entend bien avec sa famille.

Inversion: *Il s'entend bien avec sa famille, **dit-il**.*

● Unless the verb ends with -*t* or -*d*, a 't' will be inserted to make the phrase easier to say:

*Ma famille est difficile à comprendre, **pense-t-il**.*

*Je suis la cadette de la famille, **a-t-elle expliqué**.*

Ⓐ Reread activity 4. How many examples of inversions are there?

Ⓑ Which of the examples uses an extra 't' for ease of pronunciation?

Ⓒ Write an account of a family dispute you have witnessed or been involved in.

Compétences

Using different registers when speaking

In any language, you can say the same thing in different ways. You need to use the right 'register'; that is, the language that is right for the situation and the person you are speaking or writing to.

To tell a friend that your sister can be difficult, you might say "*elle m'énerve*". You wouldn't say that to tell a teacher that you find another member of staff difficult, but you might say "*je la trouve un peu difficile*". The message is the same but the language is different.

Ⓐ **You are telling your French teacher about difficulties at home. Choose the most appropriate sentence from each pair.**

1 **a** Ma mère n'arrête pas de m'engueuler.
  b Je me dispute quelquefois avec ma mère.

2 **a** Mon père peut être assez exigeant.
  b Mon père, il me prend la tête.

3 **a** Nous ne faisons pas beaucoup de choses ensemble.
  b Faire des trucs ensemble? Bof!

4 **a** Il faut toujours faire attention à ma petite sœur.
  b Ma petite sœur est vachement agaçante.

5 **a** La vie de famille – ça me gonfle!
  b À mon âge, la vie de famille est peut-être moins importante.

Ⓑ **Here are three other things you would like to say to your teacher. Write a more suitable expression for each of these sentences.**

1 Ça va pas avec mon frère.
2 Ma mère a trop de boulot et je la vois jamais.
3 J'en ai marre de ma belle-mère.

5 Ecrivez deux paragraphes d'environ 100 mots sur votre vie de famille:

● un pour votre journal intime où vous pouvez vous exprimer librement

● un pour un nouveau prof de français qui va bientôt rencontrer vos parents pour la première fois

Devenir ado: ça change les rapports familiaux?

Laura

J'aurai bientôt mes dix-huit ans et je suis donc presque adulte. <u>Mes parents me parlent</u> toujours comme si j'étais leur petite fille. <u>Je dois leur dire</u> de temps en temps que je ne veux pas une longue liste de conseils – pour moi, ce sont mes opinions qui comptent et celles de mes amis qui ont, eux aussi, dix-sept ans et qui comprennent vraiment ma vie. Mais être indépendante quand j'habite toujours chez mes parents, ce n'est pas facile, et j'attends avec impatience le jour où j'aurai un appartement à moi

Jean-Paul

Ma fille, Laura, s'imagine qu'elle est déjà adulte et <u>je dois souvent lui expliquer</u> que ce n'est pas le cas. <u>Elle ne nous dit pas grand-chose</u>, ne veut discuter de rien et préfère prendre ses propres décisions. Nous, on attend les résultats, sachant que ce ne sera pas toujours un succès. <u>Si on essaie de lui donner des conseils</u>, on sait tout de suite que ce n'est pas ce qu'elle veut. Elle ne voit pas qu'avec toute notre expérience, nous savons des choses qu'elle ne sait pas. C'est frustrant, quand même.

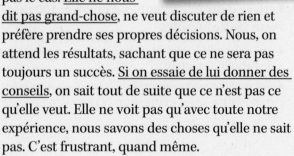

Dimitri

Je crois que les rapports familiaux changent avec le temps, parce qu'on doit s'adapter aux nouvelles circonstances. A mon âge, je discute de beaucoup de choses avec mes copains, mais il y a toujours des moments où <u>mes parents peuvent m'offrir des conseils utiles</u>. Si je veux parler de mon avenir, par exemple, ou en cas de difficulté financière. Je ne fais pas forcément ce qu'ils aimeraient, mais <u>j'essaie de leur expliquer</u> pourquoi je veux faire telle ou telle chose et j'espère qu'ils comprennent.

Denise

Je suis très fière de Dimitri et de l'adulte qu'il est en train de devenir. <u>Nous essayons de lui accorder la liberté de</u> décider et de choisir selon ses propres idées. Cela dit, il y a des moments où il est nécessaire d'intervenir et de donner notre opinion. On espère qu'il va nous écouter. D'une façon générale, je suis contente de ce qu'il fait, mais je suis toujours très heureuse <u>quand il nous demande notre avis</u>. Après tout, nous avons beaucoup plus d'expérience que lui! Je fais de mon mieux pour ne pas me disputer avec lui. Ouvrir et maintenir un dialogue, c'est ça qui est important, je crois.

1 Lisez les réponses des quatre personnes (page 110) et résumez, en anglais, leurs points de vue.

2a Recopiez le diagramme en gros, puis ajoutez vos propres idées à chaque liste.

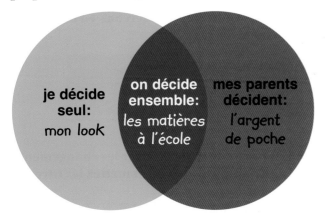

je décide seul: mon *look*

on décide ensemble: *les matières à l'école*

mes parents décident: *l'argent de poche*

2b Discutez de vos idées en groupe.

3 Ecoutez Luc, puis recopiez et complétez le résumé.

C'est normal que les parents .... Mais à un certain âge les enfants devraient .... Et à dix-sept ou dix-huit ans, un ado doit .... Mais il faut peut-être aussi ....

4 Comprenez-vous tous les mots de la liste? Si non, cherchez dans un dictionnaire!

consulter – négocier – faire un compromis – demander un conseil – donner un conseil – défendre à quelqu'un de – persuader – se disputer – avoir des différences d'opinion – prendre une décision – hésiter à – être sûr de quelque chose – insister

5 Comment est-ce que les rôles dans votre famille ont changé avec le temps? Et comment prenez-vous des décisions? Ecrivez trois paragraphes:

1 *Quand j'étais plus jeune, j'acceptais que mes parents décident certaines choses. Par exemple,...*

2 *Mais maintenant, je...*

3 *Quand il y a des décisions à prendre, nous...*

Grammaire ➡ 160 ➡ W24

Indirect object pronouns

- Indirect object pronouns are the object pronouns which mean 'to someone' in French.

me	to me	*nous*	to us
te	to you	*vous*	to you
lui	to him/to her	*leur*	to them

- Like direct object pronouns (see page 160), they normally come before the verb unless the verb is in the imperative (or command) form. As you can see from the examples below, the 'to' is often understood rather than actually said in English.

*Il **m**'explique tout.*
He explains everything to me.

*Tu **nous** donnes un coup de main?*
Can you give us a hand?

*Dites-**lui** que c'est impossible.*
Tell him it's impossible.

A Reread the texts on page 110 and translate the underlined phrases into English.

B Complete the sentences with the correct indirect object pronouns.

1 Dites-...... bonjour. [*her*]

2 Je ...... ai montré le livre. [*them*]

3 On ...... explique bien? [*you, informal*]

4 Nous ...... expliquerons tout. [*you, formal*]

5 Tu ...... prêtes ton bic? [*me*]

6 On ...... demande beaucoup. [*him*]

- A verb takes an indirect object pronoun if it is followed by *à + quelqu'un*:

dire à quelqu'un	to tell/say to someone
demander à quelqu'un	to ask someone
apprendre à quelqu'un	to teach someone
donner à quelqu'un	to give (to) someone
offrir à quelqu'un	to offer (to) someone

C Translate these sentences into French

1 They give me money.

2 I will tell them it's impossible.

3 He is teaching her to swim.

4 She gives us lots of sweets.

5 Ask him!

La famille en crise?

▶ *Concubinages, divorces, familles recomposées, parents célibataires… la fin de la famille ou de nouveaux modèles de famille pour le 21ᵉᵐᵉ siècle?*

1a A quoi correspondent les cinq nombres suivants? Faites une phrase pour chaque nombre.

a 8,3 millions   d 1,2 million

b 21%   e 29 ans

c 1,73

1b Que pensez-vous de ces statistiques? Utilisez les adjectifs ci-dessous et cherchez-en d'autres pour exprimer vos réactions.

choquant	dommage
surprenant	incroyable
normal	intéressant

A Mariages

Chaque année, environ 250 000 mariages sont célébrés en France. Les hommes se marient autour de 29 ans alors que les femmes se marient autour de 27 ans. En moyenne, un mariage sur trois se termine en divorce.

B Célibataires

Plus de 18 millions de personnes vivent seules en France (10,1 millions d'hommes et 8,3 millions de femmes), c'est-à-dire environ un habitant sur trois.

C Familles

Il y a en France 8,9 millions de familles, dont 1,2 million de familles monoparentales (86% de ces familles monoparentales sont composées d'une femme élevant seule ses enfants après s'être séparée de son conjoint).

D Enfants

En moyenne, les femmes en France ont 1,73 enfants, c'est-à-dire que la plupart des familles ont un ou deux enfants. De fait, les familles nombreuses sont minoritaires: seulement 5% des familles ont quatre enfants ou plus, et 21% en élèvent trois.

2a Ecoutez le reportage sur les changements dans la famille française et mettez les titres dans le bon ordre.

a Le déclin du mariage

b Le nombre d'enfants en diminution

c L'allongement de la durée des études

d L'égoïsme actuel

e Le travail des femmes en augmentation

f L'éclatement géographique des familles

g La création des PACS

2b Réécoutez et complétez les blancs dans les phrases suivantes.

a Les ...... ont des enfants plus ...... dans la vie.

b Etre ...... peut être un ...... dans la carrière d'une femme.

c La France connait une réelle crise du ...... avec un ...... de divorce record.

d Le PACS est un statut ...... pour les couples ....

e Dans les grandes villes françaises, les ...... sont souvent chers et ....

f Beaucoup de personnes choisissent de vivre ...... pour ...... de leur liberté.

g De nombreuses personnes vivent aujourd'hui ...... de leurs ....

3 La famille traditionnelle est-elle en crise? Ecrivez environ 150 mots:

- citez des statistiques
- donnez vos propres exemples
- expliquez votre opinion personnelle

4 Les disputes familiales ne sont pas rares! Travaillez avec un(e) partenaire et imaginez le sujet d'une dispute entre les personnes suivantes. Ensuite, discutez de vos idées en groupe.

a un couple qui va bientôt se marier

b un couple qui a trois enfants

c un père/une mère et son fils/sa fille

d un frère et une sœur

e des parents et des grands-parents

1

Mon père, qui s'appelait Joseph, était alors un jeune homme de taille médiocre, sans être petit. [...] Il rencontra un jour une petite couturière, qui s'appelait Augustine, et il la trouva si jolie qu'il l'épousa aussitôt [...] Je n'ai jamais su comment ils s'étaient connus, car on ne parlait pas de ces choses-là à la maison. [...] Ils étaient ma mère et mon père de toute éternité et pour toujours.

Marcel Pagnol/La Gloire de mon Père

2

Autrefois, surtout à la campagne, plusieurs générations vivaient dans la même maison: les époux et leurs enfants, leurs parents et souvent aussi leurs grands-parents. Les mariages étaient en général arrangés par la famille. La première moitié du 20ᵉᵐᵉ siècle a été marquée par la disparition de la famille élargie. La famille est désormais réduite aux époux et à leurs enfants. C'est le modèle familial le plus important, celui que l'on appelle « le modèle traditionnel de la famille ».

3

François Xavier, vingt-deux ans, a été présenté au parquet à la suite d'une dispute familiale lundi dernier. Il semblerait que le jeune homme ait été rendu furieux par l'attitude de ses parents envers sa petite amie et qu'il ait commencé à les insulter. Une altercation s'ensuivit, dont deux victimes se trouvent encore dans un état grave.

5a Lisez les trois extraits sur la famille, puis choisissez la bonne catégorie pour chacun.

a texte sociologique   d journal local

b roman   e blog

c carte postale

5b Dans quel extrait est-ce qu'on apprend... ?

a comment le membre d'une famille a perdu le contrôle de lui-même

b une définition de la famille traditionnelle

c comment la famille a changé au fil des ans

d comment deux jeunes amoureux se sont rencontrés

e l'attitude d'un petit garçon envers ses parents

5c Inventez un titre pour chaque extrait.

Grammaire   ➡ 168 ➡ W52–53

Recognising the past historic

The past historic is used in certain kinds of text, usually historical or literary texts, and sometimes in formal newspaper reports or, more recently, travel blogs. It is hardly ever used in speech or most kinds of writing: the perfect tense is used instead.

Typical endings for verbs in the past historic are:

- third person singular: *-a, -it, ut, -int*
- third person plural: *-èrent, -irent, -urent, -inrent*

You don't need to use the past historic yourself, just make sure you can recognise it as a past tense and know which verb is being used. Often, especially with regular verbs, this is quite easy:

*Il **rencontra** une petite couturière.*
He met a young seamstress.

*Une altercation **s'ensuivit**.*
A fight ensued.

A Which two texts in activity 5 contain verbs in the past historic? What kinds of text are they?

A few verbs are irregular in the past historic and are less easy to recognise:

il fut – it was	*ils furent* – they were
il eut – he had	*elles eurent* – they had
elle fit – she did	*ils firent* – they did

B Translate these sentences into English.

1 Il la trouva si jolie qu'il l'épousa aussitôt.

2 Une altercation s'ensuivit.

3 Elle n'eut pas le temps de réagir.

4 Ils firent de leur mieux pour la consoler.

With most other past historic verbs, it is quite easy to work out which verb they come from.

*Il ne **put** rien faire.* (from *pouvoir*)

*Elles **écrivirent** toute la matinée.* (from *écrire*)

*Où **mit**-il son cheval?* (from *mettre*)

C Translate these sentences into English.

1 Elle prit ses gants tout de suite.

2 Ils durent partir tôt le matin.

3 Elle lut le message en pleurant.

4 Il ne crut pas que c'était vrai.

5 Ils ne burent que du vin.

Grammaire active

Revision of tenses

You have learned and practised a range of tenses individually, but you need to be able to use them all at once, recognising which tense will be needed in any given situation.

If you are talking about the past, you may need the perfect, imperfect and pluperfect tenses.

Rappel

Use the perfect tense to describe single completed actions: *j'ai dit, on a fait, ils sont retournés.*

Use the imperfect tense for:

- descriptions: ***C'était*** *très inquiétant.*
- continuous or interrupted actions in the past:
  *Nous **jouions** sur la plage quand mon frère a disparu.*
- things that happened frequently:
  *Nous **allions** tous les weekends au bord de la mer.*

Use the pluperfect tense to describe things which **had** happened: *Il **avait** complètement **disparu**.*

Entrainez-vous!

1 **Préparez un exposé sur la vie de famille chez vous il y a dix ans.**

Exemple:

- Votre opinion, à l'époque, de tous les membres de la famille. Comment étaient-ils? Les aimiez-vous? (*Alors, à l'époque, ma mère était plus jeune et elle passait plus de temps à la maison. Elle était...*)
- Une journée typique. Que faisiez-vous? Que faisaient les autres membres de la famille? (*Le samedi matin j'allais toujours à la piscine, où je prenais des cours de natation. Puis après, je...*)
- Une journée extraordinaire. Qu'est-ce qui s'est passé? Quelles ont été les réactions de tout le monde? (*Je me rappelle le jour où on a perdu mon petit frère à la plage. Il jouait avec nous, mais tout d'un coup il n'était plus là. Il avait abandonné son seau et disparu. On a cherché partout, et...*)

Rappel

When answering questions on a text, it is important to look carefully at the tense of the question and use the same tense in your answer.

Entrainez-vous!

2 **Lisez l'annonce, puis répondez aux questions en français.**

a Quel âge faut-il avoir pour partir au pair avec cette organisation?

b Louise, 21 ans, a décidé de participer. Expliquez quatre avantages qu'elle aura.

c Et vous? Si vous étiez jeune fille/jeune homme au pair, que feriez-vous? Nommez quatre choses que vous auriez peut-être à faire.

d Est-ce que vous avez les atouts demandés? Faites une liste de vos qualités qui semblent importantes pour ce rôle.

e Est-ce que vous avez déjà travaillé avec des enfants? Décrivez vos expériences. (Sinon, imaginez!)

f Est-ce qu'il y a un autre petit boulot que vous préféreriez faire? Lequel? Et pourquoi?

Attention jeunes de 18 et plus ans!

Voulez-vous passer trois mois à l'étranger cet été (Royaume-Uni, Irlande, Etats-Unis, Australie)?

Souhaitez-vous améliorer vos connaissances de la langue anglaise?

Aimeriez-vous être logé et nourri et gagner environ €400 par mois?

Alors, devenez jeune au pair – fille ou garçon.

Vos responsabilités: environ 4 heures par jour de garde d'enfants, ménage, cuisine + babysitting deux ou trois soirs par semaine.

Vos atouts personnels: attitude responsable, bon rapport aux enfants, initiative, désir de participer à la vie familiale, bonnes connaissances en anglais.

Cela vous intéresse? Renseignez-vous à
www.aupairanglophone.fr

Vocabulaire

La vie de famille	pages 108–109
une famille monoparentale	*a one-parent family*
une famille nombreuse	*a big family*
la vie de famille	*family life*
le cadet/la cadette	*the youngest*

se disputer	*to argue, quarrel*
s'entendre (bien) avec	*to get on well with*
faire des choses ensemble	*to do things together*
se plaindre (de)	*to complain (about)*

adopté	*adopted*
agaçant	*annoying*
aîné	*the oldest*
décédé	*dead, deceased*
exigeant	*demanding*

c'est le comble	*that's the limit*

Le rôle des parents	page 110–111
un appartement à soi	*one's own flat*
un conseil	*a piece of advice*

s'adapter à	*to adapt to*
décider pour soi-même	*to decide for oneself*
devenir adulte	*to become an adult*
discuter	*to discuss*
faire des compromis	*to make compromises*
faire de son mieux pour	*to do one's best to*
grandir	*to grow up*
s'imaginer que	*to imagine that*
négocier	*to negotiate*
prendre de la responsabilité pour	*to take responsibility for*
prendre ses propres décisions	*to make one's own decisions*

fier (de)	*proud (of)*
frustrant	*frustrating*

La famille en crise?	pages 112–113
le mariage	*marriage*
le divorce	*divorce*
le taux de divorce	*the divorce rate*
le conjoint	*marriage partner*
un couple non marié	*an unmarried couple*
le déclin du mariage	*the decline of marriage*

le PACS (pacte civil de solidarité)	*civil partnership*
la carrière	*career*
la disparition (de la famille élargie)	*the disappearance (of the extended family)*

divorcer	*to divorce*
élever un enfant	*to bring up a child*
faire garder ses enfants	*to have your children looked after*
se marier	*to marry*
se séparer	*to separate*
se terminer en divorce	*to end in divorce*
vivre en couple non marié	*to live together*
vivre seul	*to live alone*

En plus…	
l'affrontement des points de vue	*clash of viewpoints*
l'autorité parentale	*parental authority*
le beau-père	*father-in-law/stepfather*
la belle-fille	*daughter-in-law*
la belle-mère	*mother-in-law/stepmother*
le contrôle parental	*parental control*
un enfant gâté	*a spoiled child*
le foyer	*home*
la franchise	*frankness*
le gendre	*son-in-law*
les liens de parenté	*family ties*
une mère célibataire	*a single mother*
le milieu familial	*family environment*
l'orphelin	*orphan*
des parents complaisants	*lenient parents*
des parents stricts	*strict parents*
les proches	*close relations*
la marraine	*godmother*
le parrain	*godfather*
la situation familiale	*family circumstances*
le taux de natalité	*birth rate*
le veuf	*widower*
la veuve	*widow*

discuter franchement	*to discuss frankly*
mettre en question	*to question*
se sentir à l'aise/comme chez-soi	*to feel at ease/at home*
supporter, tolérer	*to tolerate*

Un père et un fils

Ce fut en vain qu'il appela Julien deux ou trois fois. L'attention que le jeune homme donnait à son livre, bien plus que le bruit de **[1]** <u>la scie</u>, l'empêcha d'entendre la terrible voix de son père. Enfin, malgré son âge, celui-ci sauta sur l'arbre soumis à l'action de la scie, et de là sur **[2]** <u>la poutre</u> transversale qui soutenait le toit. Un coup violent fit voler dans **[3]** <u>le ruisseau</u> le livre que tenait Julien; un second coup aussi violent, donné sur la tête, lui fit perdre l'équilibre. Il allait tomber à douze ou quinze pieds, au milieu des **[4]** <u>leviers</u> de la machine en action, mais son père le retint de la main gauche comme il tombait:

– Eh bien, paresseux, tu liras donc toujours tes **[5]** <u>maudits</u> livres, pendant que tu es de garde à la scie? Lis-les le soir, quand tu vas perdre ton temps chez **[6]** <u>le curé</u>, à la bonne heure.

Julien, quoique **[7]** <u>étourdi</u> par la force du coup et tout **[8]** <u>sanglant</u>, se rapprocha de son poste officiel, à côté de la scie. Il avait **[9]** <u>les larmes</u> aux yeux, moins à cause de **[10]** <u>la douleur</u> physique que pour **[11]** <u>la perte</u> de son livre qu'il adorait.

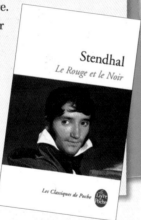

Stendhal
Le Rouge et le Noir

Les Classiques de Poche

1 🗣 **Lisez l'extrait du roman *Le Rouge et le Noir*, écrit en 1830 par Stendhal, un écrivain qui se disputait lui-même souvent avec son père. Travaillez avec un(e) partenaire et faites correspondre les mots soulignés du texte avec leur traduction anglaise ci-dessous.**

a damned
b tears
c the saw
d the pain
e dazed
f the beam

g the stream
h parish priest
i covered in blood
j the loss
k the levers

2 **Lisez *Compétences* et faites les activités. Ensuite, écrivez votre réaction à l'extrait du roman *Le Rouge et le Noir* en expliquant:**

- l'action de la scène
- l'attitude des deux personnages
- l'ambiance de la scène
- votre impression du message que Stendhal voulait transmettre en écrivant cette scène

3 **Faites des recherches sur Stendhal et son œuvre. Quand a-t-il vécu? Quelles sont ses œuvres principales? Quels thèmes étaient importants pour lui?**

Compétences

Responding to a literary text

Reread the extract from *Le Rouge et le Noir*.

- When you first read a literary text, you want to know what happens.

A **Copy and complete the English summary of the extract from *Le Rouge et le Noir*.**

This extract is about an argument between... The father is furious because... and so he...

- But you also need to decide what you think about the characters and about what is happening.

B **Write notes in French about the two characters and how they differ. Use the starter phrases below to structure your notes.**

Le père et le fils sont très différents. D'abord, le père est un homme..., qui... Mais son fils est plus sensible. Il aime...

- You also need to look at the language used and decide what atmosphere the author is trying to convey.

C **Make a list in French of the words and phrases which reflect each of the following:**

1 the father's violence
2 the disdainful way the father treats his son
3 the son's sensitivity
4 the mechanical environment in which the scene takes place

11 L'amitié

1 On voit partout des amis: dans la vie quotidienne, dans la littérature et dans les films. Vous avez soixante secondes pour écrire les noms du plus grand nombre possible de paires d'amis. Ensuite, comparez avec un(e) partenaire.

Exemples: *Woodstock et Snoopy*
Tintin et Milou

2 **Discutez en classe:**

a Vous voyez vos amis combien de fois par semaine?

b Avez-vous un(e) ou deux bon(ne)s amis ou faites-vous plutôt partie d'une grande bande de copains?

c Comment restez-vous en contact avec vos amis?

d Passez-vous souvent le weekend entre amis? Si oui, à faire quoi? Sinon, pourquoi?

e Partez-vous en vacances avec vos amis?

f Serez-vous toujours en contact dans dix ans? Dans vingt ans? Dans cinquante ans?

C'est quoi, l'amitié?

> ▶ *Quelle est l'importance des amis pour vous?*
> ▶ *Qu'est-ce que c'est qu'un bon ami?*
> ▶ *Faut-il choisir entre l'amitié et l'amour?*

1a C'est quoi, l'amitié? Ajoutez deux idées à chaque liste (a–c).

   a Un bon ami/Une bonne amie, c'est quelqu'un qui est…
   amusant(e), fidèle, toujours à l'écoute,…

   b Avec ses meilleurs amis, on peut…
   toujours s'amuser, parler de tout, rire,…

   c Les choses qui peuvent détruire l'amitié sont…
   la jalousie, les autres, l'égoïsme,…

1b  Comparez vos réponses avec un(e) partenaire.

2a Etes-vous un(e) bon(ne) ami(e)? Faites le quiz pour vous y faire réfléchir.

2b Discutez des réponses en groupe. Décidez ensemble quelle est la meilleure solution proposée à chaque question. Y a-t-il d'autres solutions?

3 Ecrivez 150–200 mots sur l'amitié, en donnant vos réponses aux questions suivantes.

   ● Pourquoi l'amitié est-elle importante?
   ● Quelles sont les qualités d'un(e) bon(ne) ami(e)?
   ● Qu'est-ce qui peut détruire l'amitié?
   ● Décrivez un(e) de vos amis et expliquez pourquoi il/elle est important pour vous.

Quiz

1 Un(e) ami(e) appelle quand tu es sur le point de sortir et veut absolument te parler. Que fais-tu?
   a Je sors quand même.
   b Je lui parle quelques instants et je promets de rappeler plus tard.
   c Je prends mon temps et j'écoute.

2 Tu as prêté de l'argent à un(e) ami(e) et il/elle semble l'avoir oublié. Que fais-tu?
   a Je ne dis rien, mais je boude.
   b J'en parle et puis j'attends.
   c Je me fâche.

3 Un(e) ami(e) n'aime pas ton/ta petit(e) ami(e). Que fais-tu?
   a Je sors avec tous les deux, mais pas ensemble.
   b Je lui explique qu'il faut être plus tolérant.
   c Je ne le/la vois plus.

4 Un(e) ami(e) qui a un tas de problèmes avec ses parents ne cesse pas d'en parler. Que fais-tu?
   a Je fais semblant d'écouter, mais je pense à autre chose.
   b Je parle de mes propres expériences à cet égard et je donne beaucoup de conseils.
   c J'écoute, je pose des questions, je propose des sorties qui lui feront plaisir.

5 Un(e) ami(e) ne veut jamais faire ce dont toi tu as envie. Que fais-tu?
   a J'essaie de faire des compromis.
   b Je fais ce qu'il/elle veut.
   c Je trouve d'autres amis.

6 Un(e) ami(e) passe tous les soirs te voir, et ne demande jamais si tu as autre chose à faire. Que fais-tu?
   a Je sors avant son arrivée.
   b Je ne dis rien.
   c J'explique quand je suis occupé(e) et je l'invite pour un autre soir.

L'amitié ou l'amour, faut-il choisir?

Maeva: Je trouve que les amis comprennent que quand on est amoureux de quelqu'un, on n'a plus autant de temps pour eux. A moins qu'ils soient vraiment égoïstes, ils savent tous que tu veux voir ton petit ami presque tout le temps et qu'ils doivent te voir quand tu es libre. Moi, je passe presque toutes mes heures libres avec mon ami, de peur qu'il me quitte.

Louis: Bien que j'aille voir ma petite amie tous les soirs, mes amis restent très importants dans ma vie. Je les appelle, je chatte avec eux tous les jours et on passe du temps ensemble le weekend ou pendant les vacances. Je tiens beaucoup à ne pas négliger mes amis.

Saïda: Je vois mes amis plusieurs fois par semaine, même quand je suis en couple, afin qu'ils sachent qu'ils comptent toujours dans ma vie. Mes amis seront toujours auprès de moi – du moins, je l'espère – mais avec un petit ami, on ne sait jamais. S'il n'aime pas mes copines, tant pis pour lui!

Arthur: Je dois avouer que je laisse tomber un peu mes amis quand je suis amoureux de quelqu'un. Je passe tout mon temps avec ma copine, pour qu'elle puisse comprendre qu'elle est la personne la plus importante dans ma vie, mais pour être honnête, j'aimerais voir un peu plus mes amis aussi!

4a Lisez les quatre opinions. Qui ne néglige pas ses amis quand il/elle a un(e) petite) ami(e)? (Deux personnes.)

4b Trouvez dans les textes les expressions qui correspondent aux mots suivantes.

- **a** when you are in love with someone
- **b** for fear that he will leave me
- **c** I think it's really important not to neglect my friends
- **d** my friends will always be around
- **e** too bad for him
- **f** I must admit that
- **g** I drop my friends
- **h** to be honest

Grammaire
→ 171 → W62–63

Use of the subjunctive after certain conjunctions

A Find these verbs in the four texts on this page: *ils soient, j'aille, ils sachent, elle puisse.* What are their infinitives?

B The verbs in activity A are in the subjunctive form, which is used after certain conjunctions. Which of the conjunctions in the list below come before each one?

à condition que	*provided that*
avant que	*before*
afin que	*so that*
à moins que	*unless*
bien que	*although*
de peur que	*for fear that*
jusqu'à ce que	*until*
pour que	*so that*
pourvu que	*provided that*
quoique	*even though*
sans que	*without*

- To form the subjunctive of a regular *-er*, *-ir* or *-re* verb:
  1. take the *ils/elles* form of the present tense (*parlent, vendent, finissent*)
  2. take off the *-ent* ending (to produce the stem: *parl-, vend-, finiss-*)
  3. add the following endings to the stem:

je	**-e**	*tu*	**-es**	*il/elle*	**-e**
nous	**-ions**	*vous*	**-iez**	*ils/elles*	**-ent**

- Learn by heart the subjunctive form of each of these common irregular verbs: *aller (que **j'aille**), avoir (que **j'aie**), être (que **je sois**), faire (que **je fasse**), pouvoir (que **je puisse**), savoir (que **je sache**), vouloir (que **je veuille**)*

C Find in Maeva's text an expression which is followed by the subjunctive of a regular verb.

D Translate these phrases into French, using expressions from the list in activity B. (All of the expressions need to be followed by a subjunctive form.)

1 before you go	5 although they know
2 until they arrive	6 for fear that she will go
3 unless they are able to	7 so that he leaves
4 provided that he is	8 without my finding

Amitié ou conflit?

▸ *Vous entendez-vous toujours bien avec vos amis?*
Y a-t-il des conflits à résoudre?

Débat du jour: la bande – amitié ou conflit?

Alors, moi, j'ai un problème pas comme les autres. Ce n'est pas que je me dispute avec ma meilleure amie – c'est plutôt que je vais la perdre. Nous, on fait tout ensemble – les sorties, les soirées DVD, les devoirs, même le petit boulot. Je m'entends très bien avec elle, je peux lui parler de tout et elle sait très bien m'écouter et me conseiller. Bref, elle est toujours là pour moi quand j'ai besoin d'elle. Mais, ses parents vont divorcer et elle va partir avec sa mère vivre ailleurs, à l'autre bout du pays. Et moi? Qu'est-ce que je vais faire? Je resterai ici toute seule et elle me manquera. Que feriez-vous à ma place?
Saïda

C'est bien triste. Mais la vie continuera, c'est sûr. Tu dois bien connaitre d'autres jeunes et tu devras tout simplement passer plus de temps avec eux. Il faut aussi penser à ton amie, qui a des problèmes de famille et qui doit commencer une vie nouvelle. Parle-lui, explique-lui que vous resterez en contact et que tu as l'intention de lui rendre visite pendant les vacances.
Yasmine

Tu aurais dû y penser! Quand on a un(e) seul(e) ami(e), on court toujours le risque d'être abandonné. Il aurait été plus raisonnable de faire partie d'une bande de copains. Mais ce n'est pas trop tard. Sors avec d'autres amis, invite-les chez toi, cherche un nouveau passe-temps qui te fera rencontrer les gens – le sport peut-être ou la musique. Courage! Tu as déjà été une super amie et tu te feras certainement de nouveaux copains.
Raphaël

Je pensais que j'avais de bonnes relations avec Antonéta. On sortait quelquefois, on se téléphonait, on avait le même sens de l'humour. Mais tout d'un coup elle a arrêté de me contacter, elle ne m'appelle pas si je laisse un message, elle hésite à me parler si on se rencontre par hasard. Pourquoi? Je n'ai aucune idée, mais je ne peux plus lui faire confiance. Je suis déçu. Qu'est-ce que je peux faire?
Luc

On dirait qu'elle en a assez de toi! Cherche ailleurs!
Hichim

Arrête de lui laisser des messages si elle ne répond pas. A quoi ça sert? Si elle veut te contacter, elle le fera. A ta place, moi, je sortirais avec d'autres copains et je ferais plein d'autres choses.
Alice

Peut-être qu'elle essaie de rompre avec toi, mais sans conflit? Parle-lui quand l'occasion se présentera, mais pas trop. Montre-lui que tu as d'autres centres d'intérêt et d'autres copains et laisse-la réfléchir. Si elle veut rester en contact avec toi, elle devra faire un plus grand effort. Sinon, tu sauras que votre amitié n'existe plus. Je n'aime pas son comportement, mais je le comprends. Certaines personnes préfèrent éviter les conflits! Ce n'est pas très honnête... mais c'est plus facile!
Juliette

1a **Lisez les textes, puis notez si les phrases suivantes correspondent à Saïda, à Luc ou à aucun des deux.**

a Je passe énormément de temps avec lui/elle.

b On s'est souvent disputés pour des riens.

c On a toujours eu un très bon rapport.

d Je lui parle de mes problèmes.

e On a beaucoup ri ensemble.

f Je ne le/la comprends pas.

g Je sais qu'on se verra très rarement à l'avenir.

h Je ne veux plus jamais le/la voir!

Compétences

Using a monolingual dictionary

Use a monolingual dictionary to find synonyms for words you already know. If you look up "*amusant*", you might find the alternatives "*drôle*", "*comique*" and "*divertissant*". Check the meanings in a bilingual dictionary, if necessary, before using them.

Ⓐ **Look up these words in a monolingual dictionary and find at least one suitable alternative for each.**

1 une dispute   5 aimer

2 un rapport   6 détester

3 rompre avec   7 conseiller

4 le conflit

1b Ce sont les conseils de qui? Yasmine, Raphaël, Hichim, Alice ou Juliette?

a Il faut accepter qu'elle ne t'aime plus et que tu devras trouver une autre petite amie. H

b Il vaut toujours mieux avoir plusieurs amis et pas un(e) seul(e). R

c Garde le contact, mais fais moins d'effort. J

d Tu dois faire un effort pour continuer cette amitié à distance. Y

e Oublie-la. Surtout arrête de la contacter. A

f Accepte que c'est peut-être sa façon de la quitter. J

g Cherche des activités qui te permettront de te faire de nouveaux amis. R

h Ce n'est pas la fin du monde. Tu as bien d'autres copains, n'est-ce pas? Y

2a Ecoutez Louise et Antonéta. Ecrivez un mot qui convient dans chaque blanc.

Louise et Saïda se connaissent depuis [1] ans et elles ont passé de bons [2] ensemble. Mais Louise pense que Saïda n'a pas toujours [3] ses difficultés et qu'elle était plus intéressée par ses [4] à elle. Elle trouve que Saïda aurait pu l'[5] avec plus de [6].

Antonéta aimait Luc parce qu'il était [7], mais elle n'aimait pas le fait qu'il lui [8] de plus en plus [9]. Si elle sortait avec d'autres [10] il était [11]. En fin de compte elle a décidé de ne plus le [12]. Elle sait qu'elle aurait dû lui [13], mais elle ne pouvait pas. Elle pense qu'il [14] maintenant.

2b Quels sont les effets de la pression des autres sur les jeunes? Discutez avec un(e) partenaire.

3 Ecrivez 150–200 mots sur un problème que vous avez eu avec un(e) ami(e).

• Décrivez votre amitié. (*Je l'aimais bien, parce que... et que...*)

• Décrivez le problème que vous avez eu. (*Mais un jour/une fois...*)

• Expliquez ce que vous avez fait et ce que vous auriez dû faire. (*Moi, j'ai... et... Mais j'aurais peut-être dû...*)

Grammaire →170 →W79

Recognising the conditional perfect

• The conditional perfect is used to say what **would have happened** or what someone **would have done**.

• It is formed using the conditional of an auxiliary verb (*avoir* or *être*), plus the past participle of the main verb.

*Antonéta **aurait téléphoné** à Luc si elle avait voulu le voir.*

Antonéta would have phoned Luc if she had wanted to see him.

*Si Louise n'avait pas déménagé si loin, Saïda **serait allée** la voir plus souvent.*

If Louise hadn't moved so far away, Saïda would have gone to see her more often.

• To say what **should have** or **could have happened**, the conditional perfect of *devoir* or *pouvoir* is used, followed by an infinitive.

*Antonéta **aurait dû expliquer** à Luc qu'elle ne voulait plus le voir.*

Antonéta should have explained to Luc that she didn't want to see him any more.

*Elle **aurait pu téléphoner**.*

She could have phoned.

A Reread the texts on page 120 and find three phrases in the conditional and two more in the conditional perfect.

B Do the following sentences use a conditional or a conditional perfect? Translate them into English.

1 Si Louise habitait loin de Saïda, elles ne se verraient pas souvent.

2 Saïda aurait dû faire plus attention à Louise.

3 Si les parents de Louise n'avaient pas divorcé, elle n'aurait pas déménagé.

4 Les deux filles pourraient correspondre par email.

5 Luc, tu ne devrais pas me téléphoner tous les soirs!

6 Tu pourrais sortir avec tes autres amis.

7 Luc aurait été triste si Antonéta lui avait dit qu'elle ne voulait plus le voir.

8 Si Antonéta avait vraiment aimé Luc, elle ne serait pas sortie avec d'autres garçons.

La pression des pairs

▶ *Quelle est l'importance des amis? Pourquoi ont-ils souvent tellement d'influence?*

1 Dans quels domaines vous laissez-vous influencer par vos amis? Quand décidez-vous seul? L'influence des parents ou des profs joue-t-elle un rôle décisif? Regardez la liste d'idées et discutez à deux.

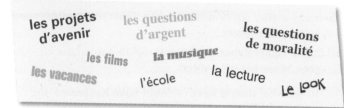

les projets d'avenir   les questions d'argent   les questions de moralité

les films   **la musique**

les vacances   l'école   la lecture   Le look

2 Lisez ces opinions et décidez s'il s'agit d'Eve, Julien, Naomi ou Raphaël.

  a It's more of a male than a female thing.

  b You need to be strong to say no.

  c Prove yourself by shoplifting.

  d Young people are more at ease with their friends.

  e It's becoming worse on estates, for example.

  f Older kids influence younger ones.

  g We need to equip kids to deal with peer pressure.

  h You can't generalise about it.

3a Lisez cette petite histoire où il est question de la pression des pairs. La copine d'Anna va-t-elle résister à la pression de son amie ou est-ce qu'elle va faire un vol à l'étalage? Avec un(e) partenaire, inventez une conclusion.

C'est arrivé samedi dernier. J'étais en ville avec ma copine Anna. Nous étions dans une boutique. Anna n'avait plus d'argent mais elle avait très envie d'avoir un petit T-shirt rose de Versace. Elle m'a dit que si j'étais une vraie copine je lui offrirais ça. Mais il ne me restait que quelques euros... pas assez pour le T-shirt. J'ai dit à Anna que je n'avais pas assez d'argent. Elle m'a proposé de faire du vol à l'étalage. Je n'ai jamais fait une chose pareille et j'ai dit non. Elle m'a dit que j'étais lâche. Garder Anna comme copine, c'était très important pour moi. Je n'avais pas d'autres amies...

3b Réfléchissez à un exemple dans votre vie où vous avez été victime de la pression des pairs. Comment avez-vous réagi? Pourquoi avez-vous réagi de cette façon? Discutez à deux.

L'influence des pairs

On parle assez souvent de l'influence que les jeunes exercent les uns sur les autres. Mais que pensent les jeunes de cette influence? Est-ce que la pression des pairs existe en réalité? Voici les opinions de quatre jeunes.

Eve
Si on est influencé ou pas dépend de l'individu. On ne peut pas dire que tous les jeunes soient influencés les uns par les autres. Si on a un caractère fort, on ne va pas se laisser faire. Si on est sûr de soi, je veux dire. Parce que pour résister à cette pression il faut savoir dire non. Il faut avoir le courage de dire ça face à l'influence des autres.

Julien
L'influence des pairs est plus forte chez les garçons que chez les filles, à mon avis. Surtout quand on est dans un groupe ou une bande parce que souvent il est question de se faire accepter par tout le groupe. Donc les autres peuvent imposer des défis. Du genre faire un petit vol à l'étalage pour prouver qu'on a sa place dans le groupe.

Naomi
Je suis persuadée que cela existe dans certains milieux. Et même que cela pose un problème de plus en plus grave. Dans des cités, par exemple, là où vous avez des jeunes d'âges différents qui se retrouvent dans les rues. Vous avez les plus âgés qui lancent des défis aux plus jeunes. Qu'il s'agisse de la délinquance – actes de vandalisme – ou de la drogue.

Raphaël
Oui, la pression des pairs existe et je dirais que c'est normal. Une jeune personne cherche son indépendance donc elle va être plus à l'aise avec ses amis. Les jeunes vont vers leurs pairs quand ils ont besoin de renseignements. Puisque c'est normal, il est important d'apprendre comment faire face aux influences négatives quand elles arrivent.

4a **Lisez et écoutez les huit opinions. Notez si vous êtes d'accord, ou pas d'accord, avec chaque personne.**

1 Je crois que les jeunes sont très influencés par leurs amis.

2 Je ne pense pas que les jeunes soient obligés de faire tout ce qu'on leur dit.

3 Je ne pense pas que les jeunes fassent tout simplement ce que leur disent leurs copains.

4 Il me semble qu'on peut toujours décider pour soi-même.

5 Je doute que les parents puissent toujours jouer un rôle décisif.

6 Moi, je ne crois pas qu'on puisse tirer des conclusions générales.

7 J'estime que chacun doit décider pour soi-même.

8 Je pense que la plupart des jeunes savent très bien prendre une décision individuelle.

4b Traduisez chaque phrase (1–8) en anglais.

Grammaire
→ 171 → W62

Use of the subjunctive to express doubt or uncertainty

In French, you need to use the subjunctive to express doubt or uncertainty. So, although a phrase like *je pense que* is not followed by the subjunctive, you will need to use it after *je ne pense pas que*.

(A) Make two lists of the phrases for expressing an opinion from activity 4: those which are followed by the subjunctive and those which are not.

(B) Decide which of these expressions will be followed by a subjunctive.

j'aime mieux que
je me demande si
je ne suis pas sûr si
crois-tu vraiment que…?
je pense que

(C) Translate these sentences into French.

1 He doesn't think she is right.

2 I doubt you can do it.

3 She thinks it is stupid.

4 We don't think you (*vous*) are honest.

5 Do you really believe he has the money?

6 They are convinced it is a good idea.

Sandrine: Alors, moi, ça ne va pas du tout. Tout le monde a une opinion et veut me dire comment vivre ma vie. D'abord, mon petit ami ne voit pas pourquoi je ne veux pas le voir ce weekend et ne veut pas comprendre à quel point je suis stressée à cause des épreuves lundi prochain. Puis mes parents veulent que je passe 24 heures sur 24 à bosser et n'aiment pas que je me détende un peu. J'aimerais dormir jusqu'à mardi et tout oublier. ☹

Florian: Calme-toi! ☺ Je doute vraiment que tout ce stress soit nécessaire. Tu révises samedi matin, tu te détends un peu samedi après-midi et tu sors le soir – avec ou sans ton petit ami, comme tu veux. Dimanche, tu répètes, à moins que tu préfères te coucher tôt au lieu de sortir.

Lars: Oui, mais il me semble que tu penses toujours aux autres. Mieux vaut ne rien décider. Samedi, tu te lèves quand tu veux et tu fais ce dont tu as envie. Ne promets rien à personne de peur que tu sois obligée de faire des trucs embêtants. ☹

Thomas: Tant de stress pour une épreuve? Je ne crois pas que ce soit raisonnable. Tu as déjà fait ce qu'il faut, j'en suis sûr, et je te conseille donc de tout oublier et de passer un weekend relaxant. Comment te détendre? A toi de décider! N'écoute pas tous ceux qui veulent t'influencer. ☺

5a Lisez les extraits, puis recopiez les phrases en les complétant avec vos propres mots.

a Sandrine est stressée parce qu'elle…

b Florian ne pense pas que…

c Lars lui conseille de…

d Thomas ne pense pas qu'elle ait besoin de…

5b Notez quatre phrases qui sont au subjonctif.

5c Ecrivez un commentaire pour ajouter au chat.

Grammaire active

Rappel

The conditional perfect is used to say what would have happened:

*Sans ces problèmes, elle **aurait fini** à l'heure.*
Without these problems, she **would have finished** in time.

It can also be used with *devoir* or *pouvoir* to say what should or could have happened:

*Ils **auraient dû** le dire!*
They **should have said** so!

Entrainez-vous!

1 Translate the sentence endings into English.

Si j'avais vu Philippe ce soir-là...

a j'aurais tout expliqué.

b je lui aurais présenté mes excuses.

c il aurait compris.

d il ne serait jamais allé à la fête sans moi.

e nous ne nous serions pas disputés.

f il serait toujours mon petit ami.

Rappel

To form the subjunctive of a regular verb, use the *ils/elles* form of the present tense minus its *-ent* ending (e.g. *parl-*, *vend-*, *finiss-*) and add these endings:

| je | **-e** | tu | **-es** | il/elle | **-e** |
| nous | **-ions** | vous | **-iez** | ils/elles | **-ent** |

The common irregular forms need to be learned by heart. The *je* forms are below; see page 176 for further details.

*aller (que **j'aille**), avoir (que **j'aie**), être (que **je sois**), faire (que **je fasse**), pouvoir (que **je puisse**), savoir (que **je sache**), vouloir (que **je veuille**)*

Entrainez-vous!

2 Translate these phrases into French.

Example: that we eat – *que nous mangions*

a that I go

b that we think

c that he says

d that they can

e that she drinks

f that you *(tu)* understand

Rappel

The subjunctive is used after certain conjunctions, including *avant que, jusqu'à ce que, afin que, pour que, à moins que, de peur que, à condition que, pourvu que, sans que, bien que* and *quoique*.

It is also used to express doubt or uncertainty, for example following phrases such as *je ne pense pas que, je ne crois pas que, je doute que, je ne suis pas sûr que* and similar.

Entrainez-vous!

3a Match up the sentence openings and endings.

c 1 Ils vont réussir à moins qu'ils...

d 2 Je t'expliquerai de peur que tu...

a 3 Je doute qu'il...

f 4 Je ne crois pas qu'elles...

b 5 Il apprend les règles, bien qu'il...

e 6 Nous l'achèterons, bien que nous...

a vienne.

b ne les comprenne pas.

c oublient mes conseils.

d ne saches pas la vérité.

e ne soyons pas riches.

f aient raison.

3b Translate the six sentences you have created into English.

4 Choose the appropriate verb from the box and write out its correct subjunctive form to fill each gap.

a C'est difficile. Je ne suis pas sure que tu ....

b Je doute qu'il ...... tort.

c Je ne pense pas que les enfants ...... avec nous.

d Elle ne croit pas que sa mère ...... l'aider

e Ils ne croient pas que je ne ...... que de l'eau.

f Nous doutons que tout le monde ...... prêt.

boire * avoir * être * pouvoir * venir * comprendre

Vocabulaire

C'est quoi, l'amitié? pages 118–119

l'amitié	*friendship*
l'égoïsme	*selfishness*
la jalousie	*jealousy*
avouer	*to admit*
bouder	*to sulk*
être amoureux de	*to be in love with*
faire des compromis	*to compromise*
laisser tomber quelqu'un	*to drop someone*
négliger	*to neglect*
promettre de	*to promise to*
se fâcher	*to get angry*
fidèle	*loyal, faithful*
bien que	*although*
à moins que	*unless*
de peur que	*for fear that*

Amitié ou conflit? pages 120–121

le comportement	*behaviour*
se disputer	*to argue*
s'entendre (bien) avec	*to get on (well) with*
se faire de nouveaux amis	*to make new friends*
courir le risque de	*to run the risk of*
éviter le conflit	*to avoid conflict*
faire confiance à	*to trust*
garder le contact	*to stay in touch*
rester en contact	*to stay in contact*
rompre avec quelqu'un	*to break up with someone*
elle me manque	*I miss her*
il vaut mieux (+infinitive)	*it's better to*
ce n'est pas la fin du monde	*it's not the end of the world*
déçu	*disappointed*
honnête	*honest*

La pression des pairs pages 122–123

une bande	*a gang*
un caractère (fort)	*a (strong) personality*
la pression des pairs	*peer pressure*
le vol à l'étalage	*shoplifting*
avoir le courage de	*to have the courage to*
être à l'aise avec	*to be at ease with*

être obligé de	*to be obliged to*
exercer une influence sur	*to exert an influence on*
faire face à	*to face up to*
se laisser influencer par	*to be influenced by*
lancer/imposer un défi	*to set a challenge*
tirer des conclusions	*to draw conclusions*
embêtant	*annoying*
lâche	*cowardly*
au lieu de	*instead of*

En plus…

une âme-sœur	*a soul-mate*
l'hypocrisie	*hypocrisy*
une injure	*an insult*
son meilleur ami	*one's best friend*
un refroidissement	*a cooling off of relations*
la trahison	*betrayal*
apporter du soutien à quelqu'un	*to offer support to someone*
avoir rendez-vous avec quelqu'un	*to meet someone*
chatter (sur Facebook)	*to chat (on Facebook)*
donner ses coordonnées	*to give one's details*
embêter	*to annoy*
se fâcher	*to get angry*
garder le calme	*to keep calm*
injurier	*to insult*
laisser tomber quelqu'un	*to drop someone*
se mettre en contact avec quelqu'un	*to get in touch with someone*
taquiner quelqu'un	*to tease someone*
parler dans le dos de quelqu'un	*to talk behind someone's back*
prendre quelqu'un en amitié	*to make friends with someone*
se séparer	*to separate*
texter, envoyer un SMS	*to text*
trahir	*to betray*
tromper quelqu'un	*to deceive someone*
confiant, plein de confiance	*confident*
égoïste	*selfish*
embêtant	*annoying*
exigeant	*demanding*
timide	*shy*

1 Que savez-vous sur l'écrivain, Marcel Pagnol? Faites des recherches, et préparez un court exposé.

- Un groupe recherche des extraits des films *La Gloire de mon père* et *Le Château de ma mère* sur YouTube et les présente aux autres.

- Un deuxième groupe fait des recherches sur l'écrivain, Marcel Pagnol. (Quand a-t-il vécu? etc.)

2 Lisez à droite l'extrait du roman *Le Château de ma mère*. Le petit Marcel raconte ses souvenirs d'enfance, qui datent de l'an 1900, et parle de son meilleur ami, Lili. Ecrivez trois adjectifs pour décrire chaque petit garçon.

Compétences

Inferring meaning when reading (2)

The *Compétences* box on page 32 deals with inferring meaning in a journalistic text. You can use the same skills on a literary text.

A The extract from *Le Château de ma mère* tells a lot in a short space, but you have to read between the lines to understand everything. Read the passage carefully, then answer the questions.

1 Comment sait-on que Lili était plus indépendant que Marcel?

2 Comment sait-on que Marcel et Lili sont encore très jeunes?

3 Comment sait-on que Marcel voulait faire une bonne impression sur Lili?

3 Ecrivez une description d'une journée passée avec un(e) bon(ne) ami(e), soit récemment, soit lorsque vous étiez petit(e). Essayez de capturer l'essence de votre amitié. Ecrivez 250–300 mots.

De bons amis

Avec l'amitié de Lili, une nouvelle vie commença pour moi. Après le café au lait du matin, quand je sortais à l'aube avec les chasseurs[1], nous le trouvions assis par terre, sous le figuier, déjà très occupé à la préparation de ses pièges[2]. Il en possédait trois douzaines, et mon père m'en avait acheté vingt-quatre au bazar. […]

Tout en rabattant le gibier vers[3] nos chasseurs, nous placions nos pièges sur le sol. Ensuite, il fallait attendre jusqu'à cinq ou six heures, pour laisser à nos pièges le temps de travailler. Nous bavardions alors, à voix basse, pendant des heures.

Lili savait tout: le temps qu'il ferait, les sources[4] cachées, les ravins où l'on trouve des champignons et des salades sauvages. En échange, je lui racontais la ville: les magasins où l'on trouve de tout, les expositions de jouets à Noël, le parc d'attractions où j'étais monté sur les montagnes russes[5]: j'imitais le roulement des roues sur les rails, les cris des passagères, et Lili criait avec moi. […]

Et d'autre part, j'avais constaté que dans son ignorance, il me considérait comme un savant, et je m'efforçais de justifier cette opinion – si opposée à celle de mon père – en faisant des calculs rapides sans papier ni crayon, mais les ayant soigneusement préparés d'avance. C'est d'ailleurs grâce à lui que j'ai appris la table de multiplication jusqu'à treize fois treize.

Je n'avais jamais été si heureux de ma vie.

Marcel Pagnol/*Le Château de ma mère*

[1] chasseurs *hunters*

[2] pièges *traps*

[3] rabattre le gibier vers *to drive the game towards*

[4] les sources *(mountain) springs*

[5] les montagnes russes *roller coasters*

By the end of this unit you will be able to:

▶ Discuss single life, partnerships, separation and divorce
▶ Discuss the pros and cons of marriage
▶ Talk about how partnerships are changing

▶ Use the subjunctive to express emotion
▶ Choose between the subjunctive and the indicative
▶ Talk about statistics
▶ Structure an argument
▶ Check your work for accuracy
▶ Offer relevant information which addresses the requirements of the task

1a Ecrivez deux listes de mots: ceux qui correspondent à la vie à deux et ceux qui se réfèrent à quelqu'un qui ne vit pas en couple.

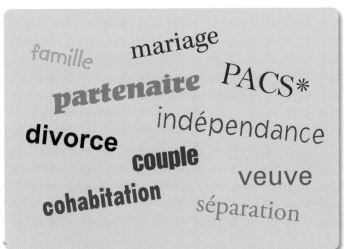

famille   mariage
partenaire   PACS*
divorce   indépendance
couple
cohabitation   veuve
séparation

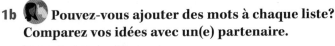

*PACS (pacte civil de solidarité) *civil partnership*

2a Lisez les proverbes et les citations. Lesquels aimez-vous?

1 Vous aviez mon cœur
Moi, j'avais le vôtre:
Un cœur pour un cœur
Bonheur pour bonheur!
(Marceline Desbordes-Valmore)

2 Tout le plaisir de l'amour est dans le changement
(Molière)

la monotonie

3 Plaisir d'amour ne dure qu'un moment,
Chagrin d'amour dure toute la vie
(Jean-Pierre Claris de Florian)

4 Car, vois-tu, chaque jour je t'aime davantage,
Aujourd'hui plus qu'hier et bien moins que demain.
(Rosemonde Gérard)

5 L'amour est aveugle
(Proverbe)

6 On ne badine pas avec l'amour
(Proverbe)

1b Pouvez-vous ajouter des mots à chaque liste? Comparez vos idées avec un(e) partenaire.

2b Complétez chaque phrase avec vos propres mots.

● L'amour c'est...
● Tomber amoureux, c'est comme...
● La vie de couple, c'est...

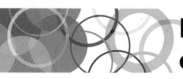

L'indépendance ou la vie en couple?

▸ *Quels sont les avantages de vivre en couple?*

▸ *Vivre seul: indépendance ou solitude?*

▸ *La séparation et le divorce: quel en est l'effet sur notre société?*

1 🗣 **Discutez avec un(e) partenaire: quels sont les avantages d'une vie indépendante? et de vivre en couple? Ajoutez des idées à chaque liste ci-dessous.**

Si on est indépendant(e) on…

- peut sortir avec beaucoup d'amis différents.
- est libre de prendre toute décision sans consultation.
- peut partir vivre ailleurs si on en a envie.

Si on a un(e) partenaire, on…

- n'est jamais seul.
- sait qu'on est aimé.
- peut vivre moins cher en partageant les frais.

Est-ce qu'il est important pour vous d'avoir un(e) partenaire dans la vie?					
Réponses	15–24 ans	25–39 ans	40–59 ans	60 ans ou plus	Ensemble
Oui, sinon je ne peux pas être heureux/heureuse	19%	32%	47%	65%	36%
C'est très important	34%	35%	45%	22%	39%
C'est bien, mais ce n'est pas indispensable	25%	25%	24%	9%	15%
Oui, mais j'aime bien l'indépendance aussi	18%	7%	2%	3%	7.5%
Non, l'indépendance est beaucoup plus importante pour moi	14%	2%	2%	1%	2%

2 **Etudiez les résultats du sondage, puis complétez les phrases.**

a ...... % des 40–59 ans trouvent très important d'avoir un(e) partenaire.

b Seulement ...... % des plus jeunes trouvent que l'indépendance est plus importante que d'avoir un(e) partenaire.

c Environ un tiers des 15–24 ans ....

d Un quart de ceux-ci trouvent qu'un(e) partenaire ....

e Presque la moitié des ...... à ...... ans ne sont pas heureux sans partenaire.

f Environ deux ...... des personnes qui ont plus de 60 ans trouvent vital d'avoir un(e) partenaire.

g Dans l'ensemble, ... personnes sur dix pensent qu'il est très important d'avoir un(e) partenaire.

h La plupart des gens veulent ....

Compétences

Talking about statistics

- Make sure you understand what the figures refer to, e.g. percentages, numbers in millions, etc.
- Check that you know all your numbers in French, including years, large numbers and decimals. (Remember, a decimal point in French is written as a comma – *une virgule*.)
- As well as stating percentages, try to use phrases such as "half" (*la moitié*) or "one in ten" (*un/une sur dix*).
- Try to interpret the figures and make comparisons, using phrases like *plus/moins/autant de*.

Ⓐ **Look at the completed sentences in activity 2 and work out the French for the following:**

1 about a third   5 three people in ten

2 most people   6 40% of 20–30-year-olds

3 a quarter of these   7 two-thirds of the over-60s

4 nearly half

La séparation et le divorce

Vivre seul semble être une tendance durable: elle est d'ailleurs tout à fait dans l'esprit de nos sociétés de plus en plus centrées sur l'individu. L'une des raisons principales, c'est la séparation et le divorce, tendances qui se manifestent de plus en plus dans les sociétés occidentales. Il s'agit peut-être d'un jeune couple qui se sépare après quelques années de mariage ou bien de parents qui n'ont plus envie de rester ensemble et qui décident entre eux qui va avoir la garde des enfants. Autrement, il y a les couples plus âgés qui ne voient plus de raison de rester ensemble après le départ de leurs enfants, ce qu'on appelle le syndrome du nid vide. Tout ceci mène à une société moins unie… et moins heureuse?

3 **Lisez l'article, puis répondez aux questions en anglais.**

a What tendency is said to be here to stay?

b Why is it seen as typical of modern society?

c What is becoming more common in western society?

d Which three typical examples are cited?

e What final question does the passage pose?

4a Lisez les quatre témoignages, puis choisissez un verbe au subjonctif dans l'encadré pour compléter chaque blanc (a–g).

> fasse ∗ vive ∗ mange ∗ devienne ∗ connaisse ∗ soit ∗ m'habitue

Noëlla: Je viens de commencer ma première année en fac et je dois dire que cela me fait énormément plaisir d'avoir un petit studio pour moi dans la banlieue de Paris. Je peux tout avoir comme je veux – les meubles, le décor, etc. <u>Mon problème, c'est qu'il ne faut pas que je **(a)** quand je n'ai pas faim!</u> J'invite des amis seulement quand l'envie me prend et je décide quand et avec qui sortir. Vraiment, l'indépendance, c'est dingue! <u>Mais il est aussi essentiel que je **(b)** des gens qui habitent tout près.</u> On s'aide, on cuisine quelquefois ensemble, on sait qu'on n'est pas tout seul.

Martin: Après la fac j'ai eu la chance d'être embauché là où j'ai toujours voulu travailler, mais l'inconvénient c'est que je dois vivre tout seul dans une ville où je ne connais personne. <u>J'aimerais bien que ma petite amie **(c)** avec moi,</u> mais elle travaille à l'autre bout du pays, donc pour le moment ce n'est pas possible. <u>C'est bien dommage qu'on ne **(d)** pas ensemble,</u> mais nous débutons tous les deux nos carrières et pour le moment, cela doit rester notre priorité.

Madame Thierry: Je ne vis pas seule par choix, mais étant veuve et ayant des enfants adultes qui ont leurs propres enfants à élever, c'est comme ça. Ça fait seulement six mois que je suis seule et j'apprends déjà beaucoup de choses. Par exemple, <u>il est nécessaire que je **(e)** confiance aux autres,</u> même parfois aux gens que je ne connais pas, mais dont l'aide m'est indispensable. Je dois prendre plus de décisions qu'autrefois et je dois m'informer sur le plan financier – c'était toujours le domaine de mon mari. Mais qui sait? <u>Il est possible qu'un jour je **(f)** à ma nouvelle situation.</u>

Philippe: J'habitais pendant mes études avec deux copains, mais ils sont tous les deux partis – un pour vivre en couple et un parce qu'il travaille à l'étranger pendant quelques mois. Si je préfère vivre seul? Alors, il y a des avantages, mais ça coute plus cher <u>et mes parents ont peur que je **(g)**… comment dirais-je… trop original!</u> Si je veux manger des pâtes pour le petit déjeuner ou passer le weekend entier en pyjama, je peux le faire. J'espère que je ne vivrai pas toujours seul et qu'un jour j'aurai une partenaire avec qui je peux tout partager.

5 Complétez les *Expressions-clés* (ou d'autres expressions suivies du subjonctif) pour donner des conseils à Madame Thierry et à Martin.

Exemple:
Selon moi, il est essentiel que Martin écrive souvent à sa petite amie. Je suggère qu'il…

Expressions-clés

Selon moi, il est essentiel que…
Je suggère que…
Il vaut mieux que…
Il est possible que…

6 Vivre seul ou vivre avec un(e) partenaire? Quels sont, selon vous, les avantages et les inconvénients des deux situations? Ecrivez 150–200 mots pour expliquer votre opinion personnelle.

Grammaire
 171 W63

Use of the subjunctive to express emotion

Ⓐ Match phrases 1–9 to the feelings they express (a–f).

Example: 1 il n'est pas sûr que = a a doubt

1 *il n'est pas sûr que*	**a** a doubt
2 *c'est dommage que*	**b** an obligation, a necessity or advice
3 *avoir peur que*	
4 *il faut que*	**c** a possibility
5 *vouloir/ne pas vouloir que*	**d** a fear
6 *bien aimer que*	**e** a will or a wish
7 *il est essentiel que*	**f** a regret
8 *il est nécessaire que*	
9 *il est possible que*	

Ⓑ Translate the completed underlined sections in the four texts into English.

Ⓒ Complete each of these sentences with the correct subjunctive form of the verb in brackets.

1 C'est dommage que tu …… seul. [*vivre*]
2 Je ne veux pas qu'il me …… visite. [*rendre*]
3 Est-il nécessaire que tu …… toujours si occupé? [*être*]
4 Il est possible que nous ne …… pas. [*venir*]

4b Ecoutez pour vérifier.

Pour ou contre le mariage?

▶ *Le mariage: un morceau de papier inutile ou la plus belle preuve d'amour qu'on puisse donner à un(e) partenaire?*

Sondage

Q1 Préféreriez-vous:
  a) être marié(e)?
  b) vivre en concubinage?
  c) être célibataire?

Q2 Aimeriez-vous avoir:
  a) plusieurs enfants?
  b) un seul enfant?
  c) pas d'enfants du tout?

Q3 Choisissez trois adjectifs pour décrire votre partenaire idéal:
  a) ......
  b) ......
  c) ......

Q4 Quels sont les trois défauts que vous ne supporteriez pas chez un(e) partenaire? Notez trois adjectifs:
  a) ......
  b) ......
  c) ......

vivre en concubinage: vivre avec un(e) partenaire sans être marié

1a Répondez aux questions du sondage. (Notez vos réponses sur une feuille.) Vous pouvez utiliser les adjectifs de la liste à côté ou en trouver d'autres qui correspondent exactement à vos idées.

1b Comparez vos réponses avec celles d'un(e) partenaire.

2 Etes-vous d'accord ou pas d'accord avec les idées suivantes? Ecrivez "oui" ou "non", puis comparez vos réponses en groupe.

a Si on s'aime, on se marie.

b Il faudrait se marier pour avoir des enfants.

c Pourquoi se marier quand on peut vivre en concubinage?

d On a plus de liberté si on reste célibataire.

e Le mariage est souvent suivi par le divorce, donc ça ne vaut pas la peine.

f Toute une vie à deux? C'est trop long.

g Ce n'est pas le morceau de papier qui compte, c'est l'amour.

musclé/musclée

charmeur/charmeuse

violent/violente

ambitieux/ambitieuse

capricieux/capricieuse

coléreux/coléreuse

beau/belle

artistique

gentil/gentille

travailleur/travailleuse

doux/douce

timide

enthousiaste

égoïste

sportif/sportive

créatif/créative

extraverti/extravertie

intelligent/intelligente

CROYEZ-VOUS EN L'IMPORTANCE DU MARIAGE?

Me marier? Je pense que je ne le ferai pas. Mes parents sont divorcés, et j'ai vu le mal que cela peut faire. Je préfère ne pas faire des promesses que je ne pourrai peut-être pas tenir. Je crois que c'est plus honnête de dire "Je resterai avec toi tant que nous le voudrons tous les deux."
MARTIN

J'imagine toujours la vie à deux, avec quelqu'un que j'aime et qui m'aime, mais ça ne veut pas forcément dire que je me vois mariée. Vivre à deux, sans ce petit morceau de papier officiel, me paraît tout aussi valable. En plus, on ne dépense pas une grande somme d'argent pour la cérémonie et la fête!
ELOÏSE

Oui, pour moi le mariage reste important. D'abord, je suis croyant et je préférerais être marié, c'est-à-dire lié à quelqu'un devant Dieu et nos familles, plutôt que d'être le concubin de ma partenaire. Ça fait plus sérieux, ça nous donnerait une base solide pour le reste de notre vie. Nous résoudrions nos problèmes ensemble.
STÉFANE

Je crois que tous les couples ont les mêmes droits aujourd'hui, qu'ils soient mariés ou pas, alors je ne vois pas de raison de me marier. Dans le passé, tout le monde le faisait, mais au vingt-et-unième siècle... pourquoi?
ISABELLE

3a Lisez les textes et décidez qui est pour le mariage et qui est contre.

3b Qui...

a trouve qu'on peut économiser si on ne se marie pas?

b croit que le mariage est démodé?

c n'a plus confiance en l'idée du mariage?

d envisage peut-être de se séparer de son partenaire?

e espère se marier et rester marié?

f espère avoir un(e) partenaire pour la vie, mais sans se marier?

4 Ecoutez Christophe, qui est marié, et Claire, qui vit avec Antoine depuis huit ans. Résumez leurs arguments, puis comparez avec un(e) partenaire. *CD2 track 26*

5 Etes-vous pour ou contre le mariage? Ecrivez trois paragraphes: arguments pour, arguments contre et votre opinion personnelle.

6 Faites un débat en groupe sur la motion "Nous sommes pour le mariage".

Compétences

Structuring an argument

● If you are taking part in a debate, start by rereading texts on the topic and collecting arguments for and against the motion.

A Reread the texts above and note the arguments for and against marriage.

B Now add one argument of your own to each list.

C Use the *Expressions-clés* to plan three points you will make in favour of or against marriage.

● When the discussion opens up you will need to counter other people's arguments.

Argument: *Quand on aime quelqu'un, un morceau de papier n'est pas vraiment important.*

Counter-argument: *Je ne suis pas du tout d'accord. Pour moi, le mariage c'est la plus belle preuve d'amour qu'on puisse donner à un partenaire.*

D Think of a counter-argument for the following points. Use the *Expressions-clés.*

– *Une grande fête de mariage coute cher et je trouve que c'est du gaspillage.*

– *Sans la cérémonie à l'église, on n'est pas vraiment mariés.*

– *Je suis sure que le mariage est plus durable que la vie en concubinage.*

Expressions-clés

Moi, je trouve que...
Pour moi, il est important de...
Je suis convaincu que...
Je crois personnellement que...

Je ne suis pas du tout d'accord parce que...
Au contraire, moi je pense que...
En revanche, je crois plutôt que...
Oui, mais il ne faut pas oublier que...

La vie à deux

▶ *Comment la vie de couple change-t-elle aujourd'hui?*

Nous avons tous les deux de longues journées de travail et je pense que cela donne une certaine égalité. Celui qui rentre en premier prépare le repas. Les courses, on aime les faire à deux si possible, et pour le ménage c'est plutôt à tour de rôle. Si moi,  j'ai passé mon samedi après-midi à nettoyer et à balayer, il doit accepter que c'est à lui la prochaine fois. Je ne considère pas du tout que cela soit mon domaine réservé, ce qui était d'ailleurs l'attitude de ma mère. Mon mari accepte mes idées – si ce n'était pas le cas, je ne l'aurais pas épousé!

Louise

Bien que nous soyons assez jeunes, je dirais que nous vivons une vie de couple plutôt traditionnelle. Je ne trouve pas que ce soit forcément le rôle de la femme de cuisiner et de faire le ménage, mais je dois dire que je suis plutôt bonne dans ce domaine et que mon partenaire, lui, préfère  largement s'occuper de toute la paperasserie qui existe dans un foyer et des tâches pratiques comme le jardinage et le bricolage. Et pourquoi pas? Être moderne, c'est faire son propre choix et nous l'avons fait à deux. Chacun fait ce qu'il aime le plus et est content de laisser certaines choses à l'autre!

Ariane

Nous, un couple traditionnel? Je ne crois pas qu'on puisse dire ça! Nous partageons les rôles entre nous. Moi, je suis plus créatif et j'aime cuisiner, bricoler et décorer. Mon partenaire, lui, est plus prêt à faire des choses que je trouve ennuyeuses – le repassage par exemple!  Il met tout simplement son iPod et ne voit plus ça comme une corvée. Mais il y a des gens qui pensent que vivre en PACS, comme nous le faisons depuis plus de deux ans, ce n'est pas traditionnel du tout. Bon, chacun à son gout! Les grandes décisions, nous les prenons toujours à deux. C'est ça qui compte, je trouve!

Charlie

Lorsque je vivais en couple, il y avait toujours des disputes concernant nos rôles respectifs. Puisque je travaillais très dur et que ma copine avait des difficultés à se faire embaucher, j'attendais qu'elle fasse le ménage et la  cuisine la plupart du temps. Pour moi, c'était raisonnable, vu les circonstances, mais elle n'était pas d'accord et en fin de compte, elle est partie. Une prochaine fois, j'espère avoir un rapport moins déséquilibré, mais je trouve qu'il faut toujours savoir s'adapter. Si moi, j'étais au chômage, la situation serait peut-être inversée.

Vincent

1 **Lisez les quatre textes. Qui... ?**

  a est contente de faire presque tout le ménage *a*

  b a un partenaire du même sexe que lui *c*

  c fait la cuisine à peu près la moitié du temps *b*

  d explique depuis quand il vit en couple *c*

  e ne vit plus avec son partenaire *v*

  f ne veut pas faire toutes les tâches domestiques *b*

2a **Ecoutez, puis reliez chaque personne à son partenaire: est-ce Louise, Charlie, Ariane ou Vincent?**

2b **Réécoutez, puis recopiez et complétez les phrases avec vos propres mots.**

  1 Je ne voulais pas accepter que .... Donc j'ai décidé de ....

  2 Nous, on a su ....

  3 Dans notre couple, c'est moi qui ...... et ma femme qui ....

  4 La plupart de nos amis ...... bien que nous ne soyons pas un couple 'typique'.

Compétences

Checking work for accuracy

What should you look for when rereading your written work and checking for accuracy? Use the checklist below to help you find any mistakes you have made in the three paragraphs you wrote for activity 3.

1 Underline all the verbs and then check whether...
  - each agrees with its subject.
  - each is in the correct tense.
  - you have remembered to use the subjunctive where necessary.

2 Underline all the adjectives and check whether...
  - those that are feminine or plural have the correct agreement.
  - you have remembered any irregular feminine forms that you need.
  - adjectives are in the right place – should any be before the noun they describe?

3 Think about the gender of the nouns used. Are they all correct?

4 Look for missing accents.

5 Look for words where the spelling is slightly different from the English version: have you got them right?

6 Are there any non-idiomatic phrases: places where you have translated too literally from English?

3 **Ecrivez trois paragraphes sur la vie du couple, en vous référant aux points suivants:**

  - la vie d'un couple traditionnel
  - en quoi la vie du couple est – ou n'est pas! – différente de nos jours
  - votre opinion personnelle sur la vie idéale d'un couple.

Grammaire
171 ➡ W82

Subjunctive or indicative?

The mood of a verb tells us what the speaker's attitude is to what s/he is saying.

  - Indicative: to indicate a fact
  - Imperative: to give an instruction/order
  - Conditional: to indicate a hypothetical event or action
  - Subjunctive: introduces subjectivity, emotion and doubt

The distinction between indicative and subjunctive is clear when you say what you think:

Je pense que c'est utile.

I'm certain in my own mind of what I think.

Je ne pense pas que ce soit utile.

I'm not so sure, there is some doubt in my mind.

A **Find in the texts on page 132 the French for these sentences.**

  1 I really don't see that it is my business.

  2 I don't think you can say that!

  3 I don't think it's the woman's role to...

B **Decide whether you need the indicative or the subjunctive form of the verb in brackets in each of these sentences from the listening passages.**

  1 Il est très facile pour un homme de dire que la femme ...... s'occuper de toutes les tâches domestiques. [*pouvoir*]

  2 Je crois que nous ...... assez paisiblement ensemble. [*vivre*]

  3 Il faut que je ...... un peu de cuisine si j'arrive en premier le soir. [*faire*]

  4 J'ai dû accepter que ni l'un ni l'autre ne ...... vraiment s'en occuper. [*vouloir*]

  5 Je ne crois pas qu'on ...... donc obligé de vivre de façon différente des générations précédents. [*être*]

  6 Je crois que la société ...... avec le temps à s'adapter. [*apprendre*]

  7 Je ne crois pas que la plupart des gens qui nous connaissent ...... une attitude négative envers nous. [*avoir*]

Grammaire active

The subjunctive

Rappel

- The subjunctive is not a tense but a mood you use to express your "subjectivity" about events, e.g. how you feel about something (wish, fear, etc.) and how you view events (possible, uncertain, etc.).

- It is most commonly used in the present, in a subordinate clause introduced by *que*. It also follows certain conjunctions *(bien que,* etc.)

- The endings of subjunctives are straightforward but you need to learn some common irregular verbs by heart: *aller, avoir, être, faire, falloir, pleuvoir, pouvoir, savoir, valoir, vouloir* (see page 176).

- The subjunctive is less common in English so it can be tricky to use in French. Remember this ABC:

  A Use it to express an opinion or a doubt using certain verbs or impersonal phrases: *douter que/ne pas être sûr que*/ne pas penser que*/il n'est pas certain que/il est impossible que...*
  (* in the negative only)

  B Use it to express an emotion (fear, regret, happiness, wish, will, necessity) using certain verbs and impersonal phrases: *avoir peur que/regretter que/être content que/ souhaiter que/vouloir que/il faut que...*

  C Use it to express time, concession, aim or condition using conjunctions: *avant que/bien que/pour que/ à moins que...*

Entrainez-vous!

1 Read the text below and identify all the subjunctives contained in it. Explain the use of each one, with reference to the ABC list above.

Mon père me met une pression incroyable! Il veut que je sois le meilleur partout. Il insiste pour que je prenne des cours de maths supplémentaires afin que j'améliore ma moyenne. En même temps, il n'arrête pas de dire qu'il doute que je sois capable de réussir au bac. Il a peur que je sois le seul de la famille à le rater. Pour lui, ça serait la honte! Ma mère aussi souhaite que je réussisse mais ce n'est pas une obsession comme chez mon père! Il refuse que je fasse du foot le samedi après-midi à moins que je ne passe le reste du weekend à faire des révisions. Il me prend la tête!

2 Decide whether to use the indicative or the subjunctive in each sentence.

a Je sais que je *suis/sois* assez indépendante.

b Ce n'est pas certain que *j'ai/j'aie* la patience qu'il faut pour vivre en couple.

c Un partenaire veut souvent qu'on *est/soit* d'accord avec lui sur tout.

d Je comprends pourquoi on ne *peut/puisse* pas toujours prendre ses propres décisions.

e Les parents, eux aussi, estiment qu'ils *ont/aient* le droit de tout influencer.

f Un partenaire n'aime pas qu'on *fait/fasse* trop de choses sans lui.

g Mais il est dommage qu'on *doit/doive* discuter de tout avec quelqu'un d'autre.

h Je suis convaincue qu'il *est/soit* mieux de rester seule!

3 Translate these sentences into French using the subjunctive.

a I will get married provided my partner wants to.

b You have to discuss things to reach a compromise.

c I'm really happy that my partner is independent.

d Don't you think he has enough experience to decide?

e My parents don't want me to live on my own.

f You mustn't be disappointed if it doesn't work.

4 Using the language and structures on this spread, write a paragraph in French about marriage and life as a couple. Include at least three subjunctives.

Vocabulaire

L'indépendance ou la vie en couple?   pages 128–129

le divorce	*divorce*
un(e) partenaire	*a partner*
la séparation	*separation*
une tendance	*a trend*
la vie en couple	*life as a couple*
divorcer	*to divorce*
faire confiance à quelqu'un	*to trust someone*
partager	*to share*
rendre visite à	*to visit (someone)*
rester ensemble	*to stay together*
s'aider	*to help each other*
s'habituer à	*to get used to*
se séparer	*to separate*
la société occidentale	*western society*
le syndrome du nid vide	*empty-nest syndrome*
à l'autre bout du pays	*at the other end of the country*
durable	*here to stay*
sur le plan financier	*regarding finance*

Pour ou contre le mariage?   pages 130–131

une base solide	*a solid foundation*
la cérémonie	*ceremony*
un défaut	*a fault*
la fête	*party*
un morceau de papier	*a piece of paper*
dépenser une grande somme pour	*to spend a large amount*
être croyant	*to have (religious) faith*
être marié	*to be married*
faire (tenir) des promesses	*to make (keep) promises*
résoudre ses problèmes	*to solve one's problems*
rester célibataire	*to stay single*
s'aimer	*to love each other*
vivre en concubinage	*to live together*
capricieux/capricieuse	*temperamental*
coléreux/coléreuse	*bad tempered*
doux/douce	*gentle*
extraverti	*extrovert*
têtu	*stubborn*
travailleur/travailleuse	*hard-working*
ça ne vaut pas la peine	*it's not worth it*
devant Dieu	*before God*

La vie à deux   pages 132–133

l'égalité	*equality*
la paperasserie	*paperwork*
le foyer	*the home*
la dispute	*argument*
les tâches domestiques	*household jobs*
les générations précédentes	*previous generations*
s'adapter	*to adapt*
balayer	*to sweep*
épouser	*to marry*
nettoyer	*to clean*
s'occuper de	*to take care of/see to*
vivre en PACS	*to live in a civil partnership*
déséquilibré	*unbalanced*
(pas) forcément	*(not) necessarily*
à tour de rôle	*taking turns*
ce qui compte	*what's important*
ce qui nous convient	*what suits us*
chacun à son gout	*each to his own*
en fin de compte	*finally, at the end of the day*
j'ai mes doutes	*I doubt it*
vu les circonstances	*given the circumstances*

En plus…

l'acte de mariage (m)	*marriage certificate*
la cérémonie de mariage	*marriage ceremony*
le/la conjoint(e)	*marriage partner*
le conseiller conjugal	*marriage guidance counsellor*
la consultation conjugale	*marriage guidance*
les nouveaux mariés	*newly wed couple*
le taux de nuptialité	*marriage rate*
la vie conjugale	*married life*
les vœux de mariage	*marriage vows*
être du même avis que	*to be of the same opinion as*
être en accord (sur)	*to agree (about)*
avoir une relation avec quelqu'un	*to be in a relationship with someone*
être incapable de s'entendre	*to be unable to get on*
se mettre d'accord (sur)	*to agree (on)*
se trouver en désaccord (sur)	*to disagree (about)*
ils sont faits l'un pour l'autre	*they are made for each other*
ils sont très bien assortis	*they are just right for each other*
c'est le jour et la nuit	*(we/they) are chalk and cheese*

1 Connaissez-vous la jeune écrivaine Faïza Guène, qui a écrit son premier roman *Kiffe kiffe demain* à l'âge de 19 ans? Faites des recherches sur elle sur Internet.

Dans le roman Kiffe kiffe demain, *la jeune Doria fait du babysitting pour Sarah, fille de Lila. Dans cet extrait, Doria parle du mariage entre Lila et son ex-mari.*

Le mariage de Lila

Lila est d'origine algérienne, comme Tante Zohra. Elle est partie très tôt de sa famille pour vivre comme elle avait envie, comme dans les romans qu'elle

lisait à seize ans. Avec le père de Sarah, ils se sont rencontrés très jeunes, et sont tout de suite tombés amoureux. Leur histoire commençait comme dans les films du dimanche après-midi, avec des «je t'aime» tous les dix mètres et des balades interminables par des belles journées de juillet. […]

Le problème c'est que les deux familles étaient contre cette union. Dans la famille du père de Sarah, ils sont bretons depuis au moins… je sais pas moi… dix-huit générations, alors que chez Lila c'est tendance famille algérienne traditionnelle soucieuse de préserver les coutumes et la religion. Donc eux, ils étaient fâchés d'avance et puis la famille de son ex-mari, ils ont du mal avec le bronzage. Tous les deux, ils ont quand même décidé de se marier, alors que déjà à ce moment-là, le couple partait un peu en vrille.[1] Lila dit qu'avec le recul, elle se rend bien compte qu'ils ont fait ça par rébellion plus que par amour. Le jour du mariage reste d'ailleurs une putain de mauvais souvenir. Une ambiance de mort, presque aucun invité de son côté, et comme par hasard, beaucoup de porc au repas préparé par le beau-père. Limite s'il en aurait pas mis dans la pièce montée[2] juste pour déconner. Ça le faisait mourir de rire, ces blagues bien lourdes sur la religion. A tous les repas de famille – enfin ceux où elle était invitée – il fallait qu'il sorte la blague athée de huit heures moins le quart. Déjà que Lila elle se sentait pas à sa place. […]

© Faïza Guène/*Kiffe kiffe demain*

[1] partait un peu en vrille *was going quickly downhill*
[2] le pièce montée *the wedding cake*

2 Répondez aux questions.

a En quoi les deux familles étaient-elles très différentes l'une de l'autre?

b Pourquoi la famille de Lila était-elle contre le mariage?

c Comment sait-on que la famille du mari avait des préjugés contre les étrangers? Donnez des exemples.

3 Qu'est-ce que ce texte nous apprend sur les mariages mixtes? Que pensez-vous des idées exprimées?

Compétences

Offering relevant information which addresses the requirements of the task

Activity 3 asks you to do two things: summarise what the text says about inter-racial marriages and give your opinion on the ideas expressed. You need to make sure you cover both parts of the question. Follow the steps below to help ensure that your answer is coherent and logical.

1 Be clear what the attitude of each family is – your answers to the questions in activity 2 will help you with this.

2 Decide what you think about the two attitudes: can you understand the concerns of Lila's family about their religion? What do you think of the husband's family's attitude to Lila and her family? Are the father-in-law's jokes about Lila's religion acceptable? Why/Why not?

3 When writing up your answer, make sure you…
- introduce the idea that this text compares the attitude towards marriage of two very different families.
- describe the attitude of each family, giving examples from the text.
- give your opinion on the attitude of both families: do you think their ideas are acceptable? Make sure you explain why or why not.
- conclude by briefly comparing or contrasting the two attitudes. Do you agree with one and not the other? Or do you think both are acceptable or unacceptable?

Exam practice

The following four practice tests are each to be completed after a group of three units in *élan 1*. Each group represents the material you need to cover for one topic from the AQA AS French exam:

- **Media** TV, advertising, communication technology
- **Culture** cinema, music, fashion
- **Health** sport and exercise, health, holidays
- **Marriage and partnerships** family, friendships, marriage and partnerships

Each test contains examples of all the things you will have to do in your exam:

- Reading comprehension, including a cloze grammar test
- Listening comprehension
- A choice of essays to write
- A speaking card to discuss
- Sample oral questions

How do these tests compare with the exam?

These tests will give you practice of all the skills which will be tested in your exam, but the reading and listening sections are a bit shorter than in the real exam. The essay question is just like in the exam, but the oral is a bit shorter because you will discuss only two sub-topics, not four. The tests are designed to encourage you to revise the topics as you go and not leave all the learning until the last minute!

What do the test marks mean?

AQA Unit 1 (Reading, Listening and Writing) exam papers have a total of 110 marks. It's easy to convert your practice test mark to an equivalent exam mark:

- double your scores for the Reading (out of 18) and subtract one mark, then double your marks for the Grammar test (out of 5) and the Listening (out of 15), and
- add those marks to your total for the Essay, which will be marked according to the AQA criteria (out of 35) and
- that will give you a mark out of 110.

AQA Unit 2 (Oral) exams have a total of 50 marks, according to AQA criteria.

Your teacher will advise you about what your Unit 1 and Unit 2 Exam Practice totals mean in terms of a final grade for the A2 exam.

How to revise

- Look over the reading and listening activities you have done in class and learn from your mistakes.
- Learn as much vocabulary for each topic as you can. Individual words are useful, but so too are phrases.
- Revise past essays, noting comments about planning and content and making sure you understand any grammatical errors you have made.
- Practise talking about each topic in turn. You could do this with a partner or perhaps record yourself answering a list of questions. Try to make two or three points for each question, giving examples and opinions and backing them up with reasons.

Ah oui, j'ai tout révisé

What next?

When you have worked through élan 1 and done the practice tests as you go, you will be well prepared to tackle AQA past papers. For those, your teacher can tell you exactly what grade your mark would get you by looking up the grade boundaries on the AQA website.

Bon courage! Et bonne chance!

Reading

1 Est-ce que ces personnes trouvent que le téléphone portable est indispensable? Écrivez *Oui, Non* ou *PS* (pas sûr). *(6 marks)*

Ton portable – tu pourrais t'en passer?

1 Je ne sors jamais sans portable, de peur qu'il se passe quelque chose et que j'en aie besoin en cas d'urgence. On ne sait jamais et je trouve qu'il faut être prêt pour tout!

2 Il y a des fois où je suis contente d'avoir mon portable dans mon sac, mais je suis tout aussi capable de le laisser chez moi. C'est utile, mais je n'y suis pas accro!

3 J'ai horreur des gens qui sont toujours en train d'envoyer des SMS, d'appeler leurs copains pour ne rien dire et de déranger tout le monde. Je ne veux certainement pas être comme ça.

4 Si j'ai mon portable quand je voyage en train ou que j'attends quelqu'un, je suis content de pouvoir écouter un peu de musique ou faire un jeu. Mais je ne suis pas d'avis qu'il faut absolument l'emporter partout – dans le passé on vivait très bien sans cet appareil, n'est-ce pas?

5 Mes parents sont très contents que j'aie toujours mon portable sur moi et donc ils me permettent de sortir assez tard le soir et de voyager seul. Sans portable, j'aurais trop de restrictions, donc pour moi c'est un besoin absolu!

6 Sans portable je ne serais plus en contact avec toutes les personnes importantes dans ma vie. En revanche, j'aurais plus de paix, surtout par rapport à mes parents, qui tiennent beaucoup à me contacter à toute heure, ce qui n'est pas forcément toujours un avantage!

2 Lisez l'opinion du psychologue concernant la télévision dans les chambres d'enfants, puis répondez aux questions en français. *(6 marks)*

Un psychologue parle…

On me demande souvent mon avis sur la question d'un poste de télévision dans la chambre d'un enfant. J'ai bien sûr une opinion personnelle, mais quand il s'agit de donner des conseils aux autres, c'est peut-être plus utile de consulter des documents professionnels. Plusieurs études ont montré que les enfants qui ont une télé dans leur chambre la regardent plus que les autres. Et quand ils le font, leurs parents ne sont pas là. Les enfants ne peuvent donc pas leur poser de questions même s'ils ne comprennent pas ou sont effrayés. On constate aussi que ces enfants ont tendance à se coucher plus tard, donc à dormir moins. Ils ont souvent de moins bons résultats à l'école que les autres enfants. Des chercheurs de Nouvelle-Zélande ont confirmé que les écoliers ayant une télé dans leur chambre sont plus faibles en mathématiques, en lecture et en langues. En plus, le bon sens vous dit qu'un enfant qui passe des heures dans sa chambre sort moins, respire moins d'air frais, bouge en fin de compte moins qu'un enfant qui joue plus dehors. Là aussi, il y a des conséquences pour la santé. En tout, je ne trouve pas que ce soit une bonne idée de laisser les enfants décider quand et combien de temps ils vont regarder la télévision.

a Quelle est la première comparaison que le psychologue fait entre les enfants qui ont un poste de télévision dans leur chambre et les autres enfants? (1)

b Quel est, selon lui, le rôle des parents quand leurs enfants regardent la télé? (2)

c Pourquoi croit-il que les enfants qui regardent la télé dans leur chambre ont de moins bons résultats à l'école? (1)

d Quels sont les effets négatifs sur la santé d'un enfant qui regarde souvent la télévision dans sa chambre? (2)

Vous voulez bloguer comme un pro? Faites alors ce cours interactif!

Suite au succès de mon article «Créez votre blog pro gratuitement» j'ai voulu aller encore plus loin dans ma démarche et vous proposer la formation «Bloguer comme un pro» pour que vous alliez encore plus vite à apprendre le web marketing et comment utiliser votre blog de façon optimale.

Vous êtes de plus en plus nombreux à me demander des informations sur la création d'un blog, les avantages, les difficultés rencontrées… et plein d'autres choses encore…

La solution?

Voici une formation que j'ai expérimentée et qui m'a donné entière satisfaction: Bloguer comme un pro. Elle vous donnera les outils nécessaires pour…

- attirer de nouveaux clients
- être reconnu comme un expert dans les domaines du marketing web et de la vente
- booster votre référencement afin d'apparaître dans les premières positions dans Google

Cette formation est composée de 8 modules interactifs tout en vidéo, soit plus de 12 heures de conseils pratiques et de méthodes détaillées pour réussir en tant que blogueur. Vous apprendrez, entre autres:

- Que faire avant de lancer son blog
- Comment installer son blog
- L'architecture d'un blog
- Comment ajouter les plugins Facebook, Twitter
- Techniques de promotion basiques
- Techniques de promotion avancées
- Devenir un blog référence dans son domaine

3 Lisez la publicité sur une formation pour apprendre à bloguer, puis notez si les phrases sont V (vraies), F (fausses) ou ND (l'information n'est pas donnée). *(6 marks)*

   a Ceci représente un tout nouveau départ pour l'auteur.

   b Dans ce cours, on explique comment réussir un blog.

   c L'auteur répond ici aux besoins de ses clients.

   d Grâce à ce cours vous pourrez doubler votre clientèle.

   e Il vous faudra plus de 20 heures pour compléter le cours.

   f Cette publicité vise seulement les blogueurs expérimentés.

4 Complétez ces phrases sur les médias avec la forme correcte de chaque mot. *(5 marks)*

   a Je ne vois presque pas d'émissions .... [*culturel*]

   b Sa sœur est très ...... et passe tout son temps devant la télé. [*inactif*]

   c Je ne trouve rien de plus ...... que les pubs pour le savon et le shampooing. [*agaçant*]

   d Et vous? Quels sont ...... présentateurs préférés? [*votre*]

   e Qu'est-ce que tu préférerais ...... – un roman ou un blog? [*lire*]

Listening CD2 tr28

5 🎧 Écoutez ces quatre personnes qui expriment leur point de vue sur les jeunes et la télévision dans leur chambre. Pour chaque personne, choisissez deux phrases de l'encadré. *(8 marks)*

a Il y a beaucoup de distractions qui peuvent détourner les adolescents de leurs études.

b Cela a complètement bouleversé notre vie de famille.

c Les ados doivent vivre autre chose que les études.

d Ses libertés dépendent de ses résultats scolaires.

e Il ne regarde jamais la télé en famille.

f "Pas de résultats, au revoir la télé."

g Il faut savoir concilier le travail et les distractions.

h Rien n'est plus important que de solides études.

6 🎧 Listen to the recording on the topic of advertising and provide the information required in English. *(7 marks)*

a Which two advantages of advertising are mentioned? (2)

b In which way does the speaker find many adverts annoying? (1)

c Which two groups does he find badly represented in many adverts and why? (4)

Writing

7 Answer one of the following questions in French. You must write a minimum of 200 words.

Use the list of tips in English to help you prepare your answer.

a Y a-t-il selon vous des aspects positifs concernant la publicité?

b

> J'ai encore perdu mon portable, ou peut-être qu'on me l'a volé. De toute façon je ne crois pas que je vais en acheter un autre. D'abord, ils coutent cher et puis il y a tous les frais à payer. Je ne trouve plus que cela en vaille la peine.

Décrivez votre réaction à cette citation.

c Décrivez deux émissions de télévision: une que vous admirez et une que vous n'aimez pas. Expliquez votre réaction à chacune et analysez les différences entre les deux.

1 Read the question carefully.

2 Produce a plan – always start your response with a clear introduction and end with a conclusion. Each paragraph shoud provide a strong point to support your argument. Make sure you don't repeat yourself and that the structure of your argument is logical from paragraph to paragraph.

3 Check that your planned answer is relevant to the question.

4 Back up your points with examples.

5 Back up your opinions with justifications.

6 Vary your vocabulary as much as you can.

7 Use different tenses and grammatical structures.

8 Ensure you end with a precise conclusion that briefly sums up your argument. You might want to include an insightful observation which shows your ability to reflect on the theme in a wider context.

9 Carry out a final check for relevance and accuracy.

10 Make sure you have written a minimum of 200 words, but don't write more than 250 or so.

Oral

8 Regardez le tableau des pourcentages, puis préparez-vous à discuter des cinq questions ci-dessous.

Les garçons sont plus attirés par Internet que les filles!	garçons	filles
% qui surfent depuis plus de six mois	75%	71%
% qui se connectent au moins trois fois par semaine	82%	73%
% qui utilisent Internet pendant plus de trois heures d'affilée	11%	5%
% qui ont déjà effectué un achat sur Internet	16%	9%
% qui possèdent un e-mail	79%	74%
% qui préfèrent les sites dédiés aux jeunes	70%	86%
% qui préfèrent les sites dédiés aux jeux en général	64%	21%
% qui préfèrent les sites dédiés à une personnalité	19%	44%

- De quoi s'agit-il ici?
- Dans quel domaine y a-t-il la plus grande différence entre les garçons et les filles?
- Y a-t-il une statistique que vous trouvez surprenante? Laquelle?
- Faites-vous du shopping sur Internet? Pourquoi/Pourquoi pas?
- Faut-il avoir des compétences sur Internet pour réussir dans la vie moderne? Pourquoi?

9 Choisissez une des deux listes (A ou B), puis préparez-vous à discuter de chaque question sur la liste choisie.

A La télévision

1. Vous passez combien de temps à regarder la télévision?
2. Vous avez une télévision dans votre chambre?
3. Quelles sont vos émissions préférées? Pourquoi?
4. Croyez-vous que la télévision joue un rôle éducatif?
5. Comment trouvez-vous la télé-réalité?
6. Comment expliquer la popularité des feuilletons?
7. Préférez-vous aller au match ou le voir à la télé? Pourquoi?
8. Aimeriez-vous participer à une émission comme *Star Academy*? Pourquoi/Pourquoi pas?
9. Quels sont les avantages de la télévision par Internet?
10. Est-il important de regarder la télé en famille?
11. Croyez-vous que regarder la télé devienne un passe-temps démodé?

B La publicité

1. Y a-t-il des publicités que vous aimez?
2. Quelles publicités trouvez-vous énervantes?
3. Croyez-vous qu'il y ait trop de publicité dans les médias?
4. Est-il vrai que la publicité joue souvent avec des stéréotypes?
5. Est-ce que la publicité peut jouer un rôle positif?
6. Vous vous laissez influencer par la publicité?
7. Croyez-vous que notre société soit surtout une société de consommation?
8. Devrait-on cesser de créer des pubs qui visent les enfants?
9. Si vous deviez organiser une campagne de publicité, par exemple pour des amis qui fondent un groupe musical, comment le feriez-vous?
10. Aimeriez-vous travailler dans la publicité?

Reading

1 Lisez l'article, puis complétez les phrases. *(6 marks)*

Que regardent vos ados?

Même à l'adolescence, vous devez encore surveiller ce que vos jeunes regardent. Plusieurs films destinés aux jeunes ados d'environ 11 à 13 ans présentent un contenu peu approprié. Les systèmes de classement ne facilitent pas les choses puisque des films classés R (17 ans et +) au cinéma se retrouvent étiquetés 13 ans et + lorsqu'ils sortent en vidéo.

❋ Dans son livre *Mommy, I'm Scared* (Maman, j'ai peur), Joanne Cantor affirme que ce qui dérange le plus les jeunes de 13 ans, ce sont les scènes réalistes de violences physiques, d'agressions sexuelles et de dangers liés à des forces occultes ou extraterrestres. Si les adolescents sont mieux outillés que les jeunes enfants pour faire face à des images terrifiantes, il faut aussi constater qu'il n'est pas sain pour quiconque de regarder une trop grande quantité de films d'horreur.

❋ Les films pour ados présentent souvent des activités risquées comme la conduite périlleuse, la sexualité débridée, la consommation de drogue ou d'alcool telles qu'étant «cool». Prenez le temps de discuter de ces comportements avec eux.

❋ Les jeunes filles sont particulièrement sensibles à la beauté plastique des actrices de cinéma. Il est donc important de démystifier ces images aux yeux de vos adolescents, plus particulièrement auprès des filles. Comment les critères de beauté au cinéma ont-ils évolué au fil des ans? Quelles sont les caractéristiques généralement attribuées aux personnages séduisants en comparaison aux autres personnages?

Soyez attentifs au temps que votre adolescent consacre aux médias violents et notez s'il a tendance à avoir des comportements agressifs ou à s'isoler des autres jeunes. Consultez le lien *Liste de contrôle pour déceler la violence chez les jeunes* afin d'identifier les symptômes de violence potentielle. Au besoin, consultez des spécialistes de l'école, des médecins ou des travailleurs sociaux qui peuvent vous conseiller.

from www.media-awareness.ca

a Les films visés aux très jeunes ados sont souvent peu ......

b Le classement des films sur vidéo est souvent moins ...... qu'au cinéma.

c En ce qui concerne les scènes terrifiantes, Joanne Cantor constate que les ados sont moins ...... que les enfants plus jeunes.

d C'est surtout ...... si on présente la surconsommation d'alcool comme cool.

e Les jeunes filles risquent d'être ...... par les images de beauté peu réalistes.

f En cas de comportement violent, les parents peuvent consulter du ...... psychologique.

> séduites * surveillés * sensibles * amusant * recommandables * soutien * risquées * strict * agressif * dangereux

2 Lisez l'interview avec Mickey Madden, puis faites l'activité. *(6 marks)*

Salut, Mickey!

Ados.fr: Comment s'est passée votre scène avec les Rolling Stones?

Mickey Madden: C'était clairement un souvenir mémorable. Pour moi, les Stones sont des showmen, mon groupe préféré. Mais vous savez, ce sont des concerts intimidants. Les gens viennent voir les Stones et pas forcément l'ensemble du package. Ils ont leur propre univers. Ils ont été super accueillants. C'était génial.

Ados.fr: Sur ce nouvel album, qu'avez-vous essayé de faire différemment par rapport à Songs About Jane?

Mickey Madden: Musicalement, il y a beaucoup de tempos plutôt lents sur Songs About Jane. Après avoir tourné pendant des années, on a eu envie de chansons plus rythmées et plus dansantes.

Ados.fr: Comment s'est fait le choix du producteur? Quel son avez-vous voulu donner?

Mickey Madden: L'équipe initiale avec Spike et Mike Elizondo a été formée, parce qu'on était des grands fans de leur travail. L'énergie qui s'est dégagée de ce couple où les deux n'avaient jamais travaillé ensemble, le fait qu'ils viennent d'univers différents, tout ça était excitant pour nous. Et ça a fini par bien marcher. Mike a principalement un passé musical, il a toujours fait de la musique. Et Spike est plus un mixeur, un ingénieur du son. Avec «Wake Up Call» on avait tellement de versions sur cassette, toutes différentes, des approches différentes de cette chanson. On a dû *cristalliser* le meilleur de toutes ces idées.

Choisissez deux mots de chaque liste pour décrire...

a l'opinion de Mickey Madden concernant le concert avec les Rolling Stones. (2)

> choquant * effrayant * mal réussi * peu excitant * inoubliable

b la musique sur le nouvel album. (2)

> lente * animée * triste * douce * dynamique

c les deux membres de l'équipe, Spike et Mike Elizondo. (2)

> professionnels * peu musicaux * débutants * enthousiastes * égoïstes

Grand Froid: sortez les doudounes!

La neige tombe depuis 2 jours derrière ma fenêtre et je commence à me demander si le printemps ne nous a pas oubliés. Je vais finir par regretter mon manque de rationalité: dépenser tout mon budget de janvier dans des sandalettes plutôt que dans un manteau soldé était une erreur… C'est un fait que je préfère acheter plusieurs petites pièces qu'une seule, même de meilleure qualité. Donc, dans mes armoires, pas une doudoune mais une vingtaine de bonnets.

Laure en doudoune

1994, j'ai 10 ans, un cartable Lafuma, des bonnes notes à l'école, une culotte avec mon nom écrit dessus et moi je porte une grosse parka amérindienne que m'a achetée ma mère — c'est moche!

1996, j'ai 12 ans, un soutien-gorge brassière, la raie au milieu, la coupe de ma mère et je rêve d'une doudoune longue Naf-Naf parce que j'aime le logo en forme de pieds de cochons.

1998, j'ai 15 ans, un trait de crayon bleu sur les paupières, des boots Timberland, un pull Morgan trop petit pour moi et je rêve d'une doudoune blanche Triangle avec laquelle je ressemblerais à Ophélie Winter.

Dix ans s'écoulent…

Janvier 2010, -19° (température constatée ce matin en région parisienne), j'ai 25 ans, la raie sur le côté, un T-shirt loup, un poster des Musclés dans mes toilettes et je rêve d'une doudoune Canada Goose mais le modèle qui me plaît vaut 750 €, ce qui représente un loyer: ce n'est rien pour moi. Je vais donc chez Uniqlo où il y a des montagnes de doudounes, dans toutes les couleurs, avec ou sans capuche, avec ou sans moumoute, vraiment la gamme des choix.

3 **Lisez les textes, puis notez si les phrases sont V (vraies), F (fausses) ou ND (l'information n'est pas donnée).** *(6 marks)*

a Laure a acheté un manteau en janvier.

b Elle achète pas mal de vêtements assez chers.

c C'était une écolière très sage.

d Elle n'aimait pas tellement la parka qu'elle portait à l'âge de dix ans.

e La mère de Laure n'aimait pas son maquillage.

f Laure a l'intention d'acheter une doudoune pas trop chère.

4 **Complétez ces phrases avec la forme correcte du verbe.** *(5 marks)*

a On .... voir un nouveau groupe samedi dernier. [*aller*]

b Quand nous sommes arrivés, il y ...... une énorme foule dans la salle de concert. [*avoir*]

c Sandrine a dû rentrer chez elle parce qu'elle .... son billet dans le métro. [*perdre*]

d J'adore les soirées au concert, parce qu'on peut danser tout en ...... la musique. [*écouter*]

e Ce soir-là, nous .... très bien .... [*s'amuser*]

Listening

5 🎧 Ecoutez ces sept jeunes qui parlent de leurs habitudes concernant le cinéma. Lisez les phrases. De qui s'agit-il? Choisissez le bon nom pour chaque phrase. *(7 marks)*

> Audrey ∗ Benjamin ∗ Didier ∗ Farouk ∗ Laurent ∗ Marianne ∗ Soraya

Qui…

a explique les dangers concernant certains actes?

b a l'intention d'organiser des soirées-ciné?

c comprend bien les droits des artistes?

d s'informe sur des sites spécialisés dédiés au cinéma?

e regarde souvent un film plusieurs fois?

f consulte des sites publicitaires pour voir si elle trouve un certain film intéressant?

g a déjà invité des amis pour voir des films?

6 🎧 Listen to Anaïs talking about various groups and their fashion trends. Make notes under these headings. *(8 marks)*

a How "Lolitas" look (*2 details*)

b What a "skateur" looks like (*2 details*)

c What "gothiques" wear (*2 details*)

d What contributes to the look of a "fashion" (*2 details*)

Writing

7 Answer one of the following questions in French. You must write a minimum of 200 words.

Use the list of tips in English to help you prepare your answer.

a Ecrivez la critique d'un film qui vous a fait réfléchir.

b

> Je me demande si les jeunes écoutent vraiment la musique qu'ils prétendent aimer. Je crois qu'il s'agit souvent plutôt d'une question de suivre la mode, de faire comme les autres.

Pourquoi aimez-vous la musique que vous entendez souvent? Quelle est l'importance de la musique pour vous?

c Pourquoi tant de jeunes s'intéressent-ils à la mode? Joue-t-elle un rôle important pour vous?

1 Read the question carefully.

2 Produce a plan – always start your response with a clear introduction and end with a conclusion. Each paragraph shoud provide a strong point to support your argument. Make sure you don't repeat yourself and that the structure of your argument is logical from paragraph to paragraph.

3 Check that your planned answer is relevant to the question.

4 Back up your points with examples.

5 Back up your opinions with justifications.

6 Vary your vocabulary as much as you can.

7 Use different tenses and grammatical structures.

8 Ensure you end with a precise conclusion that briefly sums up your argument. You might want to include an insightful observation which shows your ability to reflect on the theme in a wider context.

9 Carry out a final check for relevance and accuracy.

10 Make sure you have written a minimum of 200 words, but don't write more than 250 or so.

Oral

8 Regardez le texte, puis préparez-vous à discuter des cinq questions ci-dessous.

- On entend souvent dire que les ados, avec leur habileté à télécharger ou à s'échanger des DVD, ne vont plus au cinéma. Et pourtant, les études montrent que les adolescents sont la population la plus imprégnée par le cinéma: 86 % des 11–14 ans et 92 % des 15–19 ans (contre 60 % des 35–50 ans) fréquentent le cinéma. *(CNC-Médiamétrie-Bilan 2006).*

- Les jeunes n'ont donc pas du tout abandonné cette pratique. Mais aux projections en salle s'ajoutent aujourd'hui d'autres approches liées à Internet. Le film a désormais une vie avant, pendant et après sa diffusion en salle.

- De quoi s'agit-il?
- Qu'est-ce qui montre que les jeunes sont toujours des amateurs de cinéma?
- Qu'est-ce qui change concernant les ados et les films?
- Aimez-vous aller au cinéma? Pourquoi/Pourquoi pas?
- Y a-t-il un film qui vous a appris quelque chose? Parlez-en!

9 Choisissez une des deux listes (A ou B), puis préparez-vous à discuter de chaque question sur la liste choisie.

A La mode

1. Est-ce que la mode est importante pour vous?
2. Que pensez-vous de la haute couture?
3. Est-il vrai que les garçons ne s'intéressent pas beaucoup à la mode?
4. Pourquoi acheter des marques prestigieuses?
5. Vous portez quelles couleurs? Pourquoi?
6. Comment trouvez-vous l'image des mannequins?
7. Que pensez-vous des piercings et des tatouages?
8. Est-ce qu'on peut s'intéresser à la mode à tout âge?
9. Est-ce que nous sommes trop influencés par la culture de la célébrité aujourd'hui?
10. De qui admirez-vous le style? Pourquoi?

B La musique

1. Quelle musique aimez-vous?
2. Quelle est l'importance de la musique pour vous?
3. Jouez-vous d'un instrument?
4. Quels musiciens admirez-vous?
5. Trouvez-vous que les CD sont trop chers?
6. Vous êtes pour ou contre le téléchargement gratuit de la musique?
7. La pratique d'un instrument de musique devrait-elle être obligatoire à l'école?
8. Êtes-vous déjà allé(e) à un concert? Parlez-en!
9. Comment expliquez-vous la popularité des festivals de musique?
10. Croyez-vous que la musique pop d'aujourd'hui sera la musique classique de demain?

Healthy living/lifestyle

Reading

1 Lisez les trois témoignages et les phrases a–f.
Notez le nom approprié pour chaque phrase:
Céline, Jean-Marc ou Didier. *(6 marks)*

☒ ☐ Les touristes: vous les appréciez?

Céline Bonnet Je suis furieuse. Encore une fois,
il y a trop de monde chez nous. Samedi matin, il y
avait des touristes partout, tous les parkings étaient
pleins à craquer, c'était impossible de passer vite
chez le charcutier ou le boulanger (comme je le fais
chaque weekend hors-saison), à cause des foules qui
voulaient acheter leur pique-nique. Non, vraiment,
c'est trop. Rendez-nous notre ville.

Jean-Marc Santini
Moi, dans mon petit
magasin dans la rue de
la Pêche, je suis heureux
de voir du monde chez
moi. Je vends trois fois
plus pendant les mois
de juillet et d'aout que
pendant les autres mois.
En fait, si je ne pouvais
pas compter sur ces
bénéfices, je serais peut-être obligé de fermer. Que
ferait la population locale sans ses petits magasins
bien aimés?

Didier Roy On parle sans cesse d'argent, mais il y
a d'autres points à considérer. Ce grand déplacement
qui a lieu chaque été, quels en sont les effets sur
l'environnement? On fait le plein, puis on fait des
centaines de kilomètres pour être ailleurs afin de "se
détendre". Il n'y a pas de détente chez soi? Si, si on
sait se contenter de ce qu'on a.

Qui...

a parle de la pollution causée par les touristes?

b pense qu'à cause des touristes il lui est plus difficile
de faire ses courses?

c dit qu'on a des problèmes pour garer sa voiture là ou
on veut?

d craint des difficultés économiques si les touristes
cessent de visiter la ville?

e ne comprend pas pourquoi les gens veulent partir
en vacances?

f gagne plus d'argent en été qu'en hiver?

2 Lisez l'article *Comment mangent les Français?*
Les informations a–f sont-elles contenues dans
l'article? Ecrivez *oui* ou *non* pour chaque
phrase. *(6 marks)*

Comment mangent les Français?

Les Français adorent manger... mais leurs habitudes
alimentaires se détériorent. Telle est la conclusion
d'une enquête menée en 2011.

Pour commencer, on constate que les horaires de repas
deviennent moins réguliers. L'heure du diner était autrefois
fixe dans les familles. Aujourd'hui elle varie souvent d'un
jour à l'autre en fonction des loisirs et autres occupations et
peut facilement aller de 18h45 à 21h45. Ce phénomène, très
rare chez les personnes âgées, se remarque surtout chez les
25–34 ans.

L'enquête montre également que le repas à table perd de
sa popularité au profit du plateau-repas, pris au salon ou
devant la télévision. C'est en effet le cas au moins une fois
par semaine dans une famille sur deux. Là aussi, ce sont les
jeunes qui sont en tête de ce mouvement, suivis des Parisiens
et des personnes vivant seules.

On remarque également une évolution dans les produits
consommés. Les Français, autrefois plutôt "patriotes" en
matière d'alimentation, sont de plus en plus amateurs de
produits exotiques. La démocratisation des voyages explique
probablement la popularité croissante de restaurants chinois,
marocains, vietnamiens et autres. Ceci est cependant beaucoup
moins le cas dans les catégories d'âge les plus élevées.

a Le soir, de plus en plus de Français passent trois
heures à dîner.

b Les Français mangent de moins en moins.

c L'heure des repas est plus variable qu'autrefois.

d Les jeunes ne mangent plus jamais à table.

e Les Français mangent plus de cuisine étrangère
qu'avant.

f Les Français voyagent plus qu'avant.

3 **Lisez l'article sur les risques des tatouages, puis complétez les phrases avec le bon terme.** *(6 marks)*

a On peut devenir tatoueur sans [*argent/ qualification/risque*].

b Les règles d'hygiène sont indispensables pour [*réduire au minimum/provoquer/améliorer*] les infections.

c Les risques pour la santé ne sont pas [*dangereux/ inévitables/grands*].

d Il est surtout important d'utiliser [*un équipement/ un tatouage/un liquide*] spécialisé.

e La prévention de l'infection [*est garantie/reste incertaine/dépend des mesures d'hygiène*]

f Après le tatouage, le tatoueur [*peut/ne doit pas/est obligé de*] donner des conseils par écrit et oralement.

4 **Lisez ces phrases sur les bonnes intentions, puis complétez-les avec la forme correcte de chaque verbe.** *(5 marks)*

a Dès demain, je ...... plus de fruits et de légumes. [*manger*]

b A l'avenir, nous n'...... plus de dessert en semaine. [*avoir*]

c Si elle comprenait les risques, elle ne ...... plus. [*fumer*]

d Ah oui, elle le ...... si elle le pouvait! [*faire*]

e ...... son temps, c'est très important quand on mange. [*prendre*]

Comment se faire tatouer sans risque?

Tout le monde peut se déclarer tatoueur. Mais si certaines règles d'hygiène et d'asepsie ne sont pas respectées, les risques pour la santé sont réels. L'hépatite B, l'hépatite C, le VIH, les verrues, l'herpès et les infections bactériennes en sont parfois les conséquences.

Ce qu'il faut savoir
Lorsque le tatouage est pratiqué selon les règles de l'art, il ne présente aucun danger. A noter:
– Le tatouage devrait être effectué à l'aide d'un dermographe, un appareil qui fait vibrer les aiguilles à une profondeur de 1 ou 2 millimètres seulement.

– Les pigments doivent être purs, non toxiques et non allergènes. Ils peuvent être liquides ou préparés à partir d'une poudre de pigment.

– Après, on doit appliquer une lotion antiseptique et le recouvrir d'un pansement sec et stérile afin de prévenir l'infection. On doit vous donner des instructions verbales et écrites pour l'entretien de la zone tatouée et vous informer sur les signes d'infection qui pourraient exiger un traitement médical. Le tatouage prend environ deux semaines à cicatriser.

aiguilles *needles*
cicatriser *to heal over*

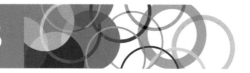

Listening

5 🎧 Listen to Léopold and Sophia talking about smoking and make notes for each of the headings (a–f). *(10 marks)*

Léopold

a When he started smoking *(1)*

b Why he began to smoke *(2)*

c Whether he thinks he could give up easily and why *(1)*

Sophia

d When she started smoking *(1)*

e Why she started smoking *(4)*

f Whether she seems about to give up and why *(1)*

6 🎧 Ecoutez le reportage sur une athlète française bien connue, puis notez les renseignements qui manquent (a–e). *(5 marks)*

Nom	Perec
Prénom	Marie-José
Date de naissance	[a]
Lieu de naissance	Basse-Terre, Guadeloupe
Taille	[b]
Poids	[c]
La seule athlète française à…	avoir été trois fois championne olympique
Victoire olympique à Barcelone	[d]
Victoires olympiques à Atlanta	[e]

Writing

7 Answer one of the following questions in French. You must write a minimum of 200 words.

Use the list of tips in English to help you prepare your answer.

a Vous venez de découvrir qu'un(e) de vos ami(e)s se drogue. Ecrivez une lettre à un journal pour jeunes, en donnant un maximum de détails sur la situation et en posant des questions précises.

b
> Le sport est démodé aujourd'hui parce que les jeunes ont tant d'autres choses plus intéressantes à faire.

Comment réagissez-vous à cette idée?

c Lisez le mail de Farouk et écrivez-lui une réponse.

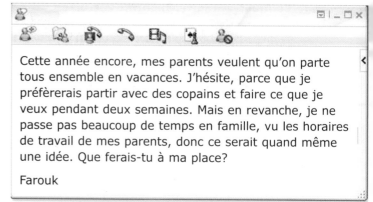

Cette année encore, mes parents veulent qu'on parte tous ensemble en vacances. J'hésite, parce que je préfèrerais partir avec des copains et faire ce que je veux pendant deux semaines. Mais en revanche, je ne passe pas beaucoup de temps en famille, vu les horaires de travail de mes parents, donc ce serait quand même une idée. Que ferais-tu à ma place?

Farouk

1 Read the question carefully.

2 Produce a plan – always start your response with a clear introduction and end with a conclusion. Each paragraph shoud provide a strong point to support your argument.

3 Check that your planned answer is relevant to the question.

4 Back up your points with examples.

5 Back up your opinions with justifications.

6 Vary your vocabulary as much as you can.

7 Use different tenses and grammatical structures.

8 End with a precise conclusion that briefly sums up your argument. You might want to include an insightful observation which shows your ability to reflect on the theme in a wider context.

9 Carry out a final check for relevance and accuracy.

10 Make sure you have written a minimum of 200 words, but don't write more than 250 or so.

Oral

8  Regardez l'affiche, puis préparez-vous à discuter des cinq questions ci-dessous.

Boire ou conduire, il faut choisir

Un verre, ça va, trois verres, bonjour les dégâts

En France, on estime que l'alcool entre en cause dans environ 40% des accidents mortels. Voilà pourquoi nous ne tolérons pas les conducteurs en état d'ivresse. Si vous êtes en infraction, vous serez sanctionné avec une amende, un retrait de permis ou une peine de prison.

- De quoi s'agit-il?
- Expliquez un des deux slogans.
- Que pensez-vous des sanctions mentionnées?
- Quels sont les autres risques associés à la surconsommation d'alcool?
- En fait-on assez pour expliquer les risques de l'alcool au volant aux jeunes?

9 Choisissez une des deux listes (A ou B), puis préparez-vous à discuter de chaque question sur la liste choisie.

Ⓐ Le sport

1 Quel est l'importance du sport pour vous?
2 Préférez-vous les sports traditionnels?
3 Préférez-vous les sports d'équipe ou les sports individuels?
4 Qu'est-ce que le sport nous apporte?
5 Fait-on assez de sport à l'école?
6 Est-ce que le sport est important pour les personnes de tout âge?
7 Que pensez-vous des sports pour les handicapés?
8 Croyez-vous que l'argent joue un rôle trop important dans le sport?
9 Comprenez-vous ceux qui trichent dans le sport?
10 Y a-t-il des sportifs que vous admirez? Pourquoi?

Ⓑ Les vacances

1 Où aimez-vous aller en vacances?
2 Faut-il partir pour profiter des vacances?
3 Aimez-vous les vacances actives?
4 Est-ce qu'il y a un pays ou une région que vous désirez visiter? Pourquoi?
5 Aimez-vous les vacances organisées ou préférez-vous être indépendant(e)?
6 Faut-il accepter que le tourisme soit mauvais pour l'environnement?
7 Quelle est l'importance du tourisme dans votre région?
8 Quels sont les avantages et les inconvénients du tourisme pour une région?
9 Aimez-vous être touriste?
10 Comment voyez-vous l'avenir du tourisme?

Reading

1 Lisez les témoignages, puis répondez aux questions.   *(6 marks)*

Avec les amis, ça va?

Pierre

Personnellement, je pense qu'il est impossible de s'entendre avec ses amis tout le temps quand on est adolescent. On a tous des moments où on s'énerve, où on a des difficultés à accepter l'avis des autres, et aussi où on a changé d'opinion mais les copains, eux, ils n'ont pas progressé. Je pense qu'il vaut mieux changer d'amis de temps en temps, trouver de nouveaux copains qui aiment tes nouvelles idées, et laisser tomber les autres. Sinon, on fait constamment des compromis, ce qui n'est pas bien lorsqu'on est en train de développer son caractère, de devenir la personne qu'on veut être.

Amanda

En ce moment, je n'ai pas de bonnes relations avec ma soi-disant meilleure amie. Elle attend beaucoup de moi et je pense qu'elle est vraiment trop exigeante sur plein de choses. Elle veut que je passe mon temps à écouter ses problèmes – et elle en a plein! – et à critiquer ses parents parce qu'elle ne s'entend pas bien avec eux. Je crois qu'elle ne réalise pas que moi aussi j'ai ma vie à vivre et que je ne peux pas toujours m'occuper des difficultés des autres. Ce n'est pas amusant du tout.

Benjamin

Moi, j'ai de la chance avec mes amis. J'en ai plusieurs avec lesquels je peux toujours m'amuser parce qu'ils ont plus ou moins les mêmes gouts que moi. C'est important, je trouve. On ne parle pas constamment des problèmes (pour moi, ceci est plutôt le domaine des filles!) mais s'il y a quelque chose qui ne va pas dans ma vie, ils m'encouragent et sont prêts à donner des conseils si j'en demande. Mais pour la plupart on sort, on fait des jeux-vidéos et on fait des parties de foot tous les weekends.

Qui est-ce? Pour chaque phrase, écrivez le nom approprié.

a Il/Elle trouve que son amie est plutôt égoïste.

b Il/Elle semble avoir de bons rapports avec ses amis.

c Il/Elle trouve les activités entre amis tout aussi importantes que les conversations.

d Il/Elle trouve que son ami(e) ne fait pas assez attention à elle/à lui.

e Il/Elle ne reste pas toujours fidèle à ses amis.

f Il/Elle parle des difficultés de l'amitié à un certain âge.

2 Lisez l'article, puis faites l'activité.   *(6 marks)*

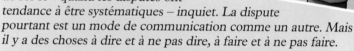

La vie du couple: comment éviter les disputes

Quel couple n'a jamais eu des mots, n'a jamais entamé un échange de vues qui se termine en bataille rangée? On en sort épuisé, pas toujours très fier de soi et – quand les disputes ont tendance à être systématiques – inquiet. La dispute pourtant est un mode de communication comme un autre. Mais il y a des choses à dire et à ne pas dire, à faire et à ne pas faire.

■ **Choisir le bon moment de la journée et le bon endroit.**
Pas la peine de vous planter entre la télé et lui (ou elle) en plein match de foot (ou pendant le dernier épisode de "*Desperate Housewives*"). Une promenade en forêt loin des sentiers battus (au moins, personne ne vous entendra), un long trajet en voiture sont propices aux sujets désagréables. La "victime" ne peut pas s'échapper et est obligée (surtout au volant) de rester concentrée sur un seul sujet.

■ **Préparer la dispute.**
Dressez une liste d'arguments en votre faveur, imaginez les reproches qui tomberont et démontez-les un par un. Ecrivez déjà le dialogue de votre dispute.

■ **Ecouter l'autre.**
Vous lui donnez ainsi le sentiment de le/la respecter et de vous intéresser à lui/à elle ou tout au moins à ce qu'il/elle dit.

■ **Savoir reconnaitre ses torts.**
Loin de passer pour un(e) faible, vous vous ferez passer pour un grand seigneur. Il faut avoir une grande confiance en soi et en ses capacités pour admettre qu'on a pu avoir tort.

■ **Une petite note d'humour.**
Quand la dispute devient vraiment trop tendue, on peut toujours dérider l'atmosphère en lâchant un bon mot. Attention toutefois à ne pas être moqueur, cynique ou à faire preuve d'un humour trop noir.

Notez si les phrases sont V (vraies), F (fausses) ou ND (l'information n'est pas donnée).   *(6 marks)*

a Tous les couples se disputent de temps en temps.

b Les disputes sont toujours nuisibles pour la vie du couple.

c Il ne faut surtout pas discuter de questions controversées en voiture.

d Il est bien de "jouer" la dispute à l'avance avec un(e) autre ami(e).

e Il faut faire bien attention à ce que dit votre partenaire pendant une dispute.

f Des remarques amusantes vont toujours empoisonner l'ambiance.

LES GRANDS-PARENTS SONT-ILS INDISPENSABLES?

Aujourd'hui, les grands-parents considèrent qu'ils ont un rôle à jouer dans la famille et des droits à faire respecter. Ils hésitent de moins en moins à aller en justice s'ils se trouvent privés de leurs petits-enfants à cause d'un conflit familial. Dans les familles éclatées, les grands-parents représentent un point d'ancrage plus que jamais nécessaire.

Saviez-vous que…?

◆ Les grands-parents sont prêts à 82% à garder leurs petits-enfants de façon plus ou moins régulière.

◆ 74% des grands-parents emmènent leurs petits-enfants en vacances sans les parents.

◆ Il existe une association qui réunit des petits-enfants et des grands-parents d'emprunt. A défaut de voir leurs grands-parents biologiques – décédés, éloignés ou fâchés – les enfants peuvent désormais trouver des "grands-parrains".
Si les grands-parents n'existent pas il paraît qu'il faut les inventer!

3 Lisez le texte sur les grands-parents, puis répondez aux questions en français.   (*6 marks*)

a Il y a des grands-parents qui ne voient plus leurs petits-enfants. Quelle en est souvent la cause? (1)

b Sous quelles conditions est-ce que les grands-parents peuvent jouer un rôle particulièrement important? (1)

c Que font presque trois-quarts des grands-parents? (1)

d Quel rôle joue l'organisation dont on parle ici? (1)

e Sous quelles conditions faut-il peut-être "inventer" des grands-parents? Donnez deux exemples. (2)

4 Lisez ces phrases sur la vie de famille, puis complétez-les avec la forme correcte de chaque verbe.   (*5 marks*)

a Comment ...... la vie de famille moderne, quand il y a tant de difficultés? [*améliorer*]

b Le sociologue vient d'...... que la vie familiale est pleine de tension aujourd'hui. [*expliquer*]

c Après avoir ...... quelques statistiques, il en a expliqué les causes. [*lire*]

d Il faut qu'on ...... confiance dans les jeunes parents de notre époque. [*avoir*]

e Si on s'inquiétait de tout, on n'...... jamais avoir des enfants! [*oser*]

Listening

5 Ecoutez Alexis qui parle de sa vie de célibataire, puis répondez aux questions. (*7 marks*)

a Choisissez deux descriptions du trajet que fait Alexis pour arriver au travail. (2)

> long * facile * pénible * plein de difficultés * sans problème

b Choisissez deux adjectifs pour décrire ses soirées en semaine. (2)

> sociables * stressantes * détendues * solitaires * très variées

c Choisissez deux descriptions de ses weekends. (2)

> actifs * fatigants * ennuyeux * sans activités * solitaires

d Que ressent-il par rapport à sa vie de célibataire? Choisissez un adjectif approprié. (1)

> déçu * inquiet * content

6 Listen to the report on a support network for parents and provide the information required in English. (*8 marks*)

a What opening remark is made about parenthood? (1)

b What two sources of help are offered to parents by *Espace Ecoute Parents?* (2)

c What topics are typically debated? Give two examples. (2)

d At whom are the weekly free consultations aimed? (1)

e Are children welcome at these meetings? (1)

f How does one arrange an appointment? (1)

Writing

7 Answer one of the following questions in French. You must write a minimum of 200 words.

Use the list of tips in English to help you prepare your answer.

a Le magazine *Allo Ados* a invité ses lecteurs à contribuer à une feuille-info destinée aux parents des adolescents. Ecrivez un article dans lequel vous donnez vos conseils aux parents des jeunes entre 15 et 20 ans. Que faut-il qu'ils sachent? Comment devraient-ils réagir dans certaines situations?

b Le partenaire idéal: ça existe? Est-il important d'être d'accord avec son partenaire sur tout ou est-ce qu'il est plus important de savoir faire des compromis?

c Vous entendez-vous mieux avec vos amis ou avec votre famille? Justifiez votre réponse en donnant des exemples.

1 Read the question carefully.

2 Produce a plan – always start your response with a clear introduction and end with a conclusion. Each paragraph shoud provide a strong point to support your argument. Make sure you don't repeat yourself and that the structure of your argument is logical from paragraph to paragraph.

3 Check that your planned answer is relevant to the question.

4 Back up your points with examples.

5 Back up your opinions with justifications.

6 Vary your vocabulary as much as you can.

7 Use different tenses and grammatical structures.

8 Ensure you end with a precise conclusion that briefly sums up your argument. You might want to include an insightful observation which shows your ability to reflect on the theme in a wider context.

9 Carry out a final check for relevance and accuracy.

10 Make sure you have written a minimum of 200 words, but don't write more than 250 or so.

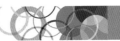

Oral

8 Regardez les deux citations, puis préparez-vous à discuter des cinq questions ci-contre.

Deux opinions sur la vie de célibataire

Sarah

J'adore ma liberté, donc pour le moment je suis très heureuse sans partenaire. Je fais ce que je veux et je n'ai rien à expliquer à personne!

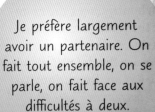

Je préfère largement avoir un partenaire. On fait tout ensemble, on se parle, on fait face aux difficultés à deux.

Inès

- De quoi s'agit-il?
- Quels sont les avantages de la vie de célibataire?
- Que pensez-vous de l'attitude d'Inès?
- Quelle est pour vous l'importance du mariage?
- Comment la vie du couple va-t-elle peut-être changer à l'avenir?

9 Choisissez une des deux listes (A ou B), puis préparez-vous à discuter de chaque question sur la liste choisie.

A Les rapports en famille

1 De bons parents – qu'est-ce que cela veut dire?

2 Croyez-vous qu'il soit difficile d'être parent?

3 Aimeriez-vous avoir un jour des enfants? Pourquoi/Pourquoi pas?

4 Est-ce que les grands-parents jouent un rôle important dans la famille contemporaine?

5 Est-ce qu'il est important d'avoir des frères et sœurs?

6 Est-ce que les disputes sont inévitables dans une famille?

7 Qu'est-ce qui provoque des conflits entre les ados et leurs parents?

8 Quelles sont peut-être les difficultés pour une famille monoparentale?

9 Croyez-vous que tout le monde devrait avoir le droit d'adopter un enfant? Ou est-ce qu'il y a des limites?

B L'amitié

1 Un bon ami/Une bonne amie – qu'est-ce que c'est?

2 Pourquoi est-il important d'avoir des amis?

3 Est-ce que les amis peuvent être tout aussi importants que la famille?

4 Parlez-moi d'un ou d'une de vos amis. Comment est-il/elle? Que faites vous ensemble?

5 Qu'est-ce qui cause les disputes entre amis?

6 Comment résoudre les conflits entre amis?

7 Resterez-vous toujours en contact avec vos amis?

8 Si on a un(e) partenaire, est-ce que les amis restent importants?

Grammar

1 Nouns and determiners

1.1 Gender: masculine & feminine

All French nouns are either masculine or feminine. Most nouns referring to people have two forms. To make a masculine noun feminine:

- add an *-e*: *un employé/une employée*
- double the final consonant and add *-e*: *un Italien/une Italienne*
- change *-eur* to *-euse* and *-teur* to *-trice* (with some exceptions).

Some nouns can be of either gender: *un élève/une élève, un prof/une prof.*

Some nouns are masculine even when they refer to a woman: *un professeur, un médecin.*

The ending of the noun can help you work out its gender (but there are exceptions, so check in a dictionary!). Nouns that end as follows are usually masculine:

-é	*-eau*	*-acle*	*-age*
-ège	*-ème*	*-isme*	*-asme*
nouns ending in a consonant			

Nouns that end as follows are usually feminine:

-ée	*-ère*	*-euse*	*-ade*	*-itude*
-ace	*-ance/anse*	*-ence/ense*	*-ie*	*-ise*
-oire	*-ité*	*-té*	*-tié*	
-tion	*-sion*	*-aison*	*-ison*	
nouns ending in a silent *-e* following two consonants				

1.2 Singular & plural

The plural is used when referring to more than one thing. Most French nouns add *-s* to make them plural.
le copain → les copains
Some nouns do not follow this regular pattern:

- nouns ending in *-al* usually change to *-aux*:
  un animal → des animaux
- nouns already ending in *-s*, *-x* or *-z* usually stay the same:
  le bras → les bras   le prix → les prix
  le quiz → les quiz
- nouns ending in *-eau* or *-eu* add *-x*:
  un château → des châteaux
  un jeu → des jeux
- a few nouns change completely:
  un œil → des yeux   monsieur → messieurs

Compound nouns (made up of more than one element): check in a dictionary and learn them individually.
un grand-parent → des grands-parents
un portemonnaie → des portemonnaie

1.3 Determiners: definite & indefinite articles

The determiner (the word which introduces the noun) can generally tell you whether the noun is masculine (m.) or feminine (f.), singular (sing.) or plural (pl.). The most common determiners are the definite article ('the') and the indefinite article ('a'/'an', 'some', 'any').

le chômage	*la famille*	*les jeunes*
un ami	*une école*	*des étudiants*

	singular		plural
	masculine	feminine	masculine ou feminine
the	*le/l'*	*la/l'*	*les*
a/an	*un*	*une*	*des*

Use *l'* instead of *le/la* for nouns that start with a vowel or a silent *h*: *l'hôtel* (m.) *l'armoire* (f.) (but *le hockey*: check words beginning with *h* in a dictionary)

The indefinite article isn't used in front of names of jobs: *Je voudrais être journaliste.* I'd like to be a journalist.

1.4 *de* + noun (partitive)

Remember:

de + le → du	*de + la → de la*
de + l' → de l'	*de + les → des*

Use *du, de la, de l'* or *des* before a noun when you want to say 'some', 'any' or 'of the'. In French, you can't leave out the partitive, as you can in English.

Il a des frères et sœurs? Has he got (any) brothers and sisters?

le déclin du mariage the decline of marriage

◆ Use *de* to show who or what something belongs to (see 5.2 for more on this):
  la maison de mon père **my father's** house
  la femme du Président **the President's** wife
  la capitale de l'Espagne **Spain's** capital city

◆ Use *de* on its own (not *du, de la, des*) in a negative phrase (see 12.2 for more on this):
  Je n' ai pas de frères. I haven't got any brothers.

1.5 *ce, cet, cette, ces* + noun (demonstrative adjectives)

Ce, cet, cette, and *ces* are the determiners you use to say 'this', 'that', 'these' or 'those'. Being adjectives, they change according to gender and number.

	singular	plural
masculine	ce/cet*	ces
feminine	cette	ces

* *cet* is used before masculine singular words that begin with a vowel or a silent *h*, e.g. *cet étage, cet hôtel.*

◆ To distinguish more clearly between 'this and that', or 'these and those', you can add *-ci* or *-là* after the noun:
  J'aime ce sweatshirt-ci mais je n'aime pas cette chemise-là.
  I like **this** sweater but I don't like **that** shirt.
  (See 6.11 for demonstrative pronouns: *celui-ci/là, celle-ci/là,* etc.)

1.6 *mon, ma, mes* (possessive adjectives)

These are determiners which indicate who the thing, person or object belongs to. In French, the word for 'my', 'your', 'his', 'her', etc. changes according to whether the noun which follows is masculine, feminine, singular or plural.

	singular		plural
	masculine	feminine	masculine ou feminine
my	mon	ma*	mes
your (informal)	ton	ta*	tes
his/her	son	sa*	ses
our	notre	notre	nos
your (formal)	votre	votre	vos
their	leur	leur	leurs

* Before a feminine noun that begins with a vowel or silent *h*, use **mon, ton, son**, e.g. *mon amie, ton imagination, son histoire.*

J'habite avec ma mère. I live with **my mother**.

Je passe les weekends chez mon père. I spend weekends at **my father's**.

Sa sœur aime ton frère. His/Her sister likes **your brother**.

Vous avez votre livre? Do you have **your book**?

See 6.10 for possessive pronouns: *le mien, la mienne,* etc.

1.7 Other determiners (indefinite adjectives)

◆ *Chaque*   each
  Chaque élève a un entretien.
  Each student has an interview.

◆ *autre(s)*   other
  J'ai vu Sophie l'autre jour.
  I saw Sophie the other day.

◆ *même(s)*   same
  J'ai le même CD.
  I have the same CD.

◆ *n'importe quel(le)(s)*   any
  On trouve ça dans n'importe quelle encyclopédie.
  You can find it in any encyclopedia.

◆ *quelque(s)*   some, a few
  Il travaille avec quelques collègues.
  He's working with some colleagues.

- *plusieurs*   several
  *Il a passé **plusieurs** mois en France.*
  He spent several months in France.
- *tout, toute, tous, toutes*   all
  *Il a lu **tous** les livres de Pagnol.*
  He's read all the Pagnol books.

2 Adjectives

2.1 Form of adjectives

In French, adjectives have different endings depending on whether the words they describe are masculine or feminine, singular or plural:

	masculine	feminine
singular	–	-e
plural	-s*	-es

*no change in pronunciation
J'ai un ami espagnol. J'ai une amie espagnole.
J'ai des amis espagnols. J'ai des amies espagnoles.

- Adjectives which already end in -*e* don't need to add another one in the feminine (but they do add -*s* in the plural):
  un frère timide   une sœur timide
  des enfants timides
- Adjectives ending in a single consonant double it before adding -*e*:

	masculine	feminine
-el	naturel	naturelle
-il	gentil	gentille
-as	gras	grasse
-et	muet	muette
-en	ancien	ancienne

- Adjectives ending in these letters have other masculine/feminine patterns:
  -*er* changes to -*ère*: *premier/première*

  -*x* changes to -*se*: *capricieux/capricieuse, généreux/généreuse, heureux/heureuse* (exceptions: *faux/fausse, doux/douce*)

  -*eur* changes to -*euse*: *menteur/menteuse* (exceptions which just add -*e*: *meilleur, extérieur, intérieur, supérieur, inférieur*)

  -*f* changes to -*ve*: *créatif/créative*

  -*c* changes to -*che, -cque* or -*que*: *blanc/blanche, grec/grecque, public/publique*

- Adjectives normally add an -*s* in the plural, though it is not pronounced.

  Adjectives ending in -*x* don't add an -*s* in the plural: *un copain généreux, des copains généreux.*

  Adjectives ending -*al* or -*eau* change to -*aux* in the plural: *un tarif normal/des tarifs normaux, beau/beaux, nouveau/nouveaux.*

- A few adjectives stay the same whether they are masculine or feminine, singular or plural: *sympa, super, marron, orange* and compound colour adjectives: *un cousin sympa, une cousine sympa, des cousins sympa; un T-shirt rouge foncé avec une jupe bleu clair.*
- Some adjectives have their own pattern:

m. singular	f. singular	m. plural	f. plural
beau*	belle	beaux	belles
nouveau*	nouvelle	nouveaux	nouvelles
long	longue	longs	longues
bon	bonne	bons	bonnes
fou*	folle	fous	folles
frais	fraiche	frais	fraiches
gros	grosse	gros	grosses
vieux*	vieille	vieux	vieilles

* These become *bel, nouvel, fol, vieil* before a masculine noun that starts with a vowel or silent *h*: *le nouvel an.*

2.2 Position of adjectives

In French, most adjectives go **after** the noun:
*les yeux **bleus**, une partenaire **extravertie**, un politicien **ambitieux**.*
Some adjectives come **before** the noun:
*un **nouveau** jean, la **jeune** fille, de **bonnes** idées.*

grand*	petit	jeune	vieux	nouveau	ancien*
bon	mauvais	excellent	beau	joli	
gros	vrai	cher*	propre*	brave*	

* These adjectives can also be placed after the noun, in which case their meaning is different:

un homme grand/un grand homme
a tall man/a great man

son ancienne maison/une maison ancienne
her previous house/an old house

mon cher ami/un repas cher
my dear friend/an expensive meal

ma propre chambre/une chambre propre
my own bedroom/a clean bedroom

un brave homme/un homme brave
a decent man/a brave man

When there are several adjectives with one noun, each adjective goes in its normal place: *un **petit** chien **noir**; un **joli petit** chien **noir**.*

If there are two adjectives after the noun, they are linked with *et: un joli petit chien **noir et marron**.*

See 1.5 for demonstrative adjectives (*ce/cette/ces*).
See 1.6 for possessive adjectives (*mon/mon/mes*, etc.).

3 Adverbs

Adverbs are words which you use to describe a verb, an adjective or another adverb.

In English, most adverbs are made from an adjective + -ly (e.g. soft/softly). To form French adverbs you usually start from the adjective:

◆ Add *-ment* to the masculine singular form of the adjective if it ends in a vowel:
timide → timidement   vrai → vraiment
◆ Add *-ment* to the feminine singular form of the adjective if it ends in a consonant:
*normal → normale → **normalement** (normally)*
*heureux → heureuse → **heureusement** (happily)*
◆ A few exceptions:
– notice the extra accent in the adverb:
*énorme → **énormément***
*précis → précise → **précisément***
– -ent/-ant → -emment/amment:
prudent → prudemment; brillant → brillamment
◆ Some common irregular adverbs:
très (very)   *assez* (rather, fairly)   *trop* (too)
beaucoup (a lot)   *vite* (quickly)   *bien* (well)
mal (badly)   *gentiment* (kindly)   *même* (even)
tout (all/quite/completely)   *peu* (little, not much)
un peu (a little)   *encore* (again)   *pas encore* (not yet)

*Je suis **très** fatiguée.* — I'm very tired.
*Il est **assez** timide.* — He's rather shy.
*Il parle **trop** vite.* — He speaks too fast.
*Elle aime **beaucoup** le chocolat.* — She likes chocolate a lot.

*Il n'aime **pas** beaucoup lire.* — He doesn't like reading much.
*J'aime **bien** courir.* — I quite like running.
*On danse **un peu**?* — Shall we dance a little?
*Je dors **peu**.* — I don't sleep much.

Adverbs usually **follow** the verb:
*Elle aime **beaucoup** le cinéma.* — She likes cinema a lot.
*Elle sort **souvent**.* — She often goes out.

Adverbs often come **before** an adjective or another adverb:
*C'est un **très** beau film.* — It's a really good film.
*Je l'aime **vraiment** beaucoup.* — I really love it.

4 Comparisons

To compare two things, use *plus, moins* or *aussi*:
plus + adjective/adverb + *que*   more ... than
moins + adjective/adverb + *que*   less ... than
aussi + adjective/adverb + *que*   as ... as

◆ With an adjective:
*Julien est **plus** sportif **que** Florence.*
Julien is sportier than Florence.

*La natation est **moins** populaire **que** le football.*
Swimming is less popular than football.

*Elle est **aussi** sportive **que** moi.*
She's as sporty as me.

Bon (good) and *mauvais* (bad) are exceptions:
bon → meilleur   mauvais → pire
*Les légumes sont **meilleurs** pour la santé **que** le chocolat.*
Vegetables are better for your health than chocolate.

*L'alcool est **pire que** le chocolat.*
Alcohol is worse than chocolate.

◆ With an adverb:
*Il parle **plus** lentement **que** le prof.*
He speaks more slowly than the teacher.

*Il parle anglais **moins** couramment **que** Marc.*
He speaks English less fluently than Marc.

*Il joue **aussi** mal **que** Sophie.*
He plays as badly as Sophie.

Bien (well) is an exception: *bien → mieux*
*Il joue bien mais je joue **mieux que** lui.*
He plays well but I play better than him.

Grammar

To say 'the most' or 'the least', use *le, la* or *les* in front of *plus* or *moins* + adjective/adverb.

◆ With an adjective:
*C'est la destination de vacances **la plus populaire** chez les Français.*
It's the most popular holiday destination for French people.

*Commence par l'exercice **le moins difficile**.*
Start with the least difficult exercise.

*C'est en banlieue que nos associations sont **les plus actives**.*
It's in the suburbs that our associations are the most active.

Exceptions:
bon → le/la meilleur(e)   mauvais → le/la pire
*Elle a le **meilleur** mode de vie.*
She has the best lifestyle.

*Fumer des cigarettes, c'est le **pire**.*
Smoking is the worst.

◆ With an adverb (always use *le*, not *la* or *les*):
*C'est elle qui joue **le plus** fréquemment.*
She's the one who plays most often.

*Mon frère conduit **le moins** prudemment.*
My brother drives the least carefully.

Exception: *le mieux* (the best):
*Qui fait **le mieux** la cuisine?*   Who cooks **the best?**

Use *plus de, moins de, autant de* to talk about 'more of'/'less of'/'fewer of'/'as much of' something.

*J'ai plus **d'expérience** que toi.*
I have more experience than you.

*Il a **moins d'argent** que moi.*
He has less money than me.

*Il a **autant de** patience que son père.*
He has as much patience as his father.

◆ Add *le/la/les* to *plus de/moins de* to talk about 'the most'/'the least'/'the fewest' of something.

*C'est moi qui ai le **plus** d'expérience.*
I'm the one who has the most experience.

*C'est elle qui a le **moins** de temps.*
She's the one with the least time.

5   Prepositions and linking words

◆ Talking about time:
*Il arrive **à** quatre heures.*
He's coming **at** four o'clock.

◆ Talking about a place:
*Il est allé **à** Strasbourg.*
He went **to** Strasbourg.
*J'habite **à** la campagne.*
I live **in** the countryside.
*Ils se retrouvent **au** théâtre.*
They're meeting **at** the theatre.

◆ Remember:

à 10 kilomètres	10 kilometres **away**
à 10 minutes	10 minutes **away**
à pied/à vélo	**on** foot/**by** bicycle
à Noël	**at** Christmas
à + le → au	*à + la → à la*
à + l' → à l'	*à + les → aux*

Use *à l'* before a vowel or a silent *h*: *à l'église, à l'hôpital*.

◆ Remember:

*Il vient **de** Paris.*	He comes **from** Paris.
*Il téléphone **de** son travail.*	He's phoning **from** work.
*le livre **de** ma mère*	my mother's book
*les vacances **de** Noël*	the Christmas holiday
***de** 8h à 17h*	**from** 8 a.m. till 5 p.m.
de + le → du	*de + la → de la*
de + l' → de l'	*de + les → des*

◆ Talking about countries:
Most countries are feminine. To say 'in' or 'to' these countries, use *en*:

*Vous allez **en** France?*	Are you going **to** France?
*Ils vivent **en** Ecosse.*	They live **in** Scotland.

For masculine countries, use *au* instead (or *aux* if the country is plural):

*Cardiff est **au** pays de Galles.*
Cardiff is **in** Wales.
*Il est né **aux** Antilles.*
He was born **in the** West Indies.

◆ **Talking about time:**
   en juin, en été, en 2001, en une heure
◆ **Talking about transport:**
   en bateau   **by** boat
◆ **Other uses:**

en anglais	in English
en coton	made of cotton
en bleu	in blue
en vacances	on holiday
en désordre	in a mess
en forme	fit/in good form
en bonne santé	in good health

See 6.6 for *en* as a pronoun.

5.4 Position

Some prepositions tell you the position of something:
devant (in front of), *derrière* (behind, at the back of), *entre* (between), *sur* (on, on top of), *sous* (under).

5.5 Other common prepositions

après l'école	after school
avant demain	before tomorrow
avec Sophie	with Sophie
chez moi	at/to my place/home
chez le docteur	at/to the doctor's
depuis trois ans	for three years
depuis 1987	since 1987
en train	by train
par ici/là	this/that way
pendant les vacances	during the holidays
pendant deux ans	for two years
pour toi	for you
pour un an	for a year
sans toi	without you
sans regret	without any regret
vers 8 heures	at about 8 o'clock
vers Paris	near/towards Paris

5.6 Linking words (conjunctions)

Some common linking words are:
◆ *alors*   then/so
   *Il n'est pas venu, **alors** je suis partie.*
   He didn't come, **so** I left.
◆ *donc*   therefore, so
   *Il y a moins d'emplois **donc** plus de chômage.*
   There are fewer jobs **so** more unemployment.
◆ *et*   and
   *Elle souffre du racisme **et** du sexisme.*
   She suffers from racism **and** sexism.
◆ *mais*   but
   *Il travaille **mais** il aimerait mieux étudier.*
   He's working **but** he'd rather study.
◆ *ou (bien)*   or
   *Il pense s'installer à Paris **ou** à Marseille.*
   He's thinking of settling down in Paris **or** Marseille.
◆ *parce que*   because
   *La chambre était super **parce qu'**il y avait une vue.*
   The room was great **because** there was a view.
◆ *pourtant*   yet, although
   *J'aime dessiner et **pourtant** je suis nulle!*
   I like drawing and **yet** I'm useless at it!
◆ *puis*   then/next
   *Lisez le texte **puis** répondez aux questions.*
   Read the text **then** answer the questions.
◆ *quand*   when
   *Elle était contente **quand** elle a eu ses résultats.*
   She was happy **when** she got her results.

Other conjunctions:
car (then, so), *cependant* (however), *sinon* (if not), *comme* (as), *puisque* (since, as), *dès que* (as soon as), *depuis que* (since), *pendant que* (while).
◆ Some conjunctions must be followed by a verb in the subjunctive (see 9.3):
   bien que (although), *afin que* (so that), *pour que* (so that), *à moins que* (unless), *pourvu que* (provided that).

   *Elle a réussi **bien qu'**elle n'ait aucun diplôme.*
   She has succeeded although she has no qualifications.

   *Il n'aura pas le bac **à moins qu'**il se mette à travailler.*
   He won't pass the bac unless he starts working now.

Grammar

6   Pronouns

A pronoun is a small word which is used instead of a noun, a phrase or an idea. It helps to avoid repetition.

J'ai parlé au directeur et le directeur a signé ma demande de stage. Je vais envoyer ma demande de stage à Paris. →
J'ai parlé au directeur et il a signé ma demande de stage. Je vais l'envoyer à Paris.

I talked to the director and (the director) signed my application for a work placement. I'll send it (my application) to Paris.

6.1   Subject pronouns

The subject of a verb tells you who or what is doing the action of the verb. It can be a noun or a pronoun. The French subject pronouns are:

I	=	*je*	
		j'	in front of a vowel or a silent *h*, e.g. *j'aime/j'habite*
you	=	*tu*	to a child, a friend or a relative
		vous	to an adult you are not related to, or more than one person
he	=	*il*	for a boy or man
she	=	*elle*	for a girl or woman
it	=	*il*	if the thing it refers to is masculine
		elle	if the thing it refers to is feminine
we	=	*nous*	*On* is used more than *nous* in conversation.
		on	Use *on* when speaking or writing to friends. Use *nous* in more official French.
they	=	*ils*	for masculine plural
		ils	for a mixed group (masculine + feminine)
		elles	for feminine plural
		on	for people in general

♦   *On* can mean 'you', 'we', 'they' or 'one'. It is followed by the same form of the verb as *il/elle*. In the perfect tense with *être*, the past participle is often plural.

On peut travailler à 15 ans.
You can have a job when you're 15.

Au Québec, on parle français.
In Quebec, they speak French.

On s'est bien amusés.
We enjoyed ourselves.

6.2   Direct object pronouns

A direct object pronoun replaces a noun that is the object of a verb. It has the action of the verb done to it 'directly'. The French direct object pronouns are:

*me**	me	*nous*	us
*te**	you	*vous*	you
*le**	him, it (m.)	*les*	them
*la**	her, it (f.)		

**m', t'* and *l'* before words that start with a vowel or a silent *h*.

Je connais Ahmed. Je vois souvent Ahmed. → *Je le vois souvent.*
I know Ahmed. I often see Ahmed. → I often see **him**.

6.3   Indirect object pronouns

An indirect object pronoun replaces a noun (usually a person) that is the object of the verb, but linked to the verb by a preposition, usually *à* (or in English, 'to').

The French indirect object pronouns are:

me/m'	to me	*nous*	to us
te/t'	to you	*vous*	to you
lui	to him, to it (m.)	*leur*	to them
lui	to her, to it (f.)		

Tu parles à Ahmed? Je parle souvent à Ahmed. → *Je lui parle souvent.*
Do you speak **to Ahmed**? I often speak to Ahmed. →
I often speak to **him**.

You will need these pronouns after verbs such as:
dire à, donner à, parler à, demander à, répondre à

Some verbs take an indirect object in French but not in English, e.g. *téléphoner à quelqu'un* (to phone someone).

Ma mère habite à Paris, mais je lui téléphone tous les jours.
My mother lives in Paris but I phone **her** every day.

Je te donnerai un peu d'argent de poche.
I'll give **you** some pocket money.

J'ai vu Alain et je lui ai demandé de venir me voir.
I saw Alain and asked **him** to come and see me.

Les profs sont sympa. On leur parle souvent.
The teachers are nice. We often talk to **them**.

6.4 Reflexive pronouns

These are used to form reflexive verbs (see 7.2) and are:

je	me/m'	myself
tu	te/t'	yourself
il/elle/on	se/s'	himself/herself/itself
nous	nous	ourselves
vous	vous	yourselves
ils/elles	se/s'	themselves

6.5 y

Y is used instead of *à* (or *en*) + the name of a place.

Elle va à la boucherie. Elle y va.
She goes **to the butcher's**. She goes **there**.

On joue au parc. On y joue.
People play **in the park**. People play **there**.

Y is generally used instead of *lui/leur* (see 6.3) when referring to objects, actions, ideas and concepts as opposed to people and animals:
Tu as assisté au concert? Oui, j'y ai assisté.
Did you attend the concert? Yes, I attended it.

Tu penseras à téléphoner? Oui, j'y penserai.
Will you remember to phone? Yes, I will.

Elle joue au tennis? Oui, elle y joue souvent.
Does she play tennis? Yes, she often plays [it].

6.6 en

En replaces *du/de la/des* + a noun. It can mean 'some'/'any', 'of it'/'of them'.

Tu as des devoirs à faire? Oui, j'en ai. J'en ai trop.
Do you have **any homework** to do? Yes, I have **some**. I have too much [of it].

Je voudrais des pommes. Désolé, il n'y en a plus.
I'd like **some apples**. Sorry, there aren't **any** left.

En is also used instead of *de* + noun, after a verb such as *discuter de*, *se souvenir de*:
Notez vos idées. Discutez-en.
Note down your ideas. Talk about **them**.

See 10 for *en* + present participle.

6.7 Position of object pronouns

Object pronouns normally come immediately before <u>the verb</u>:

Je les aime bien. — I like **them**.
Je lui dis tout. — I tell **him/her** everything.
J'y vais à pied. — I walk **there**.
J'en voudrais un peu. — I'd like **some**.

In a compound tense, the pronoun goes before the *avoir* or *être* part of the verb:
Je ne l'ai pas écouté. — I didn't listen *to* **him**.
Je leur ai donné mon adresse. — I gave **them** my address.
Il y est déjà allé. — He's already been **there**.
J'en ai lu trois. — I've read three [**of them**].

When there are two verbs together (a verb + an infinitive), the **pronoun** comes before <u>the infinitive</u>:

Je vais en prendre un.
I'll take one [**of them**].

Je ne peux pas y aller.
I can't go **there**.

Je voudrais lui donner ça.
I'd like to give this **to him/her**.

When there are several object pronouns in the same sentence, they follow this order:

1	2	3	4	5
me				
te	le			
se	la	lui	y	en
nous	les	leur		
vous				

Je te le donne. — I give **it to you**.
Je lui en ai parlé. — I've talked **to him/her about it**.

◆ With negative imperatives, the pronoun comes before the verb:
Ne les appelle pas! — Don't ring them!

With positive imperatives, it comes after the verb and a hyphen is added:
Appelle-les! — Ring them!

With positive imperatives, *me* and *te* become *moi* and *toi*:
Ne me parle pas de travail, parle-moi plutôt de vacances!
Don't talk to me about work, talk to me about holidays!

Grammar

With positive imperatives, columns 1 and 2 of the position grid are usually reversed:

Donne-le-moi!   Give it to me!

See 9.1 for imperatives.

6.8   Emphatic pronouns

moi	me, I	nous	us, we
toi	you	vous	you
lui	him, he	eux	them (m.), they
elle	her, she	elles	them (f.), they

Use an emphatic pronoun:

◆ to emphasise a subject pronoun:
   ***Moi**, je trouve que c'est normal. **Et toi**?*
   I think it's justified. What about you?

   *Vous aimez le sport? **Nous**, on adore ça.*
   Do you like sport? We love it.

◆ after prepositions like *devant*, *avec* and *chez*:
   *Il est devant **moi**.*
   He's in front of me.
   *Il travaillera avec **moi**.*
   He will be working with me.
   *Je vais chez **lui**.*
   I'm going to his place.

◆ after *c'est* and *ce sont*:
   *C'est **lui** qui me l'a dit.*
   It was him who told me.
   *Ce sont **elles** les responsables.*
   They are responsible.

◆ as a one-word answer to a question:
   *Qui joue du piano? **Moi**!*
   Who plays the piano? Me.

◆ in a comparison
   *Il est plus timide que **moi**.*
   He's shyer than me.

◆ to express possession:
   *C'est **à toi** ou **à moi**?*
   Is it yours or mine?

6.9   Relative pronouns

Relative pronouns are used to link two parts of a sentence and avoid repetition.

qui	who, which, that
que	who, whom, which, that
où	where, when
dont	whose, of whom, of which

◆ Use *qui* when the noun to be replaced is the subject of the verb:
   *J'ai **un frère**. **Mon frère** s'appelle Ahmed.* →
   *J'ai un frère **qui** s'appelle Ahmed.*
   I have a brother who's called Ahmed.

◆ Use *que* when the noun to be replaced is the object of the verb:
   *J'ai **un frère**. J'aime beaucoup **mon frère**.* →
   *J'ai un frère **que** j'aime beaucoup.*
   I have a brother whom I love very much.

◆ Use *où* to mean 'where' or 'when':
   *C'est là **où** j'habite.*   That's where I live.
   *C'était le jour **où** je suis arrivé.*
   It was the day when I arrived.

◆ Use *dont* to mean 'of whom', 'about whom', or 'whose':
   *C'est le prof **dont** je t'ai parlé.*
   It's the teacher I talked to you about.
   *Le directeur, **dont** le bureau est au bout du couloir, n'est jamais là.*
   The director, whose office is at the end of the corridor, is never there.

6.10 Possessive pronouns

Possessive pronouns in English are 'mine', 'yours', 'his', 'hers', 'ours', 'theirs'.

In French, the pronoun changes according to who owns the object and also according to whether the object is masculine, feminine, singular or plural.

	singular		plural	
	masculine	**feminine**	**masculine**	**feminine**
mine	*le mien*	*la mienne*	*les miens*	*les miennes*
yours	*le tien*	*la tienne*	*les tiens*	*les tiennes*
his/hers	*le sien*	*la sienne*	*les siens*	*les siennes*
ours	*le nôtre*	*la nôtre*	*les nôtres*	*les nôtres*
yours	*le vôtre*	*la vôtre*	*les vôtres*	*les vôtres*
theirs	*le leur*	*la leur*	*les leurs*	*les leurs*

*J'aime bien tes parents. **Les miens** m'énervent.*
I like your parents. **Mine** get on my nerves.

*Je ne m'entends pas avec ma sœur mais je m'entends bien avec **la tienne**.*
I don't get on with my sister but I get on well with **yours**.

6.11 Demonstrative pronouns

Demonstrative pronouns in English are used to say 'the one(s) which...', 'the one(s) belonging to...', or 'this one/that one', etc. In French, they include several different words: *celui, ce, cela, ceci, ça.*

◆ *Celui* changes to agree with the noun it replaces:

	singular	plural
masculine	*celui*	*ceux*
feminine	*celle*	*celles*

*J'aime bien <u>mon pull</u> mais je préfère **celui** de Paul.*
I like my pullover but I prefer Paul's.

*Je m'occupe <u>des jeunes enfants</u>, **ceux** qui ont moins de cinq ans.*
I look after the small children, those who are not yet five.

After *celui*, you can add *-ci* or *-là* for greater emphasis or to contrast two items:
*Je voudrais des sandales. **Celles-ci** ou **celles-là**?*
I'd like some sandals. These [ones] or those [ones]?

See 1.5 for demonstrative adjectives: *ce, cet, cette, ces* + noun with *-ci, -là*.

◆ *Ce/C'* is mostly used with the verb *être*.
Ce sont mes amis. They are my friends.
C'est bon. It's nice.

◆ *Cela* (meaning 'that/it') is often shortened to *ça* or *c'*.
Le ski? J'adore ça! Skiing? I love it.
*C'/**Cela** est facile à comprendre.*
That/It is easy to understand.

6.12 Indefinite pronouns

Commonly used indefinite pronouns are:
quelque chose (something), *quelqu'un* (someone), *tout/tous* (all), *autre(s)* (other), *chacun(e)* (each).

Other indefinite pronouns:
quelques-uns (some, a few), *plusieurs* (several), *certains* (some), *n'importe qui* (anyone), *n'importe quoi* (anything), *pas grand-chose* (not a lot).

*Tu veux faire **quelque chose**?*
Do you want to do something?
*J'ai parlé à **quelqu'un**.*
I spoke to somebody.
*C'est **tout**?*
Is that all?
*Les élèves sont **tous** venus à la réunion.*
All the pupils came to the meeting.

J'ai lu un livre de Camus.
I've read a book by Camus.
*Je voudrais en lire un **autre**.*
I'd like to read another.

7 Verbs: the infinitive, reflexive verbs, impersonal verbs

7.1 The infinitive

The infinitive is the basic, unconjugated form of a verb, e.g. *parler*, to speak. Infinitives in French end with *-er, -ir, -re* or *-oir/-oire*, e.g. *écouter, choisir, prendre, pouvoir, boire.* The infinitive of a reflexive verb (see 7.2) includes *se* or *s'* at the beginning, e.g. *s'ennuyer.*

To use a verb in a sentence, you usually change the infinitive to another form (i.e. conjugate the verb), following patterns which you need to learn. Many verbs follow the same patterns (= regular verbs). Others have their own pattern (= irregular verbs).

Infinitives are used in several ways:

1 as nouns
Travailler, quelle horreur! Working, how horrible!

2 in instructions
Mettre à four chaud. Place in a hot oven.

3 after another verb
Sometimes there are two verbs next to each other in a sentence. In French, the form of the first verb depends on who is doing the action, and the second verb is in the infinitive:

*On **doit** <u>faire</u> un exposé demain.*
We must/have to do a presentation tomorrow.

*Je **vais** <u>voir</u> un dentiste tous les six mois.*
I go and see a dentist every six months.

*Il **faut** <u>passer</u> un examen.*
You have to take an exam.

4 verb + *à* + infinitive
aider à, apprendre à, arriver à, s'attendre à, commencer à, continuer à, se décider à, s'entrainer à, s'habituer à, hésiter à, inviter à, se mettre à, penser à, réussir à

*Il **commence à** <u>pleuvoir</u>.* It's starting to rain.

5 verb + *de* + infinitive
accepter de, s'arrêter de, avoir envie/peur de, choisir de, conseiller de, décider de, demander de, dire de, empêcher de, envisager de, essayer de, éviter de, finir de, oublier de, permettre de, promettre de, proposer de, refuser de, risquer de, suggérer de, venir de

Il m'a conseillé de <u>continuer</u> mes études et j'ai donc décidé d'<u>aller</u> à l'université.
He advised me to carry on with my studies so I've decided to go on to university.

6 *pour/sans/avant de* + infinitive
Use the infinitive after *pour* (to/in order to), *sans* (without), *avant de* (before):

*Je vais en France **pour** <u>apprendre</u> le français.*
I'm going to France to learn French.

*On ne peut pas progresser **sans** <u>connaitre</u> la grammaire.*
You can't make progress without knowing grammar.

*Prenez votre temps **avant de** <u>répondre</u>.*
Take your time before answering.

7 *en train de* + infinitive
To say that something is happening at the time of speaking or writing, use *en train de* and an infinitive:

*Il est **en train de** <u>manger</u>.*
He's eating at the moment.

♦ **The past infinitive**
A past infinitive is used after *après* to say 'after doing'/'having done' something. It is made up of *avoir* or *être* and a past participle (see 8.3).

*Après **avoir mangé**, il est parti.*
Having eaten/After eating, he left.

*Après **être rentrées**, mes sœurs ont bu un café.*
After they came back, my sisters drank a coffee.

7.2   Reflexive verbs

Reflexive verbs need an extra pronoun between the subject and the verb.

subject	pronoun	verb	
je	*me*	*lève*	I get myself up/I get up
je	*m'*	*habille*	I dress myself/I get dressed

The reflexive pronoun changes according to the subject it goes with (see 6.4):

je	+ *me/m'*	*nous*	+ *nous*
tu	+ *te/t'*	*vous*	+ *vous*
il/elle/on	+ *se/s'*	*ils/elles*	+ *se/s'*

The verb changes like any other verb. For example, *s'amuser* (to enjoy oneself) in the present tense:

je m'amuse	I enjoy myself
tu t'amuses	you enjoy yourself
il/elle/on s'amuse	he/she/it enjoys himself/herself/itself
	we enjoy ourselves
nous nous amusons	we enjoy ourselves
vous vous amusez	you enjoy yourselves/yourself
ils/elles s'amusent	they enjoy themselves

Some common reflexive verbs:
se lever, se laver, se brosser les dents, se coucher, se reposer, s'amuser, s'ennuyer, se décider à, s'en aller, se mettre à

♦ **Negative form of reflexive verbs**
In negative sentences, the negative expression goes around the pronoun as well as the verb.
*On **ne** s'ennuie **pas** ici.*   You don't get bored here.
*Je **ne** me couche **jamais** tôt.*   I never go to bed early.

♦ **In questions,** the reflexive pronoun stays in the usual place in front of the verb:
Tu te couches à quelle heure?/A quelle heure est-ce que tu te couches?/A quelle heure te couches-tu?
At what time do you go to bed?

♦ **Imperative form of reflexive verbs**
In a positive imperative, *te* changes to *toi* and the pronoun goes **after** the verb:
*Couche-**toi**!* Go to bed.
*Habille-**toi**!* Get dressed.

In a negative imperative, the pronoun does not change and remains **before** the verb:
*Ne **te** couche pas!*   Don't go to bed.
*Ne **t'**habille pas!*   Don't get dressed.

♦ **Perfect tense of reflexive verbs**
Reflexive verbs always make their perfect tense with *être* (so the past participle must agree with the subject of the verb). The pronoun stays in front of the verb:
Je me suis réveillé(e) à six heures.
I woke up at six o'clock.

Les enfants se sont couchés.
The children went to bed.

Sophie s'est bien amusée.
Sophie had a good time.

7.3 Impersonal verbs

The impersonal verbs are those that are only used in the 3rd person singular (the *il* form).
The most common ones are:
il y a, il reste, il manque
il faut, il vaut mieux, il s'agit de, il parait que, il suffit de
weather phrases – *il pleut, il neige, il fait beau/mauvais/*
  nuageux, etc.

Il reste trois questions à faire.
There are three questions left to do.
Il s'agit de la période coloniale française.
It's about the French colonial period.
Il suffit de bien réfléchir. You just have to think carefully.
Il vaut mieux partir tôt. It's best to leave early.

8 Verb tenses

8.1 The present tense

Use the present tense to refer to an action or a fact:

1. which is taking place now
   *Je **vais** au cinéma.* I am going to the cinema.

2. which takes place regularly
   *Je **vais** au cinéma le lundi.*
   I go to the cinema on Mondays.

3. which started in the past and carries on in the present (in English, 'have been -ing')
   *J'**habite** tout près du cinéma depuis trois ans.*
   I've been living near the cinema for three years.

4. which will happen in the near future
   *Je **vais** au cinéma demain.*
   I'm going to the cinema tomorrow.

5. which relates to historical events, bringing them to life
   *Louis et Auguste Lumière **inventent** le cinématographe en 1895.*
   Louis and Auguste Lumière invented cinema in 1895.

6. which refers to something timeless or "universal"
   *La Lune **tourne** autour de la Terre.*
   The moon goes around the Earth.

Verb endings change according to who is doing the action:
   *Je **regarde** la télé. **Nous regardons** la télé.*
   I watch TV. We watch TV.

In the present tense, most French verbs follow the same pattern, i.e. they have regular endings.

For verbs that end in *-er*, like *aimer*:

j'	aime	nous	aim**ons**
tu	aim**es**	vous	aim**ez**
il/elle/on	aime	ils/elles	aim**ent**

Main exception: *aller*

For verbs that end in *-ir*, like *choisir*:

je	chois**is**	nous	chois**issons**
tu	chois**is**	vous	chois**issez**
il/elle/on	chois**it**	ils/elles	chois**issent**

Other regular *-ir* verbs: *finir, remplir*

For verbs that end in *-re*, like *vendre*:

je	vend**s**	nous	vend**ons**
tu	vend**s**	vous	vend**ez**
il/elle/on	vend	ils/elles	vend**ent**

Other regular *-re* verbs: *attendre, descendre, répondre.*

◆ **Irregular verbs in the present tense**
  Some verbs do not follow these regular patterns and are very irregular. Look at the table on page 176 for some of the most useful ones.

◆ ***en train de* + infinitive**
  Use this instead of the present tense to emphasise that something is happening at the time of talking or writing:
  C'est quoi, ce bruit? – Ils sont en train de refaire la chaussée.
  What's that noise? – They're (in the process of) resurfacing the road.

◆ ***depuis* + present tense**
  Depuis can usually be translated as 'since' or 'for'. Use it to talk about what has been and still is going on. In English, the verb stresses the past, but in French the verb stresses the present.
  J'habite au Canada depuis 1999.
  I have been living in Canada since 1999 (and I still do).

  Ma sœur est infirmière depuis deux ans.
  My sister has been a nurse for two years (and still is).

Grammar

8.2 The perfect tense

A verb in the perfect tense describes a completed action which happened in the past. It is used in conversations, letters and informal narratives.

There is more than one way to translate the perfect tense in English:

J'ai mangé une pomme.
I ate an apple./**I have eaten** an apple.

Ils sont venus me voir.
They came to see me./**They have come** to see me.

The perfect tense is made up of two parts: the present tense of *avoir* or *être* + the past participle of the main verb. See 8.3, 8.4, 8.5 and 8.6 for details.

See 12.6 for the perfect tense with negative forms.

8.3 The past participle

The past participle is used in the perfect tense and some other compound tenses (see 8.10, 8.14 and 9.3).
The regular pattern to obtain a past participle is to take the infinitive of the verb and change the ending:

◆ infinitives ending *-er*: take off the *-er* and add *-é*
manger → mang**é**   parler → parl**é**

◆ infinitives ending *-ir*: take off the *-ir* and add *-i*
choisir → chois**i**   sortir → sort**i**

◆ infinitives ending *-re*: take off the *-re* and add *-u*
vendre → vend**u**   descendre → descend**u**

There are exceptions to these rules and you will need to learn them by heart. Some common irregular past participles:

avoir → eu	naitre → né
boire → bu	ouvrir → ouvert
conduire → conduit	pleuvoir → plu
connaitre → connu	pouvoir → pu
courir → couru	prendre → pris
croire → cru	recevoir → reçu
devoir → dû	rire → ri
dire → dit	savoir → su
écrire → écrit	suivre → suivi
être → été	tenir → tenu
faire → fait	venir → venu
lire → lu	vivre → vécu
mettre → mis	voir → vu
mourir → mort	vouloir → voulu

8.4 *avoir* + past participle

Most verbs take *avoir* + past participle in the perfect tense.

j'	ai	chanté	(I sang/have sung, etc.)
tu	as	chanté	
il	a	chanté	
elle	a	chanté	
on	a	chanté	
nous	avons	chanté	
vous	avez	chanté	
ils	ont	chanté	
elles	ont	chanté	

(See 8.6 for agreement of the past participle with *avoir*.)

8.5 *être* + past participle

Some verbs make their perfect tense with *être* rather than *avoir*. They are mostly verbs that indicate movement. Many can be learnt in pairs:

arriver/partir	to arrive/to leave
entrer/sortir	to go in/to go out
aller/venir	to go/to come
monter/descendre	to go up/to go down
devenir/rester	to become/to stay
naitre/mourir	to be born/to die
revenir/retourner	to come back/to go back
rentrer	to go/to come back home
tomber	to fall

All reflexive verbs make their perfect tense with *être* (see 7.2).

je	suis	sorti(e)	(I went out/have gone out etc.)
tu	es	sorti(e)	
il	est	sorti	
elle	est	sortie	
on	est	sorti(e)(s)	
nous	sommes	sorti(e)s	
vous	êtes	sorti(e)(s)	
ils	sont	sortis	
elles	sont	sorties	

8.6 Agreement of the past participle

◆ **With *être***
The ending of the past participle changes when it comes after *être* in the perfect tense. It agrees with whoever or whatever is doing the action: masculine or feminine, singular or plural.
Paul: *"Je suis **allé** en France."*
Anne: *"Je suis **allée** en France."*
Prof: *"Paul et Anne, vous êtes **allés** en France?"*
Paul + Anne: *"Oui, nous sommes **allés** en France. On est **allés** en France."*
Prof: *"Anne et Lucie, vous êtes **allées** en France?"*
Anne + Lucie: *"Oui, nous sommes **allées** en France. On est **allées** en France."*

◆ **With *avoir***
The past participle normally doesn't change when it comes after *avoir* in the perfect tense.

One case when it does change is when a direct object comes <u>before</u> the verb. You need to add an *-e* for a feminine and an *-s* for a plural.

Marc a acheté <u>une veste</u>.
The direct object (*une veste*) comes after the verb *a acheté*, so there is no agreement of the past participle.

Où est <u>la veste</u> que Marc a achetée? Je ne <u>l'</u>ai pas vue.
The direct object (*la veste*) comes <u>before</u> the verb *a achetée*, and the direct object pronoun *l'* comes <u>before</u> the verb *ai vue*, so the past participle agrees with it each time (*achetée, vue*). (Note that this agreement doesn't apply to indirect objects.)

8.7 The imperfect tense

The imperfect tense is used:
1 to describe what something or someone was like in the past:
*Quand elle **était** petite, elle **avait** les cheveux blonds.*
When she was little, she had fair hair.

*La maison où **j'habitais était** grande et moderne.*
The house I used to live in was large and modern.

2 to describe continuous actions or interrupted actions in the past:
*Il **était** assis et il **écoutait** la radio.*
He was sitting down and he was listening to the radio.

*Mon frère **faisait** ses devoirs quand je suis arrivée.*
My brother was doing his homework when I arrived.

3 to describe something that happened regularly in the past:
*Je **commençais** à huit heures tous les matins.*
I used to start at eight o'clock every morning.

*On **allait** voir ma grand-mère le dimanche.*
We used to go and visit my grandmother on Sundays.

4 with *depuis*, to indicate the starting point of an action or situation which is not over.
*On **habitait** à Paris depuis un mois quand mon frère est né.*
We had been living in Paris for a month when my brother was born.

5 after *si* in suggestions and in conditional sentences:
*Si on **allait** à la piscine?*
How about going to the swimming pool?

*Si tu **travaillais** plus, tu aurais de meilleurs résultats.*
If you worked harder, you'd get better results.

To form the imperfect tense, start with the verb stem: take the *nous* form of the present tense and remove the *-ons*.
regarder → nous regardons → regard-
aller → nous allons → all-
faire → nous faisons → fais-
voir → nous voyons → voy-

The only exception:
être → (nous sommes) → ét-

Then add the correct ending according to who is doing the action. They are the same for all the verbs.

	(ending)	*faire*	*commencer*	*être*
je	-ais	faisais	commençais	étais
tu	-ais	faisais	commençais	étais
il/elle/on	-ait	faisait	commençait	était
nous	-ions	faisions	commencions	étions
vous	-iez	faisiez	commenciez	étiez
ils/elles	-aient	faisaient	commençaient	étaient

Verbs like *manger* that add an extra *-e* in the *nous* form of the present tense, and verbs like *prononcer* that change the *c* to a *ç*, keep those changes in the imperfect before a *a*. This keeps the soft sound of the *g* or *c*. So, *je mangeais* (I was eating), *je commençais* (I was starting).

Grammar

8.8 Perfect or imperfect?

It can be quite difficult deciding whether to use the perfect or imperfect tense.

◆ Use the perfect if you are talking about a completed action which happened/has happened in the past,
Je suis allée à Paris en avion.
I went to Paris by plane.

J'ai mangé une pomme (et je n'ai plus faim).
I ate/I've eaten an apple.

◆ Use the imperfect if you are **describing** how something was or **giving your opinion** in the past, or if you are talking about what **used to** happen or what happened **regularly** in the past, stressing the duration:
La leçon était un peu dure mais super!
The lesson was a bit hard but great!

Elle se levait à sept heures tous les jours.
She got up/used to get up at 7a.m. every day.

Les touristes arrivaient par petits groupes tout au long de la journée.
Tourists were arriving in small groups all day long.

See the fourth section of 8.7 for *depuis* + imperfect.

8.9 *venir de* + infinitive

To say that you 'have just done' something, use the present tense of *venir* + *de* + an infinitive.
Je viens de prendre une douche.
I have just had a shower.

Nous venons de laisser un message.
We have just left a message.

8.10 The pluperfect tense

The pluperfect is used to refer to an event or action that **had taken place** before some other event in the past.
Je suis arrivée trop tard, mes copains étaient déjà partis.
I arrived too late, my friends had already left.

Le prof m'a dit qu'il m'avait donné une bonne note.
The teacher told me that he had given me a good mark.

Ils s'étaient bien préparés pour l'entretien.
They had prepared well for the interview.

The pluperfect is a compound tense, like the perfect tense, and is also made up of *avoir* or *être* – but in the imperfect tense – and a past participle.

(See 8.3 for past participles and 8.6 for agreements.)

with *avoir*	with *être*
j'avais chanté (I had sung, etc.)	*j'étais allé(e)* (I had gone, etc.)
tu avais chanté	*tu étais allé(e)*
il/elle/on avait chanté	*il/elle/on était allé(e)(s)*
nous avions chanté	*nous étions allé(e)s*
vous aviez chanté	*vous étiez allé(e)(s)*
ils/elles avaient chanté	*ils/elles étaient allé(e)s*

8.11 The past historic

The past historic is used in historical and literary texts, newspapers, magazines and travel blogs, where the perfect tense would be used in everyday language. The *il/elle* and *ils/elles* forms are used most often.

*Louis XIV **régna** de 1643 à 1715. Il **fut** roi de France pendant 72 ans.*
Louis XIV reigned from 1643 to 1715. He was King of France for 72 years.

*Ils **se levèrent** et **partirent** ensemble.*
They got up and left together.

*Ils **vécurent** heureux et **eurent** beaucoup d'enfants.*
They lived happily and had many children. ("They lived happily ever after".)

The past historic is formed from a stem (the infinitive of a verb minus the *-er/-ir/-re* ending) and the following endings:

	-er verbs	*-re/-ir* verbs
je	-ai	-is
tu	-as	-is
il/elle/on	-a	-it
nous	-âmes	-îmes
vous	-âtes	-îtes
ils/elles	-èrent	-irent

Many common verbs are irregular:

avoir *j'eus, tu eus, il eut, nous eûmes, vous eûtes, ils eurent*

être *je fus, tu fus, il fut, nous fûmes, vous fûtes, ils furent*

venir *je vins, tu vins, il vint, nous vînmes, vous vîntes, ils vinrent*

8.12 The future tense

Use the future tense:

1 to describe plans for the future:
*Bientôt, il **ira** habiter en France.*
Soon, he'll go and live in France.

2 to say what you think the future will be:
*Dans moins de 10 ans, tout le monde **aura** accès à Internet.*
In less than 10 years' time, everyone will have access to the Internet.

3 to say what will happen if… :
*Si j'ai mon bac, **j'irai** à l'université.*
If I pass the bac, I'll go to university.

4 to give an order:
*Vous **ferez** une rédaction sur le thème de la pollution.*
You'll write an essay on pollution.

5 to describe what will happen when… or as soon as… :

In French, you use a future tense (not a present tense as in English) after *quand* or *dès que*:
*Quand ils **arriveront**, on se **mettra** tout de suite à table.*
When they arrive, we'll eat straight away.

*Dites-lui de me contacter dès qu'il **aura** ses résultats.*
Tell him to contact me as soon as he has his results.

To form the future tense, add these endings to the infinitive of regular verbs (if the infinitive ends in *-e*, take that off first):

	(ending)	*regarder*	*répondre*
je	*-ai*	regarderai (I will look, etc.)	répondrai (I will answer, etc.)
tu	*-as*	regarderas	répondras
il/elle/on	*-a*	regardera	répondra
nous	*-ons*	regarderons	répondrons
vous	*-ez*	regarderez	répondrez
ils/elles	*-ont*	regarderont	répondront

Common irregular verbs:

aller	*j'irai*	*il faut*	*il faudra*
avoir	*j'aurai*	*pouvoir*	*je pourrai*
devoir	*je devrai*	*savoir*	*je saurai*
envoyer	*j'enverrai*	*venir*	*je viendrai*
être	*je serai*	*voir*	*je verrai*
faire	*je ferai*	*vouloir*	*je voudrai*

8.13 Other ways to talk about the future

◆ *aller* + **infinitive**: *le futur proche*
Use the present tense of *aller* followed by an infinitive to talk about something that is sure to happen in the near future.
***Je vais regarder** le film ce soir.*
I'm going to watch the film tonight.

***Il va travailler** ce weekend.*
He's going to work this weekend.

◆ *je voudrais/j'aimerais/je pense/j'envisage de* + **infinitive**
To talk about future plans which are not certain, i.e. wishes, ambitions or dreams:
Je voudrais rentrer dans l'armée de l'air.
I would like to join the airforce.

J'aimerais aller à Paris le weekend prochain.
I'd like to go to Paris next weekend.

Je pense acheter un vélo cet été.
I'm planning to buy a bicycle this summer.

◆ **The present tense**
Use the present tense to refer to an event in the very near future or to something which is more than probable.
Tu sors ce soir? – Oui, je retrouve Amélie en ville.
Are you going out tonight? – Yes, I'm meeting Amélie in town.

Je vais à l'université de Leeds l'année prochaine.
I'm going to Leeds University next year.

8.14 The future perfect

This is used to refer to something that will have taken place before something else in the future. It is made up of *avoir* or *être* in the future tense and a past participle.

*Est-ce qu'il **aura fini** de travailler quand la fête commencera?*
Will he have finished working when the party starts?

*Je **serai partie** quand il arrivera.*
I'll have left by the time he arrives.

Grammar

9 Verbs: the imperative, the conditional, the subjunctive

The imperative is used to:

1 give orders:
   ***Viens** ici!*   Come here!

2 give instructions:
   ***Mélangez** les œufs et la farine.*
   Mix the eggs and the flour.

3 give advice and make suggestions:
   ***Va** au cinéma si tu t'ennuies.*
   Go to the cinema if you're bored.

   ***Essayez** de manger quelque chose.*
   Try eating something.

   ***Allons** voir Catherine.*
   Let's go and see Catherine.

To form the imperative simply leave out the subject pronouns *tu* or *vous* (or *nous*, but this is used less often) in the present tense of the verbs. For *-er* verbs, leave out the final *-s* in the *tu* form.

Tu éteins la télé.	***Eteins** la télé.*	Switch the TV off.
Tu restes ici.	***Reste** ici.*	Stay here.
Vous venez avec moi.	***Venez** avec moi.*	Come with me.
Nous y allons tous.	***Allons**-y tous!*	Let's all go!

Most verbs are regular, except a few:

avoir	*aie, ayez (ayons)*
être	*sois, soyez (soyons)*
savoir	*sache, sachez (sachons)*
vouloir	*veuillez*

Sachez que c'est interdit.
I'll have you know that it's forbidden.
Veuillez attacher vos ceintures.
Please fasten your seat belts.

To tell someone **not** to do something, put *ne ... pas* round the command:

Ne regarde pas!	Don't look!
Ne touchez pas!	Don't touch!

For reflexive verbs in the imperative, see 7.2.

The present conditional is used:

1 to express a wish or make a suggestion:
   *Je **voudrais** travailler dans un bureau.*
   I'd like to work in an office.

   *Elle **devrait** faire des études à l'étranger.*
   She should go and study abroad.

   *Je **prendrais** bien un café.*
   I'd quite like to have a coffee.

2 to make a polite request:
   ***Pourriez**-vous me dire où est la mairie?*
   Could you tell me where the town hall is?

3 to refer to an action which depends on another event or situation:
   *J'**irais** chercher les enfants si j'avais une voiture.*
   I'd go and pick up the children if I had a car.

To form the conditional, use the same stem as for the future tense (the infinitive of the verb, dropping the *-e* in *-re* verbs) and add endings which are the same as for the imperfect tense (see 8.7).

	(ending)	*finir*	*prendre*
je	**-ais**	*finirais* (I would finish, etc.)	*prendrais* (I would take, etc.)
tu	**-ais**	*finirais*	*prendrais*
il/elle/on	**-ait**	*finirait*	*prendrait*
nous	**-ions**	*finirions*	*prendrions*
vous	**-iez**	*finiriez*	*prendriez*
ils/elles	**-aient**	*finiraient*	*prendraient*

See page 176 for a list of common irregular verbs in the conditional.

◆ **The conditional perfect**
   This is used to say something would have happened given certain circumstances (but didn't actually happen). It is formed from the conditional of *avoir* or *être* and a past participle.
   *Nous **aurions gagné** le match si ...*
   We would have won the match if ...

   *Il **serait venu** s'il avait pu.*
   He would have come if he had been able to.

   *J'**aurais dû** y aller.*
   I should have gone.

   *Vous **auriez pu** participer.*
   You could have taken part.

9.3 The subjunctive

The subjunctive is used to express what you think, what you feel, what you wish, and how you consider events and actions (uncertain, possible, probable, impossible, etc.).

It usually appears in a subordinate clause (the second part of a sentence) introduced by *que*. There are several tenses of the subjunctive, but the present and perfect subjunctive are the most commonly used.

It is used:

1 after many verbs expressing an emotion or an opinion:

– likes and preferences: *aimer (mieux) que, préférer que*
*Je n'aime pas que tu **mentes**.*
I don't like you to lie.

*Je préfère qu'il **parte** demain.*
I'd rather he left tomorrow.

*J'aime mieux qu'il **parte** demain.*
I'd rather he left tomorrow.

– doubt or fear: *douter que, avoir peur que, ne pas être sûr que*, ne pas penser que**
* These verbs don't need a subjunctive if used in a positive statement, without *ne ... pas*, e.g. *je pense qu'il **vient** ce soir.*

– wish, will, necessity: *vouloir que, ordonner que, exiger que, souhaiter que*
*Je voudrais que tu **partes** avec moi.*
I'd like you to go away with me.

*Le docteur ordonne que vous **restiez** au lit.*
The doctor orders you to stay in bed.

– regret and happiness: *regretter que, être content que*
*Ils regrettent que tu ne **sois** pas là.*
They're sorry you are not here.

*Moi, je suis contente qu'elle **soit** loin.*
I'm happy that she's far away.

2 after impersonal expressions such as *il faut que, il est possible que, il est important que*:

*Il faut que tu **ailles** à la poste.*
You must go to the post office.

3 after certain conjunctions expressing:

– time: *avant que* (before), *jusqu'à ce que* (until)
*Je veux partir avant qu'il **rentre**.*
I want to leave before he comes back.

– concession: *bien que* (although), *quoique* (although)
*Il est resté très simple bien qu'il **soit** très riche.*
He's remained simple although he's very rich.

– aim: *afin que* (so that), *pour que* (so that)
*Je fais ça pour que tu **ailles** mieux.*
I'm doing this so that you get better.

– condition: *à condition que* (on condition that), *pourvu que* (provided that), *à moins que* (unless)
*J'irai à la cérémonie à condition que tu **viennes** avec moi.*
I'll go to the ceremony provided you come with me.

4 after a relative pronoun (*qui* or *que*) when it follows a superlative or a negative:

*C'est le plus joli bébé que je **connaisse**.*
He's the prettiest baby I know.

*Je n'ai rien qui **puisse** t'aider.*
I don't have anything that could help you.

5 after *Que* at the beginning of a sentence:
*Qu'elle **revienne** ou non, je m'en moque.*
Whether she comes back or not, I don't care.

6 after *qui que, quel que, quoi que, où que*:
*Qui que ce **soit**, je ne suis pas là!*
Whoever it is, I am not in!

*Quel que **soit** le prix, je l'achète.*
Whatever the price is, I am buying it.

*Où que tu **ailles**, je te suivrai.*
Wherever you go, I'll follow.

*Quoi que je **fasse**, ils me critiquent.*
Whatever I do, they criticise me.

To form the present subjunctive, take the *ils* form of the present tense, leave off the final *-ent* and add these endings:

	(ending)	aimer	finir
je	**e**	*que j'aime*	*que je finisse*
tu	**es**	*que tu aimes*	*que tu finisses*
il/elle/on	**e**	*qu'il aime*	*qu'il finisse*
nous	**ions**	*que nous aimions*	*que nous finissions*
vous	**iez**	*que vous aimiez*	*que vous finissiez*
ils/elles	**ent**	*qu'ils aiment*	*qu'ils finissent*

For common irregular verbs, see the verb table on page 176.

Grammar

◆ **The perfect subjunctive**

This is a compound tense formed from the **present tense** of *avoir* or *être* and a past participle. It refers to something which has (perhaps) happened.

*Il est possible qu'elle **soit** déjà **partie**.*
It's possible she's already left.

*Je ne suis pas certain qu'elle **ait pu** tout finir hier soir.*
I'm not certain she managed to finish it all last night.

◆ **The imperfect subjunctive**

This is rarely used, but you need to be able to recognise it in formal written French, like the past historic (see 8.11).

To form it, start with the *il/elle* form of the past historic, remove the *-t* from *-ir* and *-re* verbs, and add these endings:

-sse, -sses, -ˆt, -ssions, -ssiez, -ssent

avoir	*que j'eusse, qu'il eût*
être	*que je fusse, qu'elles fussent*
faire	*que je fisse, qu'ils fissent*
finir	*que je finisse, que tu finisses*

10 The present participle

You recognise a present participle by the *-ant* ending which corresponds to '-ing' in English.

Use it :

1 to indicate that two actions are simultaneous ('while/ on doing' something), with *en*:

*Je lis mon journal (tout) **en mangeant**.*
I read my paper while eating.

***En** la **voyant**, il est parti.*   Seeing her, he left.

2 to say how something is done ('by doing' something), with *en*:

*Il nous remonte le moral **en faisant** le clown.*
He makes us feel better by clowning around.

*Il s'est blessé **en skiant**.*
He injured himself skiing.

3 to explain the reason for or the cause of something:

***Etant** d'origine algérienne, je parle un peu l'arabe.*
Being of Algerian origin, I speak a little Arabic.

***Ayant** vécu à Paris, je connais la ville.*
Having lived in Paris, I know the city.

4 as an alternative to a relative pronoun (*qui/que*) in a sentence:

*Il s'occupe d'enfants **souffrant** de troubles mentaux. (= qui souffrent de ...)*

He looks after children with mental problems.

To form the present participle, take the *nous* form of the present tense, remove the *-ons* and add the ending *-ant*. Used as a verb, it is invariable.

regarder → nous regardons → regard → regardant (looking)

Three exceptions:

avoir	**ayant**	(having)
être	**étant**	(being)
savoir	**sachant**	(knowing)

11 The passive voice

When the subject of the sentence has the action of the verb **done to it** instead of **doing** the action, the sentence is said to be in the passive voice.

The passive is used:

1 when the person doing the action is unknown or not named:

*Mon chien a **été écrasé**.*   My dog's been run over.

2 when you want to focus on the person/thing receiving the action rather than on whoever is doing the action:

*La violence **est** souvent **présentée** comme acceptable (par les médias).*

Violence is often presented as being acceptable (by the media).

3 to highlight the drama of an event, especially in newspaper accounts:

*Les deux jeunes **ont été arrêtés** par un détective parisien.*

The two youths were arrested by a Paris detective.

To form a passive, use *être* and a past participle agreeing with the subject of the verb.

<u>*Notre association*</u> *aide les enfants en difficulté.*
↑ subject   ↑ verb

<u>*Les enfants en difficulté*</u> ***sont aidés*** *par notre association.*
↑ subject   ↑ verb in the passive

The passive can be used in several tenses:

present: *Les enfants **sont aidés** par l'association.* (are helped/helped)

future: *Les enfants **seront aidés** par l'association.* (will be helped)

perfect: *Les enfants **ont été aidés** par l'association.* (have been helped/were helped)

imperfect: *Les enfants **étaient aidés** par l'association.* (were helped)

pluperfect: *Les enfants **avaient été aidés** par l'association.* (had been helped)

To avoid the passive, especially when translating from English:

– use *on*:

'Speed limits are not respected.'

Les limitations de vitesse ne sont pas respectées. →

***On ne respecte pas** les limitations de vitesse.*

– use an 'active' sentence:

'The house was burgled by two men.' →'

La maison a été cambriolée par deux hommes. →

*Deux hommes **ont cambriolé** la maison.*

– use a reflexive verb:

'The passive is not often used in French.' →

Le passif n'est pas beaucoup utilisé en français. →

*Le passif **ne s'utilise pas** beaucoup en français.*

12 Negatives

12.1 *ne … pas*

This negative form is used where you would say 'not' in English. In French, you need two words: *ne* and *pas*, which go on either side of the verb.

ne → *n'* in front of a vowel or a silent *h*.

*Je **ne** suis **pas** français.*
I'm not French.

*Ils **n'**habitent **pas** à Londres.*
They don't live in London.

12.2 *ne … jamais, ne … rien, ne … personne, ne … plus*

These negative forms also go on either side of the verb:

ne/n' … jamais	never
ne/n' … rien	nothing, not anything
ne/n' … personne	nobody, not anybody
ne/n' … plus	no longer, no more, not any more

*Il **ne** parle **jamais** en français.*
He **never** speaks in French.

*Elle **ne** mange **rien**.*
She doesn't eat **anything**.

*Je **ne** connais **personne** ici.*
I don't know **anybody here**.

*Nous **n'**y allons **plus**.*
We don't go there **any more**.

◆ When you use *ne* + a negative with a noun, replace *un/une/des* with *de* or *d'*:

*Il n'y a **pas de** pizza/**de** gâteau/**de** chips.*
There isn't/There aren't any pizza/cake/crisps.

*Il n'y a **plus de** timbres.*
There aren't any more stamps/any stamps left.

*Je n'ai **jamais** d'argent.*
I never have any money.

◆ The second part of a negative form can be used without *ne* in a short phrase with no verb:

Tu as déjà travaillé?   *Non, **jamais**.*
Have you worked before?   No, **never**.

*Qu'est-ce que vous voulez? **Rien**.*
What do you want? **Nothing**.

*Qui est dans la salle de classe? **Personne**.*
Who is in the classroom? **Nobody**.

12.3 *ne … aucun*

This means 'no ...' or 'not a single ... '*Aucun* is an adjective and agrees with the noun that follows it.

	masculine	feminine
singular	*aucun*	*aucune*
plural	*aucuns*	*aucunes*

*Il **n'**a **aucun** ami.*
He has **no** friends./He has**n't** got **a single** friend.

Grammar

*Je n'ai **aucune** idée du prix.*
I have **no** idea of the price.

12.4 *ne ... ni ... ni ...*

This means 'neither ... nor ...'; *ne* goes before the verb and *ni* goes (twice) before the words they relate to:
*Il **n'a ni** mère **ni** père.*
He has **neither** mother **nor** father.

*Je **ne** connais **ni** Anne **ni** son frère.*
I know **neither** Anne **nor** her brother.

12.5 *ne ... que*

One way to say 'only' is to put *ne ... que* (*qu'* in front of a vowel or silent *h*) around the verb.
*Je **n'**aime **qu'**un sport.*
I **only** like one sport.

*On **ne** travaillera **que** le samedi matin.*
We will **only** work on the Saturday morning.

*Il **n'**avait **qu'**un ami.*
He had **only** one friend.

12.6 Negatives + the perfect tense

In the perfect tense, *ne* or *n'* goes before the part of *avoir* or *être*, and:
- *pas/plus/jamais/rien* go <u>before</u> the past participle:
  *Je **n'**ai **pas** fait la lessive.*
  I haven't done the washing.

  *On **n'**a **rien** mangé.*
  We haven't eaten anything.

- *personne/que/ni ... ni .../aucun* go <u>after</u> the past participle:
  *Nous **n'**avons vu **personne**.*
  We didn't see anybody.

  *Elle **n'**a attendu **que** cinq minutes.*
  She only waited five minutes.

12.7 Negative + verb + infinitive

Ne/n' goes before the first verb and *pas* before the second verb (in the infinitive):
*Je **n'**aime **pas** aller au cinéma.*
I don't like going to the cinema.

*On **ne** peut **pas** lire ce roman.*
We can't read this novel.

See 7.2 for reflexive verbs in the negative.
See 9.1 for negative imperatives.

13 Asking questions

There are four ways to ask a question:
1 by raising your voice in a questioning manner at the end of an affirmative sentence:

   Tu vas au cinéma?
   Are you going to the cinema?

2 by starting with *est-ce que ...* :
   ***Est-ce que** tu vas au cinéma?*
   Are you going to the cinema?

3 by inverting the verb and subject:

   Vas-tu au cinéma?
   Are you going to the cinema?

   Va-t-il* venir avec nous?
   Is he going to come with us?
   * Sometimes a *-t-* is added between two vowels to make pronunciation easier:
   *A-**t**-il parlé au prof?*
   Has he spoken to the teacher?
   *Qu'en pense-**t**-elle?*
   What does she think?

4 by using question words:
   ◆ who   **qui**
   Qui t'a dit ça?
   Who told you that?

   Avec qui y vas-tu?
   Who are you going with?

   Qui est-ce qui vient ce soir?
   Who's coming tonight?

   Qui est-ce que tu as invité?
   Who did you invite?

   ◆ what   **que (qu')/quoi**
   Que désirez-vous?
   What would you like?

   Qu'as-tu acheté?
   What did you buy?

   Qu'est-ce qu'il t'a dit?
   What did he tell you?

   C'est quoi?
   What is it?

   Avec quoi on mange ça?
   What do you eat this with?
   ◆ which   **quel/quelle/quels/quelles**
               (agreeing with gender and number)

Quel âge as-tu?
How old are you?

Quels exercices faut-il faire?
Which exercises do we have to do?

C'est à quelle page?
On which page is it?

Quelles chaussures préfères-tu?
Which shoes do you prefer?

◆ which one(s)   **lequel/laquelle/lesquels/
   lesquelles**

Je cherche un hôtel. Lequel recommandez-vous?
I'm looking for a hotel. Which do you recommend?

Laquelle de ces demandes d'emploi est la meilleure?
Which of these job applications is the best?

◆ **Others**

how much/how many	**Combien** as-tu payé?
how	**Comment** as-tu payé?
where	**Où** as-tu payé?
why	**Pourquoi** as-tu payé?
when	**Quand** as-tu payé?

You can use these
– at the beginning of a sentence, as above
– at the end of a sentence, except *pourquoi*:
  Tu as payé combien/comment/où/quand?
– at the beginning, adding *est-ce que*:
  *Combien/Comment/Où/Pourquoi/Quand est-ce que tu
  as payé?*

14 Direct and indirect speech

◆ Use direct speech to report what someone says word
for word:

*Le prof dit: "Faites l'activité 4." Un élève demande:
  "Il faut le faire pour quand?"*

Léa a dit: "J'ai fait un stage en France".

Remember to use colons and speech marks.
Use verbs like: *dire, demander, ajouter, s'écrier.*

◆ Use indirect speech to explain what someone says
without quoting them in speech marks.

*Le prof dit de faire l'activité 4. Un élève demande pour
  quand il faut le faire.*

Léa a dit qu'elle avait fait un stage en France.

◆ Some changes are necessary when going from
direct speech to indirect speech (use of *que*, use
of interrogative words, changes in pronouns
and tenses).

Mon père s'est écrié: "J'ai perdu mon portefeuille!"
*Mon père s'est écrié **qu'il avait perdu** <u>son</u> portefeuille.*

Le serveur a demandé: "Vous pouvez me payer?"
*Le serveur a demandé **si on pouvait** le payer.*

Grammar

15 Verb tables

infinitif		présent	passé composé	passé simple	futur simple	conditionnel	subjonctif
-er verbs	je/j'	parle	ai parlé	parlai	parlerai	parlerais	parle
	tu	parles	as parlé	parlas	parleras	parlerais	parles
parler	il/elle/on	parle	a parlé	parla	parlera	parlerait	parle
to speak	nous	parlons	avons parlé	parlâmes	parlerons	parlerions	parlions
	vous	parlez	avez parlé	parlâtes	parlerez	parleriez	parliez
	ils/elles	parlent	ont parlé	parlèrent	parleront	parleraient	parlent
-ir verbs	je/j'	finis	ai fini	finis	finirai	finirais	finisse
	tu	finis	as fini	finis	finiras	finirais	finisses
finir	il/elle/on	finit	a fini	finit	finira	finirait	finisse
to finish	nous	finissons	avons fini	finîmes	finirons	finirions	finissions
	vous	finissez	avez fini	finîtes	finirez	finiriez	finissiez
	ils/elles	finissent	ont fini	finirent	finiront	finiraient	finissent
-re verbs	je/j'	réponds	ai répondu	répondis	répondrai	répondrais	réponde
	tu	réponds	as répondu	répondis	répondras	répondrais	répondes
répondre	il/elle/on	répond	a répondu	répondit	répondra	répondrait	réponde
to answer	nous	répondons	avons répondu	répondîmes	répondrons	répondrions	répondions
	vous	répondez	avez répondu	répondîtes	répondrez	répondriez	répondiez
	ils/elles	répondent	ont répondu	répondirent	répondront	répondraient	répondent
aller	je/j'	vais	suis allé(e)	allai	irai	irais	aille
to go	il/elle/on	va	est allé(e)(s)	alla	ira	irait	aille
avoir	je/j'	ai	ai eu	eus	aurai	aurais	aie
to have	il/elle/on	a	a eu	eut	aura	aurait	ait
boire	je/j'	bois	ai bu	bus	boirai	boirais	boive
to drink	il/elle/on	boit	a bu	but	boira	boirait	boive
devoir	je/j'	dois	ai dû	dus	devrai	devrais	doive
to have to/must	il/elle/on	doit	a dû	dut	devra	devrait	doive
dire	je/j'	dis	ai dit	dis	dirai	dirais	dise
to say	il/elle/on	dit	a dit	dit	dira	dirait	dise
écrire	je/j'	écris	ai écrit	écrivis	écrirai	écrirais	écrive
to write	il/elle/on	écrit	a écrit	écrivit	écrira	écrirait	écrive
être	je/j'	suis	ai été	fus	serai	serais	sois
to be	il/elle/on	est	a été	fut	sera	serait	soit
faire	je/j'	fais	ai fait	fis	ferai	ferais	fasse
to do/make	il/elle/on	fait	a fait	fit	fera	ferait	fasse
mettre	je/j'	mets	ai mis	mis	mettrai	mettrais	mette
to put	il/elle/on	met	a mis	mit	mettra	mettrait	mette
pouvoir	je/j'	peux	ai pu	pus	pourrai	pourrais	puisse
to be able/can	il/elle/on	peut	a pu	put	pourra	pourrait	puisse
prendre	je/j'	prends	ai pris	pris	prendrai	prendrais	prenne
to take	il/elle/on	prend	a pris	prit	prendra	prendrait	prenne
voir	je/j'	vois	ai vu	vis	verrai	verrais	voie
to see	il/elle/on	voit	a vu	vit	verra	verrait	voie
vouloir	je/j'	veux	ai voulu	voulus	voudrai	voudrais	veuille
to want	il/elle/on	veut	a voulu	voulut	voudra	voudrait	veuille